高职高专规划教材

Practical Career
Eloquence

职场实用口才

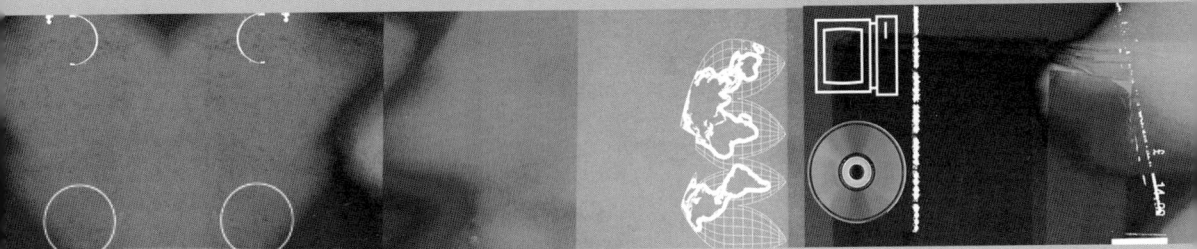

主　编　程时用　马丽南
副主编　黄　卫　伍建海　黄曼青

暨南大學出版社
JINAN UNIVERSITY PRESS
中国·广州

图书在版编目（CIP）数据

职场实用口才/程时用，马丽南主编；黄卫，伍建海，黄曼青副主编．—广州：
暨南大学出版社，2012.2（2015.7 重印）
（高职高专规划教材）
ISBN 978 - 7 - 5668 - 0079 - 4

Ⅰ．①职…　Ⅱ．①程…②马…③黄…④伍…⑤黄…　Ⅲ．①口才学—高等职业
教育—教材　Ⅳ．①H019

中国版本图书馆 CIP 数据核字（2011）第 263157 号

出版发行：暨南大学出版社

地　　址：中国广州暨南大学
电　　话：总编室（8620）85221601
　　　　　营销部（8620）85225284　85228291　85228292（邮购）
传　　真：（8620）85221583（办公室）　　85223774（营销部）
邮　　编：510630
网　　址：http：//www.jnupress.com　http：//press.jnu.edu.cn

排　　版：广州市天河星辰文化发展部照排中心
印　　刷：佛山市浩文彩色印刷有限公司

开　　本：787mm×960mm　1/16
印　　张：18.75
字　　数：355 千
版　　次：2012 年 2 月第 1 版
印　　次：2015 年 7 月第 2 次
印　　数：3001—4000 册

定　　价：35.00 元

（暨大版图书如有印装质量问题，请与出版社总编室联系调换）

前　言

口才是人们运用声音和态势语言对自身或他人的思维进行扫描和表达的综合能力，是人们的智力品质、思维能力、文化修养以及思想品格情操的综合反映。今天，越来越多的单位在招聘人才、选拔人才时，早已不满足于看档案与笔试，而是增加面试、口试、答辩等环节。越来越多的以发现与选拔人才为目的的节目主持人大赛、青春风采赛、广告之星比赛、时装模特比赛、公关小姐比赛等，不但要看外貌、看形象，也要看口才。种种事实证明，口才水平和能力，已成为衡量人的整体素质的一个不可或缺的重要标准。

麦可思数据有限公司在进行高职毕业生跟踪调查时发现：学生对35项基本能力中的"表达与沟通能力"期望值很高，而对自己工作中这项能力的表现满意度很低。这就告诉我们，现行"演讲与口才"课程的教学内容、教学模式、教学方法与职业院校的人才培养不相适应。基于这样的认识，我们将公共平台基础课程"演讲与口才"调整为"职场实用口才"，且对教学内容进行了重新组合与序化，有意识地强调"口才"这个教学重点，以实现"敢说——能说——会说——巧说"为教学目的，加强了课程的规律性、职业性、操作性和评估性，这也是本教材的四大特色。

第一，循序渐进，遵循规律性。针对大众的认知习惯和口才提升的规律，教材内容的构建遵循由浅入深、由易到难的层次递进原则。比如，对大多数人来说，只有撇开心理障碍后，突破了"敢说"这一环节，接下来的学习才能更有用。否则，你的声音再动听，态势语再好，但不敢在众人面前说话，那还有何意义？所以，教材首先安排了"走近口才"这一内容模块，让学生在了解口才的基础上，针对自身状况，克服恐惧，从声音和体态方面做基础训练，然后环环相扣、循序渐进地展开其他内容的学习。

第二，循岗导教，突出职业性。考虑到目前许多口才学教材提供的理论多于有效的实际训练、实用性不强的情况，本教材不再走过去那种"体大周虑"的老路，不再讲究面面俱到的"体系"，而是紧紧围绕实用、管用、好用的原则，通过对毕业生和用人单位的广泛调查，提炼工作岗位所需要的基本口才内容，重新构建九大项目、三十四个学习任务。通过求职、谈判、推销、导游、管理等不同情境和行业口语交际的模拟训练，培养学生的言语行为技能，凸显职场口才技巧。

第三，循岗责实，强化实践性。教材以教高〔2006〕16 号文为纲领，贯彻"项目导向，任务驱动，学以致用"的设计理念，以耳熟能详的事例为情景案例，以情景案例中的问题为驱动，引导学生掌握相关理论知识，用所学知识分析案例任务，再针对项目任务中的知识目标和能力目标进行相应的单项训练。此教材以真实或模拟真实工作任务及其过程为依据，采取"教、学、做"相结合的教学模式，使学生在边做边学、边学边做的反复实践中牢固掌握口才表达技巧，彰显"实践、实践、再实践"的教学特色。

第四，循果而进，落实评估性。教材内容设计以行动导向教学法为指导，做到以学生为中心、以活动为导向、以能力为本位，将知识、技能和关键能力三者有效地结合。为了方便教与学过程落到实处，在每个项目任务的教学设计中，我们将个人自评、小组互评和教师点评有机结合起来，客观地综合评定个人成绩和小组成绩，让学生知己知彼，查漏补缺，结合自身情况不断提高口语表达能力。

本书由程时用、马丽南担任主编，黄卫、伍建海和黄曼青（以上五位皆来自广东轻工职业技术学院）担任副主编。其中，项目一、二、七由马丽南编写；项目三、四、九由程时用编写；项目五、六、八由黄卫编写；黄曼青参加了统稿；郝勇（广东女子职业技术学院）、陈丹丹（广东理工职业技术学院）、张佩宜（广东轻工职业技术学院）等老师参加了部分编写工作。

本书的出版得到了暨南大学出版社的大力支持和帮助。同时本书引用了许多学者的教学案例和学术成果，在此一并表示衷心感谢！限于编者水平和时间仓促，书中的缺点和错误恳请各位同行不吝批评指正。

编者

2011 年 8 月 1 日于广州

目 录

项目一　走近口才

任务 1-1　了解口才

知识目标
　　◇了解口才的重要作用及意义
　　◇理解口才是一门学问，是一门艺术
　　◇掌握口才的基本要素
技能目标
　　◇能初步了解自己的口才状况，找出不足和差距

【情景导入】

　　古希腊寓言家伊索当奴隶时，主人命令他备上几桌最好的酒菜招待客人。开宴时，席上的菜肴全是由各种动物的舌头烹制而成的。主人大吃一惊，忙问是怎么回事。伊索回答："舌头是引领各种学问的关键，用它烹制的菜肴难道不是最好的吗？"第二天，主人又要办一次宴会，菜要最不好的。结果，伊索端上的依然是各种动物的舌头制成的菜肴。主人暴跳如雷，喝问理由，伊索解释说："难道一切坏事不都是从口而出的吗？我认为舌头既是最好的，也是最不好的。"

【问题讨论】

案例中伊索的话包含了怎样的道理？

【理论知识】

　　列宁说过："语言是人类最重要的交际工具。"劳动创造了人，人类在劳动中创造了语言，口语就是人类语言的基本形态。口语，不但是人类区别于其他动物的主要标志之一，而且是人类数十万年来得以繁衍生息、生存发展的一种重要工具。特别是在 21 世纪的今天，科技与信息革命掀起的新浪潮汹涌澎湃、影响深远，说话不仅成了人们日常生活的一个重要组成部分，更是人们事业成败的一个举足轻重的先决条件。说话的水平和能力，已成为衡量人的整体素质的一个不可或缺的重要标准。

一、口才的重要性

口才是口语交际中说话（即口语表达）的才能。具体地说，口才是表达者在交谈、演讲和论辩等口语交际活动中，根据特定的交际目的和任务，结合特定的言语交际环境，准确、得体、生动地运用连贯、标准的有声语言，并辅以适当的体态来表情达意，以取得圆满交际效果的口头表达能力。它是人们的素养、能力和智慧的一种综合反映。

口才是社会的需要。七十二行，行行都离不开口才。随着现代经济的发展，人们在越来越适应丰富多彩的现代生活的同时，逐渐意识到口才在日常生活中的重要作用。口才作为一种实践活动，因社会的需要而产生。今天，越来越多的单位在招聘、选拔人才时，早已不满足于仅看档案与笔试成绩，而一定要再加面试、口试、答辩等环节，甚至还要举行竞选演讲大会。越来越多的以发现与选拔人才为目的的节目，如主持人大赛、青春风采赛、广告之星比赛、时装模特比赛、公关小姐比赛等，不但要看外在条件，也要看口才，在最后一轮决赛中还专门设置一个演讲与口才的比赛环节。这时候，参赛选手必须使尽全身解数，一展口才，才有可能取得最后的胜利。

> 1991 年在数次中美外交谈判中，吴仪让美国人既头痛又不得不敬佩，他们由衷地称赞吴仪——"既是国家利益坚定的维护者，又是坚韧的谈判者"。在一次中美知识产权谈判会上，双方刚一落座，美国人想给吴仪来个下马威，开场白便显现出来者不善："我们是在和小偷谈判。"面对对方的无礼，吴仪毫不留情地反唇相讥："我们是在和强盗谈判，请看你们博物馆里的展品，有多少是从中国抢来的。"针锋相对的回答令对方愣了一下，同时马上清楚地意识到：这个女人不简单。了解吴仪的人都说，吴仪"很会修理"傲慢的美国人。

至于经贸谈判，谈得高明专业，成百上千万的生意便手到擒来；谈得咄咄逼人、寸步不让，忘了互利互惠的原则，谈判一旦破裂，双方皆一无所获。谈判谈判，无论使出多少计谋，都要通过"口才"去谈。

现代社会，有口才未必是人才，但人才则应该有口才，口才已被列为现代创造型人才所必备的素质之一。而缺乏演讲与口才能力的人，将会在工作、学习、生活等方面寸步难行。现今，世界已经迈向了全球化、一体化，中国正在和平之中迅速崛起，学习口语表达，练就一副好口才，是我们走向社会必须做好的准备。

二、口才是一门学问

口才的好坏，不在于能否"滔滔不绝"，而在于能否把话说得得体，起到应有的作用。如果达不到说话的目的，甚至起了反作用，就算说得再多，都是口才差或没有口才。可以说，口才（说话）不但是一种能力，而且是一门艺术。

中外历史上都有许多人因为"说得好"而事业成功，生活幸福；也有许多人因为"说得不好"而一辈子处处碰壁，乃至身败名裂。让我们看看以下的实例：

前秦皇帝苻坚不肯屈从于东晋之下，遂在西北称帝。在一次宴会上，苻坚邀请群臣作诗。大臣姜子平在自己的诗中把丁字写成丅，苻坚认为他不敬。姜子平解释说："直而不屈，才高尚可贵；下面曲一钩，就是屈居于下，那可是不祥之物啊。"苻坚听后，顿觉姜子平是在歌颂自己不屈于晋，大为高兴，马上晋升了姜子平的官职。

汉景帝是个很刻薄的君主。有次他宴请有功之将周亚夫，却故意不放筷子，看他做何行动。周亚夫见了，就对摆宴的人说："这儿还没有摆筷子。"景帝便觉得这话反映了周亚夫对皇帝不能"绝对服从"，害怕儿子当皇帝后领导不了这位权臣，就借故把周亚夫关到监狱里饿死了。

汉武帝要办乳娘的罪，乳娘去求助能言善辩的东方朔。东方朔叫她不说任何话，只在被抓走时一步三回头地看武帝。乳娘按照东方朔所说的方式去做，当时在汉武帝身旁的东方朔趁机对乳娘说："你莫要太恋旧，皇帝现在已经长大了，不需要再吃你的奶了。"一句话，使汉武帝想到了乳娘的养育之恩，当下就赦免了她的罪。

从上述事例中我们可以看到，人人都要说话，但怎样说话才合适、才说得好，却是大有讲究的。

> 一人之辩，重于九鼎之宝，三寸之舌，强于百万之师。
>
> ——《战国策·东周》

因为要以自己的观点去改变人，口才自然涉及教育原理和教学论；因为交际要用语言，所以涉及语言学；因为要制定说话策略，所以涉及心理学；因为要以

职场实用口才

理服人，所以涉及逻辑学；因为要使对方乐于接受，所以涉及美学；因为要使听、说双方都轻松愉快、印象深刻，所以又得涉及表演学。因此，口才是一门大有研究空间的学问，它蕴涵着不可估量的可开发资源。

三、口才的基本要素

现代理论家认为德、识、才、学是口才家必备的四要素，这四项要素奠定了口才的基础，要想具有一流的口才，必须"浇铸"好德、识、才、学这四大基石。四者之间，学是基础，德是灵魂，识是方向，才是核心。语言能力的好坏取决于学问和知识的多寡、深浅，学可以丰才、可以增识、可以益德。

1. 德是口才的灵魂

"德"是一个人口才的灵魂所在，"德"的灵魂作用不仅体现在口才表达上，而且在其他领域也有所体现。其内涵主要包括政治素质、事业心和责任感、务实作风和心理素质。口才受到"德"这三个层次内涵的制约，尤其是受政治素质的影响，它决定了一个人的言论立场，体现着明显的政治倾向，是评价一个人口才优劣的关键所在。

好口才标准：言之有物；言之有序；言之有理；言之有彩。

2. 识是口才的方向

口才家应是"有识之士"，具有览众山、识本质的远见卓识，见人所未见，讲人所未讲。识又分为政治领域的识和业务领域的识。口才要产生震撼人心的力量，最好具有一定的预见性，这样才能表现出口才家的"识"。优秀的口才家，其表达具有一定的前沿性，总能让人产生精神上的撼动，并促使人付诸行动。

口才是一门综合性的艺术，影响其表达效果的不仅仅是清晰、生动的语言，还有恰如其分的体态和神情。所以，口才家需要培养审美情趣从而提高鉴赏力，通过语言所创造的听觉艺术以及体态、神情所创造的视觉艺术感染人、打动人。

3. 才是口才的核心

"才"是一个优秀口才家的标志。并不是掌握了语言表达能力的人就可以称为口才家。因为口才是人的综合才能，除了语言表达才能外，还得有良好的记忆才能、观察才能、思维才能、想象才能、创新才能和应变才能等。多种才能的有机结合才会孕育出一个出色的口才家。

4. 学是口才的基础

古语道："工欲善其事，必先利其器。"要想会说话，说好话，首先必须充实知识，掌握知识这一必备利器。

知识积累既可以丰富口语表达的内容，又可以使口语表达更加准确，更加生动。作为体现人的综合能力的口才，首先要求讲话的内容要丰富精彩，即要有知识含量。当前，很多渴望提高口语表达水平的人，都不太懂得知识积累是口才学习入门的"敲门砖"，没有养成勤于积累的习惯，当然难进口才之门。许多时候，口才不佳并不在开口表达之时，而是在开口之前。这是因为知识底蕴的不足，知识储备的贫乏，一开始就限制了表达者的思路和视野，使表达者不能旁征博引、思接千载、视通万里，不能很好地发挥"调动"的才能，从而削弱了表达者的才情，使表达者丧失了说话的兴味，语言表现力也随之降低，说出来的话自然就显得平庸、空洞。

人的才能是建立在知识的基础上，由知识转化而来的。才能是知识的产物，是知识的结晶，知识是组成才能的元素和细胞。一个人才能的高低，首先取决于自身知识的多寡、深浅和完备程度。古今中外的口才家无不以渊博的知识而著称。

英国哲学家培根说："知识就是力量。"口才的魅力深深扎根于知识的土壤中，作为口才家，必须拥有丰富的知识。只有拥有了丰富的知识，才能信手拈来、即兴发挥、出口成章、字字珠玑，使谈吐更高雅、论辩更精彩。

【案例回应】

情景案例中，关于伊索的这则故事，虽然其真实性我们难以考证，但它所揭示的道理却是千真万确的，那就是：说话对人类来说具有无法估量的作用。舌头是天底下最有威力的武器，它可以打动别人，清除你成功路上的障碍；也可以伤害别人，为你增添阻碍，所以学会利用舌头是人生的一门必修课。舌头本身没有好坏之分，关键在于说出的话是好是坏。一句话，说得好是它，说得不好也是它。说话并不难，难的是把话说得悦耳动听，说得精彩巧妙。

【实战训练】

有一位客人到超市买东西，站在货架前东挑西选就是找不到想要的。一名售货员便走上前去询问："先生，有什么需要我帮忙的吗？""嗯"，那人说道："我想买半棵高丽菜，行吗？""真是非常抱歉，本店只卖整棵的。"没想到对方坚持要买半棵高丽菜，售货员没办法，只好去询问经理："经理，外面有一个混蛋偏偏要买半棵高丽菜！"他说完，一转头，那顾客竟然就跟在他的身后。售货员脑筋转很快："咳，而这一位先生呢，想买另外的半棵！"从而巧妙地化解了一场风波。事情过后，经理觉得此人反应不错，便想调他去凤凰城分公司担任主管。

售货员听到后立即不以为然、非常不高兴地说道："拜托了，凤凰城那种地方只有妓女和曲棍球员才会去！"经理听到后立刻脸色大变："是喔，真不巧，我老婆住在凤凰城已经两年了！"售货员一听立刻转变语气道："哦？那您夫人是打哪一个位置？"

分组讨论以下问题并汇报小组结论：

1. 这个多嘴的售货员的优点在哪里？
2. 他是怎样轻松化解尴尬局面的？
3. 这个售货员今后应注意的问题在哪里？

任务 1 - 2 克服恐惧

知识目标
　　◇了解当众讲话会产生恐惧的原因
技能目标
　　◇找到适合自己克服恐惧的方法
　　◇通过反复练习克服当众讲话的恐惧

项目一　走近口才

【情景导入】

许多以会说话而出名的人物，都经历过不敢说、不会说或说不好的窘境。曲啸——小时候性格内向，还是个口吃；李燕杰——在部队时，每当小组讨论发言时心里就发毛，把当众说话视为最头疼的事；美国前总统格兰特——曾经演讲时双腿发软，双手颤抖，舌头不听使唤，照稿念不出句子；英国前首相丘吉尔——在议会上发表演说时忘了下文，憋得面红耳赤，只好中断演说，尴尬地回到自己的位子上；英国戏剧大师萧伯纳——年轻时胆子很小，就是敲人家的门，也常常要先徘徊20分钟甚至更多的时间，更不用说演讲了。

【问题讨论】

1. 从以上的案例中你悟出了什么道理？
2. 在日常生活中怎样训练自己逐步提高口才？

【理论知识】

恐惧是人类最基本的情感之一。科学家认为，人类天生具有恐惧的本能。适当、适度的恐惧是正常的，它可以激活人类的自我保护能力和创造力。比如，基于对疼痛的恐惧，人们会主动地保护肌体免受伤害，以规避疼痛；基于对黑暗的恐惧，人们才想方设法地寻找光明，于是学会了保存火种，发明了电灯，这样才有了点亮暗夜的万家灯火、五彩霓虹……我们说，正是恐惧激发了人类的潜能。

但是，我们也不能否认，在现实生活中，不适当、不适度的畸形恐惧也广为存在。在畸形恐惧面前，人类常常会认为自己十分渺小，对周遭环境无能为力，只能任其摆布。这种畸形恐惧制约着人应激力和创造力的发挥，对人的身心健康发展和正常的社会活动百害而无一利。畸形恐惧包括：

（1）无谓的过度恐惧。我们都知道一个成语——"杞人忧天"，说的是我国古代的一个人，他总担心天会塌下来，以致忧心如焚，惶惶不可终日，最终成为大家的笑柄。究其原因，我们发现实际上他生活在一个自己虚设的恐惧情境中不能自拔、饱受煎熬。用最通俗的话讲，这就叫"自己吓唬自己"。

（2）人为放大的恐惧。人为放大的恐惧是指引起恐惧的情境是客观存在而非虚设的，只不过由于种种原因，恐惧的程度被人为放大，从而引发了人们认知上的错觉。当众讲话的恐惧正是其中的一种。据调查显示，人们惧怕当众讲话的程度甚至超过了惧怕死亡。那么试问，当众讲话会伤及身体甚至危及生命吗？当众讲话会使你的财富锐减吗？当众讲话会破坏你现有的生活吗……在"口才特训营"中，面对这一连串诘问，学员们总会报以哄堂大笑，认为这些问题荒谬得不着边际，但一个不争的事实也在这笑声中清晰起来：当众讲话的恐惧感，更多的是来自于心理层面而非现实层面，而且是经潜意识人为放大了的。

一、当众讲话恐惧的原因

人们为什么会如此惧怕当众讲话呢？造成当众讲话恐惧的原因主要有以下五个方面：

1. 约定俗成的角色期待

"角色"本来是戏剧中的名词，指演员所扮演的剧中人物。二十世纪二三十年代，一些学者将它引入社会学，提出了社会角色理论，指出只要是社会成员都要承担、扮演某种社会角色，比如父母、子女、领导、员工、专家、教师、运动员等。

角色理论认为，作为一名合格的社会成员，必须努力地、出色地扮演好自己承担的各种角色，以满足公众对这一角色的期待。进一步说，无论你在社会生活中扮演怎样的角色，都要有大家共同认可的与这个角色相一致的行为表现。

在当众讲话的过程中，讲话者和听话者都知晓并明确这一角色期待的内涵。听话者有意识或无意识地以此作为评判标准，来衡量讲话者的水平。正是这种角色期待，使当众讲话者背负了一个沉重的心理包袱，形成了由于害怕"讲不好"、害怕"出丑"而导致"不敢讲"的尴尬与无奈。可以说，当众讲话者"怕出丑"的心理很大程度上来自于已有的约定俗成角色期待。这种心理被过度放大，从而形成了一个心理上的"恐惧点"。

2. 萦绕于心的挫折经历

人生难免会有坎坷磕碰，曾经遭遇的挫折经历，往往会对人们的心理造成不同程度的影响。由于人的气质类型和价值取向不同，遭遇挫折后，有的人的应激力会被充分激活，意志越发坚强，迸发出超常的力量去战胜挫折。

有的人在遭遇挫折后，出于下意识的自我保护，总是刻意回避挫折，将受挫的情绪体验压抑到潜意识中。由于这种情绪体验只是被暂时"遗忘"，挫败和沮丧的情绪并没有得到及时有效的宣泄和疏导，因此就会在心中形成一个情绪结点，以后再遇到类似的情况或场景，挫败的感觉、不自信的心理就会不由自主地再次占上风，并遏制人积极主动的行为，从而产生强烈的负面影响。

3. 挥之不去的自卑心理

在现实生活中，大多数人都存在或强或弱的自卑心理，就连一些叱咤风云的伟人也概莫能外。比如，前美国总统罗斯福在其自传中就曾写到："我曾是病病歪歪而又蠢拙的孩子。年轻时，起先既紧张且对自己的能力毫无信心，我不得不艰苦而辛劳地训练自己，不只是身体，还有灵魂和精神。"

自卑是一种消极的情绪体验。造成自卑的原因是多方面的：因容貌而自卑，因地位而自卑，因家庭背景等原因而自卑等等。在现实生活中，有许多令人敬佩的人，他们通过自我调节，成功地将自卑心理转换成行为动力，牢牢"扼住了命运的咽喉"，获得了事业和人生的成功。但是，自卑心理所产生的阻遏作用却仍然不容忽视。有人将阻遏力的形成概括为以下模式：

自卑引起心理压力和紧张—激起逃避或退缩反应—抑制自信，导致焦虑—形成内在阻遏力。

在自卑心理的作用下，当众讲话者往往会认为自己的思想见解不如别人，语言组织不如别人，声音仪态不如别人……在众目睽睽之下，真的是手足无措、张口结舌、非常痛苦，所以会害怕甚至逃避当众讲话。

4. 无法掌控的未知恐惧

心理学家罗宾生教授曾说："恐惧皆衍生于无知与不确定。"另外，时间、地点、环境以及听众的变更，自然也会使讲话者产生一种压抑、胆怯的心理。

在现实生活中，我们发现有的人在小范围内当众讲话并不是很困难，表达比较流利，即使有轻微的紧张，也可以克服。比如在本办公室、本部门的会议发言中，面对朝夕相处的同事和十分熟悉的环境，人们通常可以在轻松愉悦的气氛下表达自己的观点。但是一旦走出这个熟悉的"小范围"，来到一个陌生的环境，面对更多的听众时，大家常说的一句话就是："哎呀，吓死我了。"为什么会这样呢？因为口语交际的场景发生了变化，口语交际中的不可控因素在增多，他们对自己能否较好地驾驭这种新的、未知的局面没有把握，恐惧也就随之产生，这是人类的本能反应。

5. 不容忽视的情绪传染

谈到情绪传染，我们先来打开一段尘封的历史：1774年，歌德的小说《少年维特之烦恼》面世之后，曾一度被列为禁书。主要原因就是小说中的主人公维特为情所困，开枪自杀，而当时许多青年男子看了这本小说后纷纷效仿维特，莫名其妙地以同样的方式结束了自己的生命。自杀行为成了当时的"流行性疾病"，有学者将其称为"维特效应"。

恐惧作为人的基本情绪之一，在特定条件下会在人群中传染、蔓延，甚至放大。也就是说，发生在大多数人身上的因当众讲话而产生恐惧情绪的现象，会通过各种载体或渠道，传染、影响到个体，使个体产生或加剧恐惧。可以这样说，群体与个体的恐惧情绪是紧密关联、交互作用的，这也是某些人恐惧当众讲话的一个不容忽视的重要原因。

所以，当你发觉"自己本来并不是很怕当众讲话，但突然之间就不敢讲了"的时候，你很可能已经通过某种渠道感染了"恐惧流感"，这是一个不容忽略的导致当众讲话恐惧的重要因素。

需要说明的是，现在人们谈到当众讲话的心理时，多半会将紧张与恐惧并列。我们认为，紧张与恐惧在程度上是有一定差别的。对大多数人来讲，首先要解决的是害怕、恐惧和不敢迈出第一步的问题，所以我们的用词是"恐惧"。我们坚信："恐惧是一种企图摆脱困难而苦于无力摆脱的情绪，所以一旦寻得摆脱的途径，就会迸发出巨大的超常力量。"

二、如何克服恐惧

面对陌生的环境、陌生的面孔，大多数情况下我们会产生恐惧，出现心跳加速、呼吸急促、面红耳赤、大脑空白、语无伦次、声音发颤、眼神飘移等反应。或许你曾有过这样的经历：一站上讲台，看着黑压压的一大片人，本来背得滚瓜烂熟的发言稿一瞬间被清空；或者坐在会议桌前发言，双腿却在桌子下不停地颤抖，你不敢看同事和领导一眼，低着头急匆匆地把发言稿读完，结果讲话效果极差，以致领导不满、下级不服、客户反感。这既损害了你自己的形象，也影响了你未来的升迁空间，使你的职场前景一片灰色。

《红楼梦》中林黛玉进贾府的描写："这林黛玉常听得母亲说过，他外祖母家与别家不同。他近日所见的这几个三等仆妇，吃穿用度，已是不凡，何况今至其家。因此步步留心，时时在意，不肯轻易多说一句话，多行一步路，唯恐被人耻笑了他去。"

公开讲话时，几乎每一个人都会产生恐惧心理。事实上，再伟大的演讲家站在公众面前讲话时都会有紧张和恐惧心理，只是随着经验的日趋丰富，他们可以通过调节将恐惧降低到最低程度。所谓恐惧心理，就是在真实或想象的危险中，个人或群体深刻感受到的一种强烈压抑的情感状态。产生了恐惧心理，神经就会高度紧张，注意力无法集中，脑子里一片空白，不能正确判断或控制自己的举止，甚至变得容易冲动。卡耐基认为，消除恐惧与自卑感是人们掌握演讲和谈判技巧的最好的方法之一。他还指出，练习在公共场合说话是一种很有效的方法，它不仅可以克服不安的情绪，而且有助于增强勇气和自信，因为当众说话可以使人们克制住自己的恐惧情绪。

人们害怕当众讲话主要是因为不习惯。罗宾生教授曾说："恐惧皆衍生于无知与不确定。"一般来说，恐惧不外乎以下几点原因：一是当众讲话类似万众瞩目下的孤军奋战，讲话者更多地在意自己的行为，从而难以完全集中注意力进行演讲；二是无法预知听话者的反应而导致慌张失措，担心观众攻击自己；三是由于自卑感作怪，人们总是持消极思想，比如担心自己表现不佳、害怕听众不喜欢等；四是害怕遭遇尴尬场面，当场丢人现眼；五是自己准备不充分，信心不足；六是太在乎观众的看法，比如担心听众听得很烦、自己没有名气被人轻视等；七是缺乏当众讲话的经验，很少当众讲话，缺少这样的锻炼；八是渴望成功的心理过于强烈，总想表现得更出色，越是这样越害怕失败，表现也就越不好。

找到了产生恐惧心理的根源，就可以更好地对症下药，克服恐惧心理。

1. 自我分析法

辩证唯物主义认为，外因通过内因而起作用。要克服当众讲话恐惧的心理，把握内因所起的作用至关重要。心理学家也反复强调：真正帮助人们战胜心理疾病的，并不是心理医生，而是患者本身！

自我分析法正是一种通过注重挖掘、调动、激活个体的内在因素而克服恐惧

11

心理的方法。具体做法就是在教师的引导下，学生借助各种心理测试量表，自主、自发、自觉地认识自我、分析自我。通过逐层递进地分析、认识，学生逐渐"剥离"潜意识的"伪装"，找到造成当众讲话恐惧的"结点"，即"恐惧点"，然后围绕这一"恐惧点"进行发散式拓展分析。分析的过程就是对原有认识进行扬弃的过程，也是恐惧度由强到弱的变化过程。

2. 自我暗示法

自我暗示，就是给予潜意识一定的信息刺激，持续不断地向潜意识输送一定的观念，借此来影响和改变人们的认知与行为。自我暗示可以分为正向、积极的暗示和负向、消极的暗示。

心理学家认为，潜意识是没有辨别能力的，无论是积极的还是消极的信息，你灌输了什么样的观念，潜意识就接受了什么样的观念。而一旦接受了所暗示的信息，潜意识便会开始积极地工作，协助你达到目标，实现愿望。潜意识通过自我暗示所发挥出的能量，强度是惊人的、不可思议的。世界潜能大师博恩·崔西说："潜意识的力量比意识大三万倍。"实际上，许多所谓的奇迹或灵感，都是通过自我暗示的方式而产生的。

一位心理学家说过："我们的神经系统是很'蠢'的，你用肉眼看到一件喜悦的事，它会作出喜悦的反应；看到忧愁的事，它会作出忧愁的反应。"所以当你习惯地想象快乐的事，你的神经系统便会习惯地令你处于快乐的状态，也就是说会对你形成一种积极的心理暗示。演讲前，一方面你可以对自己说"我能行，我是最棒的，我今天状态最好……"而不是怀疑或者担心什么；另一方面你可以作一些想象，比如想象自己站在一片大草原上或者高山上，你甚至可以想象自己就是一个皇帝等。多想象一下你获得成功的情景或最理想的状态，预设那种鲜花、掌声和美酒相伴的场景，让"恐惧"与"紧张"知难而退。

3. 系统脱敏法

人们之所以恐惧当众讲话，一个很重要的原因，就是有过当众讲话失败的经验，即所谓的挫折体验，于是"一朝被蛇咬，十年怕井绳"。那么怎样才能克服这种因挫折体验而产生的恐惧呢？这里介绍一种有效的方法——"系统脱敏法"。

> 诗人是天生的，演说家是后天的。

系统脱敏法是行为疗法的一种，就是在人为创设的一种较为轻松的氛围中，通过一系列的实验步骤，逐步再现引起人们挫败感和恐惧感的场景，使学生直面恐惧的一种方法。在这一过程中，按照刺激强度由弱到强，由小到大的原则，逐渐训练学生的心理承受能力和忍耐力，增强其适应力，从而达到最后对真实体验不再"过敏"的反应，保持正常的身心状态。

教师辅导学生把每次当众讲话时，甚至想象当众讲话时的情景和真实感受逐一记录下来。比如，知道必须要讲话时、在准备讲话稿时、在演讲的前一天、在走上讲台的一刹那、在众人的注视下、在正式开始演讲时等，这些情境之下一个人的心理都是怎样的情况，要求学生认真想象和记录当时的环境和内心体验，而且要按照紧张程度不同由弱到强排好顺序。

接下来，学生在充分的自我放松后，读第一条记录上的描述，尽量详细逼真地想象当时的情景，感到有恐惧反应时，用深呼吸、肌肉放松等方法压制或减弱恐惧感，直至镇定自若；再接着读下面的记录，并依次逐个训练，最后达到在学生回想起最初紧张的情景时也能够完全或接近完全地轻松自如。

4. 条件反射法

日本艺术界的演说名人德川梦声先生曾说："上台发表演说之前，无论任何人，都会感到紧张，都无法镇静下来。你也许会问：'唉！像你这样身经百战，见过了大大小小各种场面的职业演说家还会紧张吗？'像这种问题，我不知被问了多少次了，但是，我可以告诉你们，无论是怎样熟练的老手，也无法完全不紧张。因为，不管演讲还是座谈，总是得开口，这就必须认真地去做才行。"

自信五步法

Foot——迅速阔步，速度比平时快15%

Body——昂首挺胸，伸直腰背

Face——表情放松而温和

Eye——寻找一两个亲切的面孔

Mouth——对着后排的听众大声开口

【案例回应】

现代社会，有口才未必是人才，是人才则一定要有口才，卓越的口才已被列为现代创造型人才所必备的素质之一。案例中，我们看到几位名人从小都属于口才不佳甚至口才很差的人，但后来都闻名于世。可见，口才主要靠后天的学习与磨炼。如果你一直认为自己没有口才天赋，那么你会发现，通过训练，生理缺陷是可以克服的，你的口才可以在不断训练中得到开发，若坚持不懈则你会成为一个口才令人羡慕的人。要坚信：只要功夫深，铁杵磨成针。

【实战训练】

1. 当众站立。练习者站在演讲台上，面对听众，试着用目光与其他人接触，但不要说话。每次站立 5~10 分钟，站立时，要求身正，挺胸收腹，双腿并拢，双脚微分，双肩平直，双目平视，双手搭在腹前，不能有小动作。

2. 当众表演。各小组同学聚在一起，采用石头剪子布的方法，输者为大家表演节目，可以唱歌、舞蹈、模仿等。

任务 1-3 发音训练

知识目标

◇了解人体发音器官的构造

◇掌握气息控制、共鸣、吐字归音的技巧

技能目标

◇能根据理论进行正确的发音训练

◇能自觉矫正自我发音

【情景导入】

据香港媒体报道，某香港女演员在出席电影节活动时，因普通话发音不准而爆出笑话。现育有三个女儿的该女演员在镁光灯前表示想要"四个儿子"，令现场人士十分惊讶，就连身旁熟悉她的男演员也大为愕然，后来才知她想说的是"适可而止"，于是全场爆笑一片。

【问题讨论】

看了上面的案例，你的体会是什么？

【理论知识】

说话是人天赋的本能，但自然优美的音色是靠后天的练习取得的。说话是艺术，也是技术。这门技术牵涉人体发音器官的构造（见下图）、发音的技巧、速度的控制等。毫无疑问，口齿灵活、言语流利在现代社会中是非常重要的一项个人素质。系统科学地提高发声能力（包括气息控制、共鸣控制、吐字归音等）是每个说话者和演讲者必须了解、掌握的基本技能。

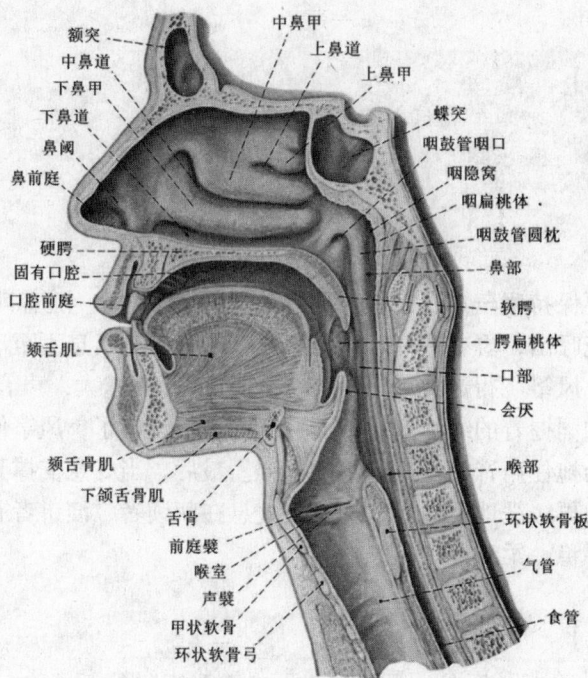

人体发音器官构造图

一、气息控制

气息是声音的原动力。人们在平时讲话中不必考虑控制和操纵气息，但朗读、演讲时所需要的气息量比平时讲话时要大得多，所以必须控制好气息，这样才能更好地驾驭声音。不懂得用气就不会科学发音，也就不能完美地表达。要想使朗读、演讲时声音运用自如、音色圆润、优美动听，就要学会控制气息，掌握呼吸和换气的技巧。呼吸的紧张点不应放在整个胸部，而应沉于丹田，以丹田、胸腔、后胸作为支点，即着力点。发音吐气时有支点，声音才有力度。

1. 吸气

吸气时双肩放松、胸稍内含、腰腿挺直，像闻鲜花一样将气息吸入。要领是：气下沉，两肋开，横膈降，小腹收。随着吸气肌肉群的收缩和横膈的下降，胸腔和腹腔容积立刻扩张，有明显的腰部发胀、向后撑开的感觉，不要提肩，也不要让胸部塌下去。当气吸到七八成时，利用小腹收缩的力量控制气息，使之不外流。

【勤学善练】

抬重物时，必须把气吸得很深，憋着一股劲，后腰膨胀，腰带渐紧。这正是正确的呼吸方法。多抬几次重物，找到以上感觉。

2. 呼气

呼气时，要保持吸气时的状态，两肋不要马上下塌。随着朗读、演讲的进行，大量的气流呼出，要有一种对抗的感觉，尽力控制气息不至于很快泄掉。我们在放风筝时，风筝飞得越高，下面握线的力量就要越大，声音如同高飞的风筝，而气息则如同握着的线，如果下面握线的力量没有了，风筝便没有了支点。只有稳住气息才会拖住声音，使声音不虚不飘。最后，当气息支撑到不足以对抗上冲力量时，两肋再缓缓地下塌。这样，使气息在朗读者、演讲者有目的的操纵下均匀、持续、平稳、柔和地呼出。

【勤学善练】

假设桌面上有许多灰尘，要求吹掉它但不能吹得尘土飞扬。练习时，按吸气要领做好准备。然后依照抬重物时的感觉吸足一口气，停顿两秒钟左右，向外吹出气息。吹气时要平稳、均匀，随着气息的流出，胸腹尽量保持吸气的状态，尽量吹得时间长些，直至一口气将灰尘吹完为止。

3. 换气

朗读或说话时，不可能一口气将所要说的内容说完，换气既是生理需要，又是讲话内容和表情达意的需要。换气有大气口和小气口两种方法。

大气口即在朗读、演讲中允许停顿的地方，先吐出一点气，然后再深吸一口气，为下面要说的话准备足够的气息。这种少呼多吸的大气口呼吸一般比较从容也比较容易掌握。

小气口是指朗读一段较长的句子时，气息用得差不多了，但意思未完而及时补进的气息。补气时，可以在气息能够停顿的地方急吸一点气，或在吐完前一个字时不露痕迹地带入一点气，以弥补底气不足。这种方法只吸不呼，也叫做

职场实用口才

"抢气"或"偷气",换气动作一定要快。要领是:小腹一吸,两肋一张,口鼻同吸,迅速补充,同时要做到轻松自如、巧妙无声、字断气连。这是难度较大的换气方法。

换气跟停顿有密切关系。我们在说话或朗诵时,常需要根据不同内容和表情达意的需要作时间不等的顿歇。许多顿歇之处就是需要换气或补气之时,在此时换气可以保证语气从容、音色优美,防止出现气竭现象。运用口语,必须注意换气,安排好气口。例如:"一连串的问题(小口气,带进一点气),使我这个有生以来(小口气,带进一点气),头一次在众目睽睽之下(停顿极短,不换气)让别人擦鞋的异乡人(大口气),从近乎狼狈的窘态中解脱出来。"

【勤学善练】

高声朗读《高山下的花环》中雷军长的一段演说,请安排好气口。

我的大炮就要万炮轰鸣,我的装甲车就要隆隆开进!我的千军万马就要去杀敌!就要去拼命!就要去流血!!可刚才,有那么个神通广大的贵妇人,她竟有本事从千里之外把电话要到我这前沿指挥所。她来电话干啥?她来电话是要我给她儿子开后门,让我关照关照她儿子!奶奶娘!走后门,她竟然敢走到我这流血牺牲的战场!我在电话里臭骂了她一顿!我雷某不管她是天老爷的夫人,还是地老爷的太太,走后门,谁敢把后门走到我这流血牺牲的战场上,没二话,我雷某要让她儿子第一个扛上炸药包去炸碉堡!去炸碉堡!

二、共鸣控制

共鸣是指人体器官共振的现象。朗读、演讲时需要有意识地利用共鸣。

共鸣主要靠以下共鸣腔体通过呼吸、振动、吐字后产生。

(一)鼻腔共鸣

鼻腔共鸣是由鼻窦实现的。鼻窦包括额窦、蝶窦、上腭窦、筛窦等,它们各有小小的孔窦与鼻腔相连,发音时这些小孔窦起共鸣作用使声音响亮、传得远。运用鼻腔时,软腭放松,打开口腔与鼻腔的通道使声音沿着硬腭向上走,使鼻腔的小窦穴处都充满气,头部要有振动感,这样发出来的声音会有震荡感、有弹力。但要注意鼻腔色彩不能过量,过了量就会形成"鼻囊鼻音"。

【勤学善练】

1．"学牛叫"——弹鼻练习。这种声音又类似轮船汽笛、小孩撒娇时的闭鼻声回答："嗯?"还像打电话中的鼻音"嗯?"（什么?）

2．哼鸣练习。双唇紧闭，口腔内像含着半口水，发"mu"音，声音反着气流下行，用手扶胸部有明显振动感，双唇发麻，找到胸腔口腔共鸣的感觉。口腔指鼻腔以下、胸腔以上的共鸣体，它可以使声音有丰满、圆润和压重的色彩。运用共鸣体时，双唇要自然打开，笑肌提起，下颚自然放下，上腭产生共鸣；仍发"mu"音，声音沿着硬腭上行，头部有振动感，双唇发麻，找到鼻腔共鸣。

（二）口腔共鸣

口角抬起，呈微笑状，使整个口腔保持一定的张力，口腔壁、咽腔壁的肌肉处于积极状态。这样，声带发出的声音随气流的推动流畅向前，在口腔的前上部引起振动，形成共鸣效果。共鸣要把气息弹上去，弹到共鸣点。出字立音，如"大!""雨!""落!""幽!""燕!"声音不能横出、敞出，不集中就立不住。主要元音要夸张一点，比如"倒海翻江!"读诵时，可以将"倒"和"海"的主要元音 a 刻意拉长以形成起伏顿挫之感，还要带上感情，兴奋起来，那时就不想声音问题了。用感情带声音，例如："在苍茫的大海上，风聚集着乌云。""暴风雨，暴风雨就要来了!""黄河之水天上来，奔流到海不复回。"多练习诵读这些寄寓着充沛感情的语句，不失为一个良方。

另外，当需要大音量，而发音部位与共鸣点产生矛盾，即共鸣点在上，口腔着力点在下时，要在不改变本来字音的限度内，尽量使声音向口腔中部接近，使声音厚实洪亮，并缩短发音过程，使口舌灵活。可以采用"前音稍后，后音稍前"，或者"闭音稍开，开音稍闭"的方法达到共鸣的效果。

例如，音节"衣"的主要元音是舌面前元音，发音部位靠前，开口度小。发音时，口腔着力点稍后点，嘴略微开一些，发出的声音就响亮得多。例如："一起学习。"又如"搞"，其声母的发音部位是舌根，韵尾又是舌面后元音，因此整个发音是靠后的。为了使声音洪亮，发音时着力点稍向前一些。

【勤学善练】

1．运用"开音稍闭"的方法念"花"这个音节。

2．发音练习：口腔打开，使下面的一组音从胸腔逐渐向口腔、鼻腔过渡。要求放慢、拖长、找准共鸣位置。

Ma mai mao mu

3. 共鸣练习：读下面的诗词，要求放慢速度，有意识地夸张语气和某些音节，尽量找出最佳共鸣效果。声音适当偏后些，使之浑厚有力。注意防止"鼻囊鼻音"。

红—军—不—怕—远—征—难，
万—水—千—山—只—等—闲。
五岭—逶迤—腾—细—浪，
乌蒙—磅礴—走—泥—丸。
金沙—水拍—云—涯—暖，
大渡—桥横—铁—锁—寒。
更喜岷山—千—里—雪，
三军过后——尽—开—颜。

三、吐字归音

吐字归音是汉语（汉字）的发音法则，即"出字"和"收字"的技巧。我们把一个字分为字头、字腹和字尾三个部分，"吐字"是对字头发音的要求，"归音"则是对字腹尤其是字尾的发音要求。

（一）吐字训练

吐字也叫"咬字"。吐字时，首先要注意口型，口型该打开时不能半开，该圆唇时不能展唇，尽量使声音立起来。其次要注意字头，字头是字音的开始阶段，指声母和韵母，要求叼住、弹出，"叼住"要巧而不死，过紧则僵，过松则泄；"弹出"要弹得轻捷有力，不黏不滞。发音要有力量，摆准部位，蓄足气流，干净利落，富有弹性。要用这一阶段的力量去带动字腹和字尾的响度，使声音立得住、传得远。

【勤学善练】

读下面的绕口令。先慢读，注意分辨声母，发好字头音，读准声调，读几遍后再加速。

1. 八百标兵奔北坡，炮兵并排北边跑。炮兵怕把标兵碰，标兵怕碰炮兵炮。

2. 哥挎瓜筐过宽沟，赶快过沟看怪狗。光看怪狗瓜筐扣，瓜滚筐空哥怪狗。

3. 四十四个字和词，组成一首绕口词。桃子李子梨子栗子，橘子柿子槟子和榛子，栽满园子院子村子和寨子。刀子斧子锯子凿子，锤子刨子和尺子，做出桌子椅子和箱子。

4. 天上七颗星，树上七只鹰，墙上七根钉，钉上七盏灯。地下七块冰，遮满天上星，赶走树上鹰，拔掉墙上钉。吹灭了钉上的灯，踏碎了地下的冰。

（二）归音训练

字尾是字音的收尾部分，指韵母的韵尾。归音是指从字腹到字尾这个收音过程。收音时，唇舌的动程一定要到位，字腹要拉开立起，即在字腹弹出后，口腔随字腹的到来扯起适当程度，共鸣主要在这个关节体现，然后收住，要收得干净利落，不拖泥带水，但也不能草草收住。如"天安门"三个字，收音时舌位要平放、舌尖抵住上齿龈。归到前鼻韵母"n"音上，只有这样归音才到位，才有韵味，普通话说得才地道，所以收音时一定要听到"n"的尾音。但要注意做好"到位弱收"，不能用劲。收音恰当及到位与否对"字正"起着重要作用。

【勤学善练】

读下面的绕口令，注意"-n"和"-ng"的收音。

梁家庄有个梁大娘，梁大娘家盖新房。大娘邻居大老梁，到梁大娘家看大娘，赶上梁大娘家上大梁，老梁帮着大娘扛大梁，大梁稳稳当当上了墙，大娘高高兴兴谢老梁。

【案例回应】

日本学者白川先生向我们进言："统一强大的中国，应当是一个语言统一的国家。"今天我们推广普通话，意义非凡。为了真正达到交流交际的目的，我们应该准确地用好自己的母语，自觉推广普通话。否则，像案例中发音不标准的公众人物，既会闹出很多笑话，也会耽误事情。

【实战训练】

1. 分小组数葫芦比赛：南园一堆葫芦，结得嘀里嘟噜，甜葫芦，苦葫芦，红葫芦，鼓葫芦，好汉数不出二十四个葫芦，一个葫芦，两个葫芦，三个葫芦，四个葫芦……

2. 数青蛙接龙游戏：一只青蛙一张嘴，两只眼睛四条腿；两只青蛙两张嘴，四只眼睛八条腿……以此类推，每人轮流说一句，说错的人表演节目。

任务 1-4　体态训练

知识目标
　　◇了解体态训练对口语表达的重要作用
　　◇掌握表情语、手势语、体姿语等的要求
技能目标
　　◇掌握体态语言训练的方法和技巧
　　◇针对自己的特点，进行体态语言训练

【情景导入】

小王登台演讲时，在台上经常不自觉地做些"小动作"：背手低头不敢正视听众；期间用手不住地拽衣角或扭动衣扣，甚至频频挠脖子；忘词时向旁边的主持人使眼色求援；耸肩缩脖，不知所措……最后演讲以失败告终。

【问题讨论】

1. 小王演讲失败的原因是什么？
2. 检查一下自己登台演讲时，是否也有类似小王的"小动作"？

【理论知识】

美国学者费洛拉·戴维尔在《怎样识别形体语言》一文中说："心理学家阿尔伯特·梅拉比安发明了这个公式：信息总效果 = 7% 的文字 + 38% 的声音 + 55% 的面部表情。当你认识到'我恨你'这句话也能使人听起来带有亲昵的情意时，声音和面部表情的重要性就显而易见了。"同样的词语却表达着截然不同的思想感情，同样的句子却可以产生不同的表达效果，这主要是因为表达时运用的语调与态势不同，其中态势又对表达效果起着重要的主导作用。

演讲是一种听觉艺术，也是一种视觉艺术，它包括"讲"与"演"两个方面。"讲"是运用有声的口头语言，"演"是运用无声的态势（如面部表情、手势、身姿等）语言。演讲者为了更好地表达自己的思想，往往以态势助说话，

21

使表达更为明晰有力。尤其是当言不尽意之时，语言难以完美地表达，便常以一颦一笑，一个眼色或一种手势来表示，以期收到"无声胜有声"的理想效果。所以，有经验的演讲者都非常重视态势语的表达技巧，用它辅助口头语言，来增强演讲的艺术魅力。

一、面部表情

（一）头部

头部区域是演讲者的仪容中心，它的位置很重要，所以正确的头部姿势应该保持平、正，而且要与表情、手势以及全身姿态相呼应、相一致。头部动作不能太多，幅度不能太大，否则会有负面效果，甚至引起听众反感。

头部姿势能传递不同信息：点头表示肯定、赞许；摇头表示否定、惋惜或不忍；昂头表示对抗、高傲；低头表示哀悼、谦虚或忧虑；后仰表示大笑或某些激烈情绪，也有酝酿感情的含义；向前伸表示惊讶、期待赞许或希望获得注意；倾斜表示怀疑、观察、思考或不屑等等。头部姿势加上表情和手势后，又会获得不同的表达含义。

演讲时，除了要表达特定情绪外，演讲者的头部应该始终保持平正。虽然说起来很简单，但其实不少人在讲话时，往往会有各种下意识的头部动作，并形成一些不好的习惯。比如有些人讲到投入处时，头会歪向一侧，还不停地左右小幅度晃动，这种频繁的抖动会造成听众的厌烦和不安；还有些人为了加强语气，喜欢把头大力地抬起、低下，这种动作也会造成强迫感和有压力的感觉。

（二）眼神

眼睛是心灵的窗户，是人类面部的重要器官之一，它不仅是人仪容美的重要组成部分，也是传递信息和交流感情的有效工具。眼神在人际交往中的地位相当重要，运用得当则事半功倍。有不少演讲者忽略了眼神这个重要沟通工具，没有加以利用，或者有一些不良习惯，结果或多或少都会对演讲效果造成不良影响。

在一般的社交场合，演讲者的视线应该落在对方的双眼与嘴唇之间的"三角区域"，并在这个区域内变换注视点。越是关系亲密的人，视线走动的范围就可以越大一些，比如对着自己的亲人、密友、恋人等，视线可以上至双眼，下至衣领位置。眼神的运用是非常灵活的，因为除了睡眠时间，人的眼睛无时无刻不在传递信息，所以，对于在公共场合讲话的人来说，要学会正确使用眼神。

对演讲者来说，在被主持人介绍时，要温和直视主持人的面部，微笑着表示感谢；被介绍给其他嘉宾时，也要看着对方脸上的"三角区域"，不要东张西望，不要上下打量对方，这会让人感觉被冒犯和被轻视。要特别注意的是，注视对方时也不要长时间盯住一个地方，尤其是对方的眼睛，这会显得咄咄逼人，应该在合适的区域内变换视点。牢记一点：无论男女，对方胸线以下的位置都是注视"禁区"。

1. 平视法

演讲者在进行演讲时，将视线平直地向前滑动，统观全场，目光要落落大方，以表示对全场观众的尊重。然后，一般情况下，视线的落点应放在全场中央位置的观众，并以此为中心，适当地转换视线，兼顾全场。这样，会给在场的每一位观众一种"他是在对我说话"的感觉，即让观众感到被重视，从而调动起全场的注意力和气氛。这种方法有利于演讲者随时把握现场的氛围和观众的反应，并能让自己增加信心，保持良好的状态和清晰的思路。要注意的是，平视法并不是不移动视线，而是平直向前的视线在一定范围内按弧形轨迹移动，如果老是盯着会场中央的观众，会造成不必要的误解。

平视法是许多初学者容易忽略的方法。因为初上讲台，成为众人的视觉中心，这种紧张感会令他们不自觉地想回避视线的相交。所以，有些人就会出现视线上下跳动，或者左右扫视，甚至带动头部不自觉地晃动的现象。比如有些人喜欢翻白眼盯着天花板，有些人总是看右下方的某一处，等等。这些都是视觉的不良习惯，因为人们在思考或者组织语言时，大脑对面部肌肉的控制会放松，出现一些我们自己意识不到的动作。这就需要平常多加练习，多加注意，从而克服这些毛病。因为在演讲时，你的每一次注视都在传递信息：向上的视线表示思索、祈求、高傲；向下的视线表示羞愧、哀痛；快速左右移动的视线，表示惊慌、紧张或等待共鸣。

2. 环视法

环视法即演讲者的视线呈雷达扫描状，在会场的前后左右来回移动，持续不断地与整个会场的观众保持视线沟通，并随时观察全场的情况。环视法常常和平视法结合使用，可以与现场的所有观众保持目光交流，增加亲切感，而且有利于演讲者操控会场。要注意的是，环视法的运用涉及头部的摆动，但摆动不能过于频繁，速度不能过快，也不能太有规律，这样会使演讲者像机器人。同时，眼珠也不要为了扫视全场而向四周乱转，看上去鬼鬼祟祟而且滑稽，给演讲带来负面效果。

3. 点视法

点视法的运用，不像前两种贯穿演讲始终的方法。点视法是偶尔使用的，根据演讲需要，演讲者将视线暂时集中在会场的某位方位或某个观众身上。这种方法主要有两个作用：一是对正好望向你的观众做一个肯定的引导，有利于引起共

23

鸣；二是对于不太专心的观众，有了视线接触后，可以提点他注意演讲的内容，起到警示作用。

4. 空视法

这种方法有点特殊，它的作用是缓解演讲者的紧张，并让演讲者的情绪平复下来并回到正常的思路上，把演讲继续下去。空视法，顾名思义，就是视线里并没有特定的目标，空荡荡，只是把视线投向面前的会场，在观众的头顶上方浮动，这样并不会与台下人进行视线的接触，但给观众的感觉是你在扫视会场。对于还没有完全克服怯场的初学者来说，这是一种很好的掩饰方法。

5. 闭目法

在追悼会上，或某些对逝者的纪念活动上，闭目法是运用较多的一种信息传递动作。演讲时，演讲者在短时间内甚至数秒内，闭上双目，表情肃穆，可以表现出哀痛、思念和敬仰等感情。要注意的是，闭目法运用的时间是非常短的，但比眨眼时的闭目时间略长。闭目法有其运用的特殊场合要求，除此之外，无理由的闭目只会显露出演讲者的不良习惯，或紧张、不自信的情绪。

眼神的表达方式非常多，而且许多情况下是综合使用的，这需要初学者不断练习，体会其中的含义。无论是哪种方法，都要服从自己演讲的需要。无谓的多余的动作，一定要从现在开始，努力改掉，以防变成不良的视觉习惯。

（三）眉毛

人们常说"眉目传情"，可见眉毛和眼睛一样，也能传递信息。眉毛形状的变化，同样可以展现出人的各种情绪，传达其内心想法。眉毛大部分情况下是与眼睛同时动作的，两者常能组合出更为复杂的表情：

松展的眉毛，表示心情平和、愉悦；眉峰上挑，表示怀疑、惊讶和询问；眉头纠结，表示的基本都是负面情绪，如为难、厌烦、气恼、焦虑、仇恨，在某些情况下，也表示苦苦思索；如果眉头皱着，眉峰向下耷拉，表示的是遗憾、无奈、忧伤等等。在日常情况下，我们的双眉应保持自然放松、平直状态，单侧的挑眉或习惯性皱眉，都是很不好的动作习惯，会使演讲者在无意识的情况下破坏演讲效果。

（四）嘴

嘴是人类面部重要的五官之一，它同时也是人类运用最多的面部肌肉之一。不同的嘴部动作，可以表达出多样的含义。嘴角平直，微露齿，表示茫然、发呆、憨直，对女性来说，如果配上颜色艳丽的口红，这个动作会显现出一丝性感和神秘；嘴角微翘，微露齿，这是微笑的表情；紧紧咬合的双唇表示严肃、抗议、不满等；双唇闭合，微微向上撅起，表示不满、尴尬、嘲讽、不屑一顾；撇嘴，一侧嘴角牵拉或上挑，表示无所谓、轻蔑、厌恶。演讲者在演讲过程中，嘴部是不断运动、配合声带发声的，正常情况下，应使之保持自然开合，不要有其他多余的嘴部动作。

丰富多彩的面部表情（一）

丰富多彩的面部表情（二）

二、体姿语

（一）站姿

在演讲时，对姿态的要求是：站姿、行姿优美，举止端庄稳重、优雅大方。优美的站姿和行姿，是形成优雅风度不可缺少的重要方面。正确的站姿是：

①抬头，头顶平，双目向前平视，嘴唇微闭，面带微笑，微收下颌。动作要

25

平和自然。

②双肩放松，稍向下压。人体有被向上提拽的感觉。

③躯干挺直，直立站好，身体重心应在两腿中间，防止重心偏左或偏右，做到挺胸、收腹、立腰。

④双臂自然垂于身体两侧或放在身体前后。

⑤双腿立直，保持身体正直，膝和脚后跟要靠紧。

礼仪站姿（选自民航新闻网）

常见的四种站姿：

①身体立直，双手置于身体两侧，两腿自然并拢，脚跟靠紧，脚掌分开呈"V"字形。

②身体立直，右手搭在左手上，贴在腹部，两腿并拢，脚跟靠紧，脚掌分开呈"V"字形。

③身体立直，右手搭在左手上，贴在腹部，两腿分开，两脚平行状分立，距离比肩宽略窄。

④身体立直，双手背后，右手搭在左手上，贴在臀部，两腿分开，两脚平行状分立，距离比肩宽略窄些。

（二）行姿

演讲者出现在听众眼里，是从他步入会场开始的，也就是说，在踏上讲台之前，他的"演"已经开始了。行姿属于动态美，凡是协调稳健、轻松敏捷的步态都会给人以美感，演讲者的行姿应该表现出镇定自若、信心十足、从容不迫的心理状态。正确的行姿是：

①双目向前平视，微收下颌，面带微笑。

②双肩平稳，双臂前后自然摆动，摆幅以 30～50 度为宜，双肩不要过于僵硬。

③上身挺直，头正，挺胸，收腹，立腰，重心稍前倾。

④注意步位。两只脚的内侧落地时理想的行走轨迹是一条直线。

⑤步幅适当。一般前脚的脚跟与后脚的脚尖距离应该为一脚长，但因演讲者性别和身高的不同会有所差异。步幅与服饰有关，女士穿裙装（特别是旗袍、西服裙、礼服）时和穿高跟鞋时步幅应小些，穿长裤时步幅可大些。

⑥跨出的步子应是全脚掌着地，膝和脚腕不可过于僵直。

⑦停步、拐弯、上下楼梯时，应从容不迫，控制自如。

（三）坐姿

演讲者无论是在演讲台上还是在台下坐着，都应时刻保持正确的姿态，给听众一种安详稳重的印象。很多演讲者在座位上总是身体歪斜，两条腿不停地抖动，给人一种懒散的感觉。

不同的坐姿表达的含义是不同的，例如：身体靠在椅背上，两手置于扶手上，两腿落地自然分开，表示谈话轻松、自如；身体稍向前倾，两腿并拢，两手放于膝上，侧身倾听，说明很尊重对方；坐在椅子前沿，身体前倾，头微微倾斜，表示对谈话内容非常感兴趣，因交谈而心情愉悦；坐在椅子上，微微欠身，表示谦恭有礼等。正确的坐姿是：

礼仪坐姿

①入座时要轻、要稳。走到座位前，转身后，轻稳地坐下。女士若着裙装入座，应用手将裙摆稍拢一下，不要坐下后又站起来整理衣服。

②面带笑容，双目平视，嘴唇微闭，微收下颌。

③双肩平正放松，两臂自然弯曲，双手放在膝上，亦可放在椅子或沙发扶手

上，掌心向下。

④一般坐椅面的三分之二，立腰、挺胸，上体自然挺直。

⑤双膝自然并拢，双腿正放或侧放，双脚并拢或交叠（男士入座时可略分开）。

⑥起立时，右脚向后收半步，而后站起。

⑦谈话时可以有所侧重，上体与腿同时转向一侧。

三、手势语

（一）演讲手势的活动区域和感情色彩

手势语言表达的空间很大，上至头顶半尺，下至脚尖地面。所以，在我们细说手势之前，要了解它活动的不同区域代表了不同类型的感情。手势区域主要有三个：

1. 肩部以上的上区域

这个范围内的手势，需要演讲者抬高手肘，这类动作一般表示的是正面、积极、肯定的意思。比如希望、喜悦、祝贺、赞扬等。当演讲者需要调动听众的情绪，希望获得他们的共鸣和支持时，多用这个区域的手势。

2. 肩部与腰部之间的中区域

这个区域称为中区域，是手势语言活动最为频繁的区域，无论是演讲还是日常的人际交往场合，此区域内的手势都较为常见。说话者用此区域的手势来对自己的演讲或说话进行辅助性说明，一般情况下不带有明显的感情色彩，较为中和。

3. 腰部以下的下区域

腰部以下的区域为下区域。出现在这个区域范围内的手势活动，多表示负面情绪：反对、批判、压制、阻

手势语

止、失望等等。比如有些人在与人争论时，言辞上虽然温和，但却忍不住在腰侧下方做出手掌平伸、手心向下的下压动作，这就是在手势语言上希望压制对方，让对方住口或改变主张的表现。

（二）演讲手势的类型和含义

手势是演讲语言的辅助动作，它能对演讲的感情色彩、现场气氛起到显著的说明、暗示、加强等作用。由于个体习惯的不同，表现出极为复杂的手势种类和表现形式。根据手势的功能，我们大致可以对演讲手势进行以下分类：

1. 情绪加强型手势

演讲者在表达感情色彩十分强烈的内容时，为了将这种情绪深化并传达给现场观众，往往使用这类手势增强感染力。比如在一次"健康使用网络"的主题演讲中，演讲者说道："同学们，我们必须抵制网络上一切不健康信息的影响！"为了加强语气，他把右手展成掌状，从胸前往右下方做斜劈动作，表达出鄙视、愤怒、排斥的情绪。

又比如，在一次大学生"纪念抗日战争胜利60周年"的演讲中，一位女演讲者追忆起当年革命先烈的英雄事迹，说到"他们用鲜血铸就了我们今天的一切"时，她用右手抚胸，抬首深情眺望，这个动作形象地表达了其对烈士们的敬仰和感激之情，胜过千言万语。

因为演讲强调感染力，注重对观众施加演讲者需要的情绪反应，所以情绪加强型的手势在演讲中用得较多，而且还常常是多种手势同时使用，再搭配上其他态势语言，来表达含义丰富的各种情绪。另外，这类手势如果和口语搭配得当，还可以起到激发观众联想的作用，这样不仅在情绪上助燃了单纯的口头语言，而且刺激观众在大脑中形成一些画面来达到共鸣。

2. 条理演示型手势

在演讲过程中，演讲者在表述一些条理性比较强的事实，或者涉及具体数字时，往往搭配上这类手势，以便观众们理解。比如，在一次公司内部报告会上，财务主管为大家作财政状况报告，说到今年的财政计划有四点措施时，她举起左手，伸出四个手指，每说一点措施，就弯曲一个手指。这样，就算在四点措施中间加上其他的说明内容，在座的人也能够跟上她的讲话和思路。

又例如，在一次会议上，与会者上台演说未来工作要上"三个台阶"，说到第一个台阶时，他将手指和手掌垂直，模拟台阶状；然后说到第二个台阶的内容，手部动态不变，手肘抬高，"台阶"上升一定幅度；最后说到第三个台阶，肘部再抬高。这样的手势语言，能够清晰明了地让现场观众了解工作上升的幅度和目标。

条理演示型的手势，在进行说明类的演讲时有辅助作用，一般情况下不带有感情色彩。

3. 言语物化型手势

这种手势主要帮助演讲者将口头语言形象化，使演讲更加生动，现场气氛更加活跃。这类手势分为虚指和实指两种。比如，一位受勋民警在讲述自己一次勇斗歹徒的经历时说道："这次的遭遇在我的后腰留下了一条这么长的刀疤。"他抬起左手食指，与右手食指略微平行，用中间的距离模拟了一个长度，在座观众无不惊叹，对他的义举更为崇敬。手势帮助演讲者将"这么长"物化了，这种就是表达一个长度概念的虚指的物化型手势。

又比如，演讲者把拇指和小指竖起，其他手指弯曲做"电话"状，放在耳边模拟通话场景，也是言语物化型手势，这样直到手势结束放下，观众都能了解那些内容是表示"与人通话中进行"的。这种模拟电话的手势就是实指的物化型手势，因为表现的对象是实际存在的，或者是人们可以实际接触到、看到的东西。

4. 个人习惯型手势

除了以上三种有含义、有目的的演讲手势外，还有一类手势也时常在演讲中出现，这种不具有特定含义和感情，只是口头语言的一种伴随性的手部动作，叫做个人习惯性手势。每个人都有自己的习惯型手势，如果使用次数恰当，动作幅度合理，出现时机与现场气氛协调，这些习惯手势往往还会成为一些知名演讲家的"招牌动作"。

（三）几种常用的演讲手势

1. 手指动作

单独的手指动作在演讲中使用的几率并不大，一般最为常用的是拇指和食指的单独动作，其他手指动作都是几根手指共同完成的。拇指竖起，是常见的"赞扬、鼓励、强大、肯定、第一名"等意思。食指的单独动作在演讲中使用得非常多，除了作为"箭头"来进行一些指向性示意之外，向上指的食指还表示"强调、肯定"等含义，或者用来引起观众的注意。不过，食指的单独动作要注意不要伸得太直，手势不要给人以肌肉紧张感，应该保持一定的放松和虚握状态，即其他手指之间不闭合而有一定空间，这样可以避免太强的针对性产生的敌对感。

其他手指的复合动作包括：拇指、食指和中指并用，三指捏合，表示"这些、总之"等含义；如果动作较为用力，还表示强力措施等。拇指和食指捏拢，表示"强调、赞赏"等；如果不捏拢而只是靠拢，则表示"微小、细微"的含义。另外，食指和中指的经典"胜利"手势，在演讲中也屡见不鲜，这个手势是由当年的英国首相丘吉尔频繁使用而普及开来的。还有用拇指和食指圈成"O"状的手势，表示"没问题、好、完成、确认"等含义。

2. 手掌动作

手掌心向上，拇指自然张开，其余四指微微弯曲，呈现出一个勺型的容器状，这个动作如果抬高，表示"赞美、肯定、高兴、希望"等含义；如果平放或者低摆，则表示"乞求、坦白、无可奈何"等。这个动作如果掌心向下，表现的完全是另外一个意思，即"请安静、控制、反对、打压"，在某些情况下也有让对方冷静下来或表示安慰的意思。另外，手掌平直侧立，呈刀斧状向下做劈砍动作，表示"当机立断、杜绝、坚决、强硬"的意思。

双手掌心向上，做有力分开动作，表示"坦诚、开始、展示"等含义；如果掌心向下，则表示"反对、排斥、平息、消除"等。

以手掌抚胸，表示"势必、将尽全力、思念、哀悼"；如果手掌抚头，表示"思考、懊悔、羞愧、苦恼"；轻拍头部，表示"猛醒、记起、恍然大悟"；手掌拍击肩膀，表示"担当、负责、努力完成、不辱使命"等。

手指聚拢微合，指尖如果向前，表示"注意此处、针对"，有指向性的含义。要注意的是，当指尖对着某个具体对象时，会带有挑衅的意味，要谨慎使用。如果指尖向上则表示强调，或者提醒观众注意此处所说的内容，也有征求意见、共同探讨的意思。

手掌握成拳后，也有许多动作语言。例如，"五四"时期的先进青年，演讲时常常高举拳头，表示强烈的斗争情绪。双手握拳，举至胸前，表示"报复、愤恨、示威"等；如果高举过肩或捶打桌面，则表示"极为愤怒、痛斥、严厉打击、不可饶恕"等。因为拳部动作表达情绪过于强烈，且动作有攻击性，在演讲中要慎用。

要说明的是，手势动作也分单手和双手。大部分情况下，双手动作的情绪感染力、表达张力都比单手要强烈，即双手动作比单手动作表达的意思更强烈。所以，演讲者要视场合、观众、题材等来选择单手还是双手。一般来说，场合较大、观众数量较多时，适合多用双手动作；表达强烈的赞扬或反对意愿时，用双手也比用单手更有利于表达自己的观点。

四、仪表

作为一门综合艺术，口语表达或演讲既要表达者拥有美的声音、美的感情，也要求拥有美的仪表。演讲者的仪表是内在素质的基本体现，演讲者站在台上或者人们面前，既是信息的传播者，又是听众的审美对象，能否被听众欣然接受，仪表是不容忽视的重要因素。

（一）仪容

仪容通常指人的外表、外貌。演讲者的仪容是指经过修饰之后的外表。整洁的仪容一方面体现了演讲者的素养，另一方面体现了演讲者对于交流活动和观众的重视。

1. 仪容应当清新整洁

演讲者应是整洁、大方的美的体现者：男士要注意将头发梳理整齐，胡须要修理干净；女士要注意发型利落大方，适当化淡妆。

2. 仪容应当简约

仪容既要修饰，又忌标新立异。演讲者的仪容以简练、朴素为佳。

3. 仪容应当端庄

仪容庄重大方，不仅会给人以美感，而且易于使自己赢得他人的信任。将仪容修饰得花里胡哨、浓妆艳抹、"点缀"过多，会显得轻浮怪诞。那种不修边幅，不注重仪表美的演讲者，表达效果也同样会被削弱。

（二）服饰

演讲者的着装打扮要得体，主要应做到：

1. 和口语表达的思想感情及表达内容的基调协调一致

表示喜悦、欢庆内容的，最好穿色调明快的衣服，例如，在欢庆场合发表演讲时，穿浅色服装会令人心情愉快；在发表严肃、庄重、哀痛的讲话时，应穿深色或黑色的衣服，这样能更好地表达演讲者的情感，烘托气氛；若进行以青春、理想为主题的演讲时，则可穿较简洁、时尚的服装，以传递青春气息和奔放的感情。

2. 和演讲者的肤色、体形、年龄相适应

一般来说，服装不能和自己的肤色反差太大（不过，肤色较黑者最好不要穿黑色的服装）。稍胖者宜穿深色明度较高的服装；青年宜穿款式新颖（不是奇装异服）和色彩鲜艳的服装；中老年人可穿淡雅些的服装等。

3. 和演讲者的气质、性格及职业相吻合

好动的人可借助于蓝色增加沉稳内敛的感觉；沉稳的人可借助于浅色增加活力；在特定的情况下，有时可以穿职业装（如民警、税务人员、军人、护士等），以显示自己的身份和对工作的热爱。

4. 注意口语表达的环境

在建筑工地或抗洪抢险第一线进行即兴演讲时，可不必换装，穿着有泥水的工作服要比笔挺的西装更有感染力。

5. 穿出"和谐统一"的美感

所谓和谐统一，一是注意服装和鞋子要匹配；二是上装和下装从款式到颜色要和谐；三是装饰物要和服饰及演讲者身份统一。

（三）演讲者服饰和打扮方面的注意事项

现实生活中，有的演讲者不注意自己上台讲话时的服饰和打扮，通常自认为很漂亮、有个性，实际上并不符合口语表达的要求。现结合台上经常出现的问题，将注意事项总结如下：

①不要穿短裤、背心、超短裙、大衣上台演讲。

②不要戴过分夸张的耳环、项链、戒指登台演讲。

③一般情况下，不要戴帽子、围巾在室内进行演讲。

④不要戴有色或变色眼镜演讲。

⑤不能穿拖鞋、凉鞋上台演讲。

⑥女士不能披头散发；男士不能蓬头乱发。无论男士、女士，均不能让头发挡住眼睛。

⑦不要背挂包、小背包上台演讲。

⑧女士上台演讲时，不要涂艳丽的指甲油。

⑨女士的唇线不可画得太深，避免用大红色等色彩过于艳丽的口红。

【案例回应】

演讲者上台演讲时，听众看到的是他/她的整体形象。演讲者在演讲过程中的举手投足等每一个细枝末节都要落落大方，得体自然。无论遇到什么情况，都要保持自己高雅得体的形象。演讲者的目光、表情、手势、身体的姿势等既是对演讲内涵的充实，又是对演讲作用的强化。只有恰到好处地调动身体语言和选择服饰，才能使演讲魅力倍增。

【实战训练】

1. 自选一段名人演讲录音，边播放录音，边在台上模拟演讲现场，并随着录音的内容和表达的情绪做出各种肢体动作，但不要发出声音。

2. 每两名学员互相搭档，轮流进行，一位读自选剧本，一位只能用动作来表达剧本里的一切内容。

任务 1-5　口才自我评估

活动一：个人活动——演讲行为的自我评估

这一测试包含 30 个评估演讲者自信程度的项目。如果某一项目符合你在演讲时的感受，就在相应的括号内打"√"，反之打"×"。答题时请不要做过多的考虑，根据你的第一感觉回答。

1. 我期盼有面对公众演讲的机会。（　　　）
2. 整理讲台上的东西时，我的手会发抖。（　　　）
3. 我总是担心自己会忘记演讲内容。（　　　）
4. 当我向听众致意时，他们似乎很友好。（　　　）
5. 在准备演讲时，我总是处于一种焦虑状态。（　　　）
6. 在演讲结束后，我感到这是一次愉快的经历。（　　　）
7. 我不太注意巧妙运用自己的表情、身体和声音。（　　　）
8. 在听众面前演讲时，我的思维会变得混乱而跳跃。（　　　）
9. 我不怕面对听众。（　　　）
10. 我尽管在开始演讲前会紧张，但不久就忘记了害怕，并开始享受演讲。
（　　　）
11. 我总是满怀信心地期待演讲。（　　　）
12. 演讲时，我感到能完全控制自己。（　　　）
13. 我在演讲时喜欢用提示条，以防忘记演讲内容。（　　　）
14. 我喜欢观察听众对我的演讲的反应。（　　　）
15. 我和朋友讲话时很流利，但在演讲台上就会不知所措。（　　　）
16. 演讲时，我感到轻松自如。（　　　）
17. 尽管不能享受公众演讲，但我也不特别畏惧。（　　　）
18. 我总是尽可能地避免面对公众演讲。（　　　）
19. 在面对听众时，我总觉得他们的面孔变得模糊不清。（　　　）
20. 在试图向一群人致意时，我对自己感到厌烦。（　　　）
21. 我乐于准备演讲。（　　　）

22. 面对听众时,我心里很清楚自己要怎样做。(　　)

23. 我演讲时相当流利。(　　)

24. 演讲前,我会出汗、发抖。(　　)

25. 我的手势做作、不自然。(　　)

26. 面对一群人演讲时,我始终感到害怕和紧张。(　　)

27. 我发现用轻柔的语气讲话很有乐趣。(　　)

28. 演讲时,我很难冷静地寻找合适的词来表达自己的思想。(　　)

29. 一想到要在一群人面前演讲,我就吓坏了。(　　)

30. 我面对听众时,思维很敏锐。(　　)

【评估标准】

第 1、4、6、9、10、11、12、14、16、17、21、22、23、27、30 题,打"√"的记 0 分,打"×"的记 5 分;

第 2、3、5、7、8、13、15、18、19、20、24、25、26、28、29 题,打"√"的记 5 分,打"×"的记 0 分。

【结果分析】

0~55 分:

可能你还认为自己缺乏演讲的信心,但事实上,你感受到的压力和焦虑是正常的。一些调查表明,面对公众演讲是人们最为惧怕的事件之一。因此,问题不在于缺乏信心的程度,而在于如何处理自己的压力和焦虑。如果你的得分小于或等于50,那么其实你并不需要做什么特殊的事情来减压,也不需要关注如何消除这些压力,而是应该考虑如何有效地运用压力。另外,不要想别人会怎样看你,而是将注意力集中于自己的想法和你的听众。有效的准备和练习与对压力、焦虑、紧张的控制能力是呈正相关的。你拥有越多的面对公众演讲的经历,你就能越好地控制你的紧张感。

55~85 分:

你对演讲有些缺乏信心,但是你的焦虑水平与正常状态非常接近,你感受到的焦虑和压力不但容易控制,而且能够立即改善。只要通过充分地准备和练习,你就会发现一切尽在掌握之中。记住,如果运用得当,适度的紧张、压力会对你产生积极的作用。让这些压力推动你,促使你做得更好。

90~115 分:

你非常缺乏当众演讲的信心。幸运的是,你的这一焦虑水平属于很容易控制的范围。许多伟大的演说家都是从这一水平开始的,但是有一些人却一直不能越过这一障碍。由于你目前非常缺乏演讲的信心，你需要多花一点时间在演讲的准备工作上。首先很重要的一点是要找到一个好的话题。先明确演讲的目的和中心思想，然后写出条理清晰的演讲大纲。有了大纲以后，再转变为可以在演讲时使用的提示条。越早练习演讲，你就能越快地提升信心。

120～150分：

你严重缺乏当众演讲的信心。你可以做一些事情来降低紧张、焦虑的水平，比如之前我们讲过的几种降低焦虑的方法。虽然信心是可以控制的，但是需要很大的努力。建议你首先从朗读开始，然后是充分准备，最后是积极体验。记住：每个人都有一定程度的焦虑体验，关键要找到适合自己的、最好的处理方法。

活动二：团队活动——演讲小组评估

采取小组的方式，每人当众讲一个故事。

在演讲时若有下列表现，请在该观察项后括号内打个"√"；若无，则不作任何记号。小组同学之间相互点评，说出对方的优点、不足及改进措施。

1. 体态表达方面

①面对听众，站立姿势自然。（   ）

②随着说话音调的起伏适当改变面部表情。（   ）

③与听众保持目光接触。（   ）

2. 声音表达方面

④说话声调稳定、清晰。（   ）

⑤变化音调，以强调说话的重点。（   ）

⑥说话的音量能使听众听清楚。（   ）

⑦能够用普通话正确发音。（   ）

3. 语言表达方面

⑧能使用可以精确而清楚地表达意思的词语。（   ）

⑨避免不必要的重述。（   ）

⑩用完整的语句表达思想。（   ）

⑪信息的表达有逻辑性。（   ）

⑫下结论时，能简明扼要地重复重点。（   ）

项目二　社交口才

任务 2-1　招呼口才

知识目标

　　◇了解社交的基本要求

　　◇理解社交的黄金法则

　　◇掌握打招呼的常用技巧

技能目标

　　◇能灵活自如地运用招呼语言

【情景导入】

　　有个先生为一位外国友人订做生日蛋糕。他来到一家酒店的餐厅，对服务员小姐说："小姐，您好，我要为我的一个外国朋友订一个生日蛋糕，同时打一张贺卡，您看可以吗？"服务员小姐接过订单一看，忙说："对不起，请问先生，您的朋友是小姐还是太太？"这位先生也不知道他的外国朋友结婚没有，因为他从来没有打听过，他为难地抓了抓后脑勺想想说："小姐？太太？不年轻了，就算太太吧。"生日蛋糕做好后，服务员小姐按地址到酒店客房送生日蛋糕。敲门后，一女子开了门。服务员小姐礼貌地说："请问，您是怀特太太吗？"女子愣了愣，不高兴地说："错了！"服务员小姐丈二和尚摸不着头脑，抬头看看门牌号，再回去打电话问那位先生，房间号码没错。她再次敲开门后对房主说："没错，怀特太太，这是您的蛋糕。"那女子大声说："告诉你错了，这里只有怀特小姐，没有怀特太太。"啪一声，门被大力关上，蛋糕掉在地上摔得一团糟。

【问题讨论】

1. 导致这个故事结局的原因是什么？

2. 如何称呼怀特女士才比较好？分小组演示。

【理论知识】

社交就是社会交往，指社会上人与人之间的交往、联系和相互作用。换言之，社交就是人们在社会生活中为了满足某种需要而进行的信息交流和联系活动。现实生活中，社交的方式、种类丰富多彩。根据交往的规模，社交可以分为以下三种形式：个体与个体的社交、个体与群体的社交、群体与群体的社交。另外，根据交往所使用的不同信息传递方式，又可将社交分为口头交往、书面交往和大众传播三种类型。

一、社交语言的基本要求

（1）目的明确，思路清晰。社交中，要有明确的目的，根据社交目的和对象有针对性地确定交谈的内容和方式。谈话时思路清晰，合乎逻辑，不能啰唆。

（2）善于聆听，学会幽默。首先，社交中，只有善于聆听，才能真正做到有效的双向交流。在聆听别人讲话时，要全神贯注，不可东张西望，也不可挑剔别人无关痛痒之处，更不要打断他人的谈话。如果要补充意见或者发表见解，则要等别人说完话后再进行。其次，幽默能使谈话气氛轻松、活跃，幽默的语言能为社交带来许多意想不到的效果，同幽默的人打交道是一件快乐的事情！因此，社交中有必要懂点幽默。

（3）讲究用语，彬彬有礼。文雅用语是一个人良好的学识教养的体现。在文明社会，尤其是知识经济时代，社交活动中的礼貌用语尤为重要。对于这个要求，一是要尽量使用敬语。尊重是社交礼仪的核心内涵，体现在语言上就要常用敬语，如"您"与"你"、"先生"与"喂"、"小朋友"与"小孩"，虽然称呼的对象相同，但给人的感受完全不同。二是多用商量的口吻，少用命令的语气和语调。如"请帮我跑一趟银行好吗"与"你替我跑一趟银行"、"请让一下"与"让开"的口吻就大相径庭；再如"去叫老师"和"去请老师"，这一"请"一"叫"，就能区分出一个人的礼仪与教养。

（4）掌握分寸，措施得当。一是要有角色意识。说话时要注意自己和对方的身份，主从不分、没大没小，都是不礼貌的。二是要顾及他人。首先要考虑听众是否听得懂，要尽量说大家都能听懂的话；其次要顾及他人的情感，将心比心，不要在无意中刺伤他人的自尊心，令人尴尬难堪；再次要注意不要冷落那些社会地位较低或有自卑感的人。三是要考虑措辞。措辞既不能过分热情，又不能冷漠无情；既不能过于随便，又要使交往气氛轻松活泼。在商务活动中，说话还应委婉客气，不宜居高临下、咄咄逼人。

二、人际交往的"黄金法则"

据说在西方商界，几千年来流传着一条"黄金法则"。这条法则威力无边，遵循它就可以登上成功的顶峰，违背它则会陷入失败的低谷，因此其被称为人类行为的伟大法则。该法则的内容就是孔老夫子所说的："己所不欲，勿施于人。"有位美国学者还为之加了注脚："种瓜得瓜，种豆得豆。"

这个"人类行为的伟大法则"，其实就是人际交往的"黄金法则"，它提示我们在人际交往中应遵循以下原则：

（1）互相尊重。人和人之间应当保持平等的关系，无论对别人说话还是聆听别人说话，都要注意尊重别人。尊重别人等于尊重自己，只有尊重别人才能获得别人的尊重。

> 《庄子·盗跖》："尾生与女五期于梁（注：桥）下，女子不来，水至不去，抱梁柱而死。"尾生虽然有点迂，但他坚守信用的精神是值得称道的。后来，李白《长干行》（二首之一）也用了"尾生抱柱"这个典故，云："长存抱柱信，岂上望夫台！"

（2）言而有信。内心真诚，言而有信，是做人的根本。从"信"这个汉字的构造来看，也可透辟出"人言可信"的意味。与人交往，守时也是守信的一种表现。

（3）同气相求。与人相处，尤其是与不相识、刚相识的人相处，要努力寻找双方的共同点、相似点，找到沟通的桥梁。有这样一句格言："爱读同样书籍的人，结交速度最快，友谊也最巩固。"结交速度最快、友谊也最巩固的原因，正是他们有较多的相似点。

> 萧伯纳说得好："你我是朋友，各拿一个苹果彼此交换，交换后仍然各有一个苹果；倘若你有一种思想，我也有一种思想，而朋友间相互交流思想，那么我们每个人就有两种思想了。"

（4）取长补短。取长补短即互补。互补是协同的前提，事物之间只有通过互补、协同，才能求得系统整体的同一，才能有结构的稳定性、进程的有序性和功能的最优化。人与人相处，可以互相取长补短。双方的需要以及期望正好成为互补关系时，就会产生强烈的吸引力，从而促成良好的人际关系。

（5）坦诚相待。人与人相处，最难能可贵的就是自我袒露精神。心理学家通过实验发现，人们更喜欢勇于自我暴露思想性格的人，而对那种老讲自己如何了不起的人、躲躲闪闪伪装自己的人、过于内向且性格太封闭的人则不太喜欢。在人际交往中，个人应当有隐私权，但另一方面又需要必要的自我袒露。这是人际沟通的需要，也是对他人表示信任的一种信号。

（6）相互宽容。宽容，是个人或某个群体对自己力量充满自信心的一种体现，是能化解人与人交往中产生的矛盾、隔膜、怨恨，甚至仇视的溶解剂。日本著名企业家、松下电器创始人松下幸之助说过："在社会上，沟通人与人之间感情的，无疑是一颗体谅的心。即使是件微不足道的事，只要彼此有一颗相互体谅的心，就像荒漠里有了甘泉。"

三、打招呼的技巧

心理学研究表明，在社交场合，人们对别人如何称呼自己是十分敏感的。称呼得当，能使双方产生心理上的相容感，交际就会变得顺利起来。打招呼是开启交谈之门的一把钥匙，因此在交际场合中要注意打招呼的技巧。

1. 观察对象，视察环境

社交场合对招呼介绍有很大的制约作用，打招呼的技巧首先是要看对象和当时场合的气氛（包括时代气氛和环境气氛），否则就做不到得体正确。不得体、不正确的称呼轻则影响"第一印象"，重则导致交谈失败，甚至还会酿成悲剧。此外，如何称呼还要看与对方熟悉与否、关系如何，不能随便冠以他人称号。有两种不恰当的称呼，一种是省略不当，即随便省略他人的"姓"，直呼其名，这种称呼在关系比较密切的朋友间或比较熟悉的语境中才可以使用，乱用省略会引起尴尬或误会；另一种是乱叫绰号，这也是不可取的。

2. 礼让谦恭，多用褒称

"礼"是温文尔雅的行为表现，"貌"是和蔼谦虚的行为表现。

社交中要注意三点：一是为人处世礼貌先行，称呼别人也不例外，这是双方交谈得以顺利进展的第一道关隘；二是除非与被称呼者特别熟悉和亲近，一般跟陌生人打招呼，忌用"嗨、哎、喂、嘿"等招呼语；三是看年龄称呼人，要力求准确，否则会令人不愉快，甚至发生口角或者闹出笑话。

3. 随俗寒暄，区分职业

称呼有其地域性，主要表现在以下几个方面：一是我国各地方言不同，自然也就有了方言称呼的地区文化差异性。例如，有几个年轻人结伴去旅游，这天他们从承德避暑山庄出来后想去外八庙，为了抄近路，两个小伙子上前去问路，正遇上一个卖蛋的农家姑娘。其中一个小伙子上前有礼貌地叫声："小师傅！"那姑娘没有应答，小伙子以为她没听见，又高声叫了一次，这下可激怒了那位姑娘，她气呼呼地说："回家叫你娘小师傅去！"两个小伙子感到十分惊讶。后来才知道，当地的农民管和尚、尼姑才称"师傅"，一个大姑娘怎么愿意听到自己被如此称呼呢？二是中西方在称呼上存在差异。如在西方，小孩子往往直呼长辈的名字，而这在我们中国人心理上是难以接受的。如果不了解称呼的地域性而盲目使用，往往会造成误会，使人反感。

再有，在称呼上还必须区分不同的职业，比如应对工人、司机、理发师、厨师等称"师傅"；对教师称"老师、教授"；对国家干部和公职人员称呼其职务，如"主任、处长"等；对军人和民警，最好称"同志"。如果不知道对方是什么职业或职务的，宜用"泛称"，如"先生、小姐、同志"等。

4. 记住姓名，有助交往

遇见熟人，对他的名字如能脱口而出，就会显得自然亲切；如果叫不出人家的名字则会自觉语塞，交往的大门就不容易打开。所以，记住姓名，会使对方产生愉悦甚至感动之情，有利交往。例如，有一位师范毕业生到某中学实习，在短短一个月的共同生活中，他和学生相处得很好。在实习结束的欢送会上，他没有讲故事，而是含着泪花一口气背诵出了全班 48 位同学的名字！当时同学们又惊讶，又激动，一个劲儿地鼓掌。在任教的老师中，他是最年轻的一个，也是任教时间最短的一个，然而他却给同学们留下了最深刻的印象。后来，这个班上的一位同学也当了教师，并且每年都当班主任，他也学着那位实习老师的做法，新学年接班的第一件事就是记住学生的名字。这办法果然很灵，不出一个星期就和全班同学建立了感情，随后的工作便开展得十分顺利。十多年后，仍然有许多当年的学生和他保持着联系。

另外，第一次接触陌生人，应当询问"您贵姓?""怎样称呼您?"然后尽可能在不十分熟悉之前就记住对方的名字，使他人产生备受重视的感觉。

四、常用招呼语言种类

中华民族自古就是个礼仪之邦，在任何场合与人见面，遇到的第一个问题就是如何得体地称呼别人。对于称呼，古人十分讲究，许多著述都对此探幽入微，今人更是重视，公共礼仪中也是再三强调。因为有时社交中称呼稍有差错，便会贻笑世人。社交中的称呼语言，主要用来表达交际双方对对方关系的认定，也可作为交谈的起始语。常用的招呼语言一般有以下三种：

1. 称呼式

称呼式用语，是随着说话者之间相互关系的性质而变化的招呼语，比较典型的有尊称和泛称。

（1）尊称。尊称是指对人表示尊敬的称呼。常用的有：

①人称敬称。通常有"您"、"老"（王老、李老等）、"贵"（贵姓、贵公司等）、"君"等，表明说话人的谦恭和客气。

②亲属敬称。对非亲属的交际对方称以亲属称谓，常用于非正式场合，如"叔叔"、"阿姨"、"大妈"、"大爷"等。对父母的同事、朋友，即使岁数和自己相差无几，也要用长一辈的称呼以示尊重。

③职业、职务敬称。无论在正式还是非正式场合，人们都倾向于使用职业、职务敬称以示尊重，如"医生"、"老师"、"董事长"、"处长"等，或者在前面冠之以姓。

（2）泛称。泛称是一种不区分对方的职务、职业等而广泛使用的一种称呼，常用的有：

①通称。如"师傅"、"先生"、"小姐"等。在校学生间互称"同学"，士兵间互称"战友"，这类称呼都是既严肃又有礼貌的。

②姓称。即以姓相称，并在姓前加上"老、小"等，如用"老张"、"老刘"等在非正式场合称呼比较熟悉的同辈人；用"小李"、"小王"等称呼小字辈以示随和亲切。

前面提到，心理学研究表明：在社交活动中，人们对别人如何称呼自己是十分敏感的。称呼得当，交往就会变得顺利起来。人们之间的关系不同，说话的场合经常变化，因此使用称呼时尤其要注意：第一，称呼要看场合。例如，客户经理是一位姓徐的女士，在正式场合谈生意时适合称对方为"徐经理"，而在非正式场合，如邀请其跳舞时则称其为"徐小姐"为佳。第二，要杜绝粗鄙的贬称，而应使用礼貌的褒称。一般情况下应慎用"的"字结构式称呼语。如交警在疏通道路时喊："那个穿红色衣服的，请你将摩托车开到右边去！"这里的称呼用了一个"的"字结构，通常这种结构的称呼让人感到被轻视、不受尊重。因此，可以用偏正结构的称呼来替代："那位穿红衣服的先生，请你将摩托车开到右边去！"这样就可以避免令人不快的事情发生。

2. 寒暄式

寒暄者，应酬之语也。寒暄是人们在社交之始，以天气冷暖、生活琐事及相互问候等为内容的应酬话，目的在于拉近彼此之间的距离，沟通感情，创造出和谐的交谈氛围。常见的寒暄方式有：

（1）问候型。问候，也就是人们相逢之际所打的招呼。问候语具有非常鲜明的约定俗成性及风俗性，一般是"您（你）好！""早上好！"等大多数场合下会使用的招呼语，还有的是较有"中国特色"的问候语，如"吃了吗？""上哪儿去啊？""好久不见了，还好吧？"等。阿拉伯人见面时还会问候："牲口好吗？"这些话貌似是询问，其实并非真想知道对方的起居行止情况，仅仅只是问话人向对方表达友好、关切而已。

（2）攀认型。在社交场合初次见面时，留心观察交际对象，如发现双方有"同宗、同乡、同感、同识"等"亲"、"友"关系，往往能立即转化为建交往来、发展友谊的契机。如"太好了，我丈夫也是××（地）人，咱们还算是老乡呢！""我也曾在贵校培训过，说起来咱们还是校友啊！""咱俩同姓，500年前还是一家人呢！"等。

（3）敬慕型。对初次见面者表示敬重、仰慕，这也是社交中热情有礼的表现。例如："您的大作在××方面很有见地，让我受益匪浅！""张经理，久仰您的大名，今日相识，倍感荣幸！"

（4）趣说型。社交伊始，为了活跃气氛，消除紧张情绪，还可借某一话题发挥，联想成趣，融洽感情。如北京大学中文系古典文学老师卢荻第一次来到毛主席身边为他读书时，一见面毛主席就问："你大概喜欢秋天吧？""你为什么叫卢荻呢？""会背刘禹锡写的《西塞山怀古》这首诗吗？"接着主席就熟练地背诵起《西塞山怀古》来，其中"而今四海为家日，故垒萧萧卢荻秋"这一诗句含有卢荻姓名，吟诵至此，读书的宽松氛围一下子就形成了。

交际心理学认为，寒暄应酬能产生认同感，体现了人的亲和需求。亲和需求在情感的推动下逐步升华，从而使双方关系进入水乳交融的佳境，达到预期的交际目的。但无论哪种寒暄，都不可赘言不止，更不可使用"查户口"式的问候或胡乱吹捧的阿谀之词，那样会令人厌烦。

3. 体语式

体语式，指的是单独使用面部表情或身体姿势等作为招呼语的方式，最常见的是微笑和点头。如在匆忙办事时，可与相熟者微笑点头致意以示问候；与交往不深者甚至只有一面之交者碰面时，礼貌地点头致意也会给人以友好的感觉。另外，在人多、距离较远而双方视线又相对不宜大声招呼时，也可用微笑点头或挥手示意的方式；双方关系疏远或冷淡时，也常用此方式。

除了以上三种常用的招呼方式外，在称呼他人时，还要注意不要乱用可能引起误会的称呼，不能使用低级庸俗的称呼，不能使用带有侮辱性的称呼，不能随便称呼别人的小名乃至绰号等。

【案例回应】

案例情景故事的结局，就是因为错误的称呼造成的。在西方，女性很重视他人对自己的称呼。如果称呼不妥则很容易引起对方的不快，往往好事就变成了坏事。

【实战训练】

1. 之前互不相识的几个大学生在一个偏僻的小火车站等车，火车因故晚点两个多小时，为了打发时间，他们闲聊起来。请模拟他们开始打招呼的情景。

2. 一年一度的大学新生报到日来了，小张最早进入本专业的学生宿舍。后来，小王及其母亲，小陈，小李及其父亲先后来到宿舍，请模拟他们打招呼的情景。

任务 2 - 2 介绍技巧

> **知识目标**
> ◇了解和掌握自我介绍和介绍他人的语言技巧
> **技能目标**
> ◇在社交活动中灵活自如地运用介绍语言

【情景导入】

1992 年，山西省省委书记胡富国在吕梁地区了解、调查农村和农民生活情况时，村民们只以敬畏的目光看着他，都不敢开口说话。于是，胡富国动情地以拉家常式的口吻自我介绍说："我也是一个农民的儿子，但对农村工作并不熟悉，我离开家时才 23 岁。1957 年在农村当过一段时间会计，后来在乡政府工作过。"胡书记原来也是农民出身，村民们从心里产生了一种"三百年前是一家"的亲近之感。

【问题讨论】

1. 分析胡富国书记自我介绍成功的技巧。

2. 胡书记从哪些方面拉近了与农民的距离？

【理论知识】
介绍通常有两种方式：一是自我介绍，二是介绍他人。

一、自我介绍

自我介绍是指把自己的情况介绍给对方，如姓名、身份、特点等，意在使对方了解自己，尽可能为自己提供方便的一种介绍方式。

从交际心理上看，人们初次见面，彼此都有希望了解对方，渴望得到对方尊重的心理。这时，如果能及时、简明地把自己的情况介绍给对方，不仅满足了对方的渴望，而且对方也会以礼相待，进行自我介绍。这样双方以诚相见，就为进一步交往奠定了良好的基础。另外，在参加公关交际时，主人不可能将每一个人的情况都介绍得很详细。为了增进了解，你不妨抓住机会，多作几句自我介绍。时机有两种：一是主人介绍话音刚落，你可接过话头再补充几句；二是如果有人表示出想进一步了解你的意向时，你可作较详细的自我介绍。自我介绍的要求如下：

1. 繁简适度

自我介绍常常包括介绍自己的姓名、年龄、籍贯、职业、职务、工作单位或住址、毕业学校、主要经历、特长、兴趣等。但在介绍时，不必将上述内容逐项全部说出，而要根据不同的社交目的需要来决定介绍的繁简。大多数情况下，自我介绍应简短明了，讲清姓名、身份、目的和要求即可，如联系工作、发言前的自我介绍等；而对公开招标过程中的投标者来说，自我介绍则应与交挚友一样较为详尽地细说。

2. 把握分寸

自我介绍不仅是对自己基本情况的客观陈述，也包含着自我评价。自我评价应掌握分寸，既不可过高，也不能过低，以给对方留下良好印象。概括地说，自我介绍应做到自信、自识、自谦。

自信，即对自己的能力、特长要敢于肯定，不要回避。通过自我介绍给人以亲和力和感染力，使之产生接近的欲望。

自识，即有自知之明。有勇气剖白自己的短处，实事求是、令人信服地评价自己，使人产生信任感。

自谦，即自我评价要留有余地，不要说"满"，自我介绍时一般都涉及自我评价，不宜用"很"、"最"、"极"等极端的词汇，不要过分夸耀自己，给人留下"狂"的感觉。当然，也不必有意贬低自己。关键要把握好一个"度"。

3. 讲究态度

进行自我介绍，态度务必要自然、友善、亲切、随和。届时应落落大方，笑容可掬，切忌畏首畏尾，也不要虚张声势，轻浮夸张，矫揉造作。

此外，自我介绍还要注意时间，通常情况下最好不要超过一分钟。

二、介绍他人

介绍他人又称第三者介绍，它是经第三者引见，介绍彼此不相识的双方的一种介绍方式。为他人作介绍，要审时度势，熟悉双方的情况。如有可能，在为他人作介绍之前，最好先征求一下双方的意见，以免为原本就相识的或关系恶劣者去作介绍。在为他人作介绍时，先介绍谁，后介绍谁，是一个比较敏感的礼仪问题。处理这一问题，必须遵循"尊者优先了解情况"的规则，先介绍位卑者，后介绍位尊者。

介绍多人时，应注意以下顺序：

（1）不同性别的两个人，一般情况下，应先介绍男士给女士。如果男士年龄比女士大很多时，则应先把女士介绍给男士，以示尊重。

（2）将不同辈分、职务的两个人介绍给众人时，应先介绍年长的，后介绍年轻的；先介绍职务高、知名度大的，后介绍职务低、知名度低的。

（3）两个团体相互介绍时，一般只介绍带队的、职务高的，随员笼统介绍即可。介绍他人时要做到：第一，诚恳热情，面露微笑。使人感到介绍人热忱可亲，给人留下难忘的印象。第二，口齿清楚，落落大方。介绍性语言要吐字清晰，内容要简洁明了，评价要恰当。介绍时神情要大方自然，即使遇到意外情况，也要镇定从容地对待。第三，注意礼节，方法灵活。介绍时应该多使用尊称和表示谦恭的敬语，如"请允许我向您介绍……"在介绍两位素不相识者时，不仅要介绍各自的姓名，还应多介绍一些双方的情况，例如："小张，这位是林教授。你正在学摄影，林教授是位摄影高手，曾有多件作品参展。"这样的介绍有穿针引线、增进了解的作用。若是平辈朋友之间，则可用轻松、活泼的方式，例如："老胡，这就是我常说的文武全才小陈，这位就是智多星老廖。"

【案例回应】

胡富国书记作为领导，在社交场合中打招呼、交谈时，不居高临下，不盛气凌人，而是设法寻找自己与对方身份上、经历上乃至地域上的相同点，以模糊人们的等级观念、级差意识，使乡亲们从思想上和感情上缩短了与省委书记的距离，使乡亲们的话语像打开闸门的洪水般滔滔而出，促使交流顺利进行下去。

【实战训练】

张莉是一所高职院校的应届毕业生，她到一家单位去应聘时的自我介绍如下："20 世纪 80 年代初的一天，在南方的一座美丽的乡村，有一个婴儿呱呱坠地，她以哭声宣布自己已降临到这个世界。她因家境困难，一直压抑着求学的欲望，直到 90 年代才开始上小学，这个人便是我……"

试评析这段自我介绍。

任务 2 - 3　电话技巧

> **知识目标**
>
> ◇了解和掌握电话语言的基本原则
>
> ◇掌握常用电话用语和电话交际须知事宜
>
> **技能目标**
>
> ◇恰当地运用电话语言表达原则并进行交流

【情景导入】

合顺工程造价咨询有限公司综合部的职员王强正伏案赶写一篇反映公司员工爱岗敬业的报道。突然座机响了，是总经理打来的电话。总经理正在来公司的路上，他指示王强尽快给他订一张当晚去北京的机票，还嘱咐他先把航空班次弄清楚，再确定具体乘坐哪趟航班。

不多久，座机又响了，是同事兼好友龙浩打来的。他问王强另一位同事的电话，然后和王强讨论起前晚的中国男篮比赛如何精彩；俩人愈讲愈投机，一刻钟后才挂了。

挂电话之后，王强想起之前的任务，慌忙查过信息后，用座机打电话向总经理汇报当晚去北京的航班情况。这时，手机又响了，来电显示是陈副总打来的电话。由于正在通话，所以王强没有接陈副总的电话，第二次打来也没接，第三次打来时，王强手头的电话刚挂掉。他想，陈副总可能是有急事，这下要接了……

【问题讨论】
1. 如果你是王强，你认为当务之急有几件事要做？
2. 你应该如何处理不断响起的电话？

【理论知识】
在当今"快节奏、高效率"的时代，许多事务的处理都是通过电话完成的。电话，是现代主要的通信工具之一，具有传递迅速、简便经济、效率高、省时省力等优点。目前许多社会组织在交往时，都先以电话沟通。在电话不能达到目的时，才考虑直接面谈。因此，为保证办事效率和效果，电话沟通时就更要使用好语言这唯一的信息载体。打电话的艺术，主要体现在语言表达上。

一、电话用语

电话用语包括语言、语气、语调，它是三者有机融合的统一体。打电话时，咬字要清楚，吐字比平时要略慢一些，语气要自然，语音不宜太长，音量不宜过小，以对方能听清而又不影响同室其他人工作为宜。必要时，可把重要的话语重述一遍，交代时间、地点等关键信息时尤其要仔细。

当对方听不清楚而发出询问时，要耐心回答，不可表现出丝毫的不耐烦，要始终给人以和蔼、亲切的感觉；当心情不好时，要格外注意打电话的语气和语调，要稳定自己的情绪，切不可把自己的不快情绪传递给对方；当事情很紧急时，要控制好语气，越是急事，越要注意语调从容、叙事清楚、交代明确，切不可一急之下就出口伤人，让对方觉得受到侮辱而不愿配合，把事情办砸了。

工作中，无论接到什么人在哪里打来的电话，都不要大喊大叫，拿着听筒时，要时刻记得，你现在是对着对方耳朵说话的。

常用的基本电话用语

欠妥用语	正确用语
喂！	喂，您好！
喂，找谁啊？	喂，您好！请问找哪位？
我找××。	麻烦您帮我找一下××，好吗？
等着。	请稍等。

（续上表）

欠妥用语	正确用语
他不在这儿上班。	他在另一处办公，他的电话是……
他不在。	对不起，他不在，您有急事吗？要不要我转告他？ 请您过一会儿再打电话来，好吗？
你是谁啊？	请问您是哪位？
有事吗？	请问您有事吗？
就这些吗？	您还有其他事吗？
这样不行。	对不起，这样恐怕不行。
不会忘记的。	请放心，我一定会照办的。
没听清，再说一遍。	对不起！刚才没听清，请您再说一遍好吗？
说话大声点！	对不起，我听不清楚，声音能大点吗？
听清楚了吗？	刚才所说的听明白了吗？要不要再讲一遍。
打错了。	对不起，打错电话了。

二、电话语言表达的原则

电话虽然是联系对方最便捷的工具，然而它也存在一定的缺陷。由于电话沟通的双方互不见面，只能凭声音、语调来感觉对方的喜、怒、哀、乐等情绪。当然，通过声音在一定程度上也能感觉到说话者的情绪和态度，如果打电话者愁眉苦脸，电话中的声音就不可能温暖热情；同样，如果打电话者面带微笑，那么电波就会把微笑传递过去。电话语言这种传递情绪和态度信息的能力相当惊人。在这种情况下，口头语言表达的技巧就显得十分重要了，如果对电话用语的使用缺乏常识与素养，接听电话时不懂得礼节，不会说，不知怎样说，将导致对方产生不愿意往来的反感心理。这样一来，通过电话不仅不能高效率地处理事务，更不可能愉快地达成协议。打电话的艺术，主要体现在语言表达上。为此，必须从整体效果上考虑并掌握以下几个方面的原则：

（一）时间控制原则

1. 致电时间

一般情况下，三餐的时间、早晨 7 点以前、晚上 10 点以后不宜打电话打扰他人。在对方吃饭与休息时打电话是一种很不礼貌的行为，除非确有紧急事。一般的公务电话最好避开临近下班的时间，因为这时打电话，对方往往急于下班，很可能得不到满意的答复。公务电话应尽量打到对方单位，若确有必要往对方家里打电话时，应注意避开吃饭和睡觉时间。

2. 电话交谈持续的时间

打电话的交谈时间一般以 3 ~ 5 分钟为宜，如果一次电话交谈要用 5 分钟以上，应在说明你要沟通的事之前，问一声"请问您现在跟我谈话方便吗？"在对方方便的情况下再开始交谈。假如此时不方便，就和对方另约一个时间再谈。

（二）起始语控制原则

起始语控制，是指电话接通后第一句话的语言要求。其具体要求如下：

1. 注意礼貌

无论打电话还是接电话，都要时刻心存"尊重对方"的意念。电话接通，要用"您好"开头，把耳朵贴近话筒，仔细倾听对方的讲话。为了表示自己在专心聆听，并且已经理解，还要不时地称"对"道"是"，以表示积极的反馈，这样能使人感到热情亲切，从而愿意与你交谈。要注意的是电话铃一响，应尽快去接，最好不要让铃声响过五遍。电话用语应文明、礼貌，讲话态度应热情、谦和、诚恳，信息内容要简明、扼要。

2. 主动自报家门

打电话问好后，在对方还没开口问你的姓名之前，就应该先自报家门，事先告知对方自己的信息，这是一种礼貌。例如："您好，这里是××公司××部，我是工程师王晓。"询问时应注意选择适当的时机，根据对方的反应委婉询问，如："您好！我是广州××大厦的销售员张锋，请问贵厂的新款女装可以提货了吗？"

3. 寻人称代要明确

打电话找人时，应将寻找的人描述清楚，不可随意用简称。例如："我找老李。"一个单位同姓的人很多，不说清楚，对方便很可能不明白。"我找老李"可改为："您好！我是××公司的王丽，请问贵公司的李凯经理在吗？"

（三）语气、语调控制原则

电话语言艺术，不仅要坚持用"您好"开头，"请"字在中，"谢谢"结尾，而且更重要的是必须控制语气、语调。一定不能用很生硬的口气说："他不在"、"打错了"、"没这人"、"不知道"等，或"啪"的一声把电话挂断，这样就会给人一种缺乏教养、没有礼貌的印象。语调过高，语气过重，会使对方感到你的态度尖刻、严厉、生硬、冷淡；语气过轻，语调过低，会使对方感到无精打采，有气无力；语调过长会显得懒散拖沓；语调过短又显得不负责任。一般来说，语气适中、语调稍工、尾音稍拖一点，才会使对方感到亲切自然。

虽然接电话的另一方看不见你，但你的声音能传达出你的形象。美国电话电报公司要求话务员使用"带微笑的声音"，当你面带微笑说话时，话筒也会传达出你的亲切。打电话时声音要有活力、温和、真挚，坐在沙发或躺在床上，声音会下沉，所以在交流重要信息时，不要选择这两个"场地"。平淡而单调的声音会使你和听者的距离拉大。声音太重或太轻，都会使对方听起来吃力，口唇离话筒3厘米左右为宜。

此外，有时还可以用祈使句、疑问句替代陈述句，这样做语言效果会好得多。例如：将"经理在开会。"换成"经理在开会，请稍等。"或"经理在开会，请等一下好吗？"听起来便诚恳可亲，这便是面带微笑的声音。

（四）情绪控制原则

情绪控制，是指心情不佳或事态紧急时，能用最简单的语言、最快的速度解决问题的语言控制方式。如果情绪影响了语言，那么言语交际的目的很可能会适得其反。如这轮对话：

"是银座吗？孟军在吗？"

"孟军不在。"

"怎么会不在？"（急不择言）

"我怎么知道！"（对方发火了）

"那，那我就跟你说吧！"（有点语塞）

"对不起，你待会儿再打吧！"

在事情紧急时，说话语速也不可快得使人听不清楚，否则办事效率则会更慢。绝不可边进食边打电话，打电话前先把食物咽下去，才会口齿清晰，不致造成差错。如果有重要的复杂的事情要告诉对方，应先打好腹稿或写在纸上，以免情急之下乱了头绪，一时说不清楚。对方告知的重要事情，应拿笔记录下来，并再重述一遍，如时间、地点、联系事宜、需解决的问题等，以避免误听或误解，确认后再挂断电话。电话交谈完毕时，应尽量让对方结束对话。通话完毕后，可询问对方"还有什么事情？""我说清楚了吗？"这既是尊重对方也是提醒对方，最后以"再见"之类的礼貌语结束，并等对方放下话筒后，再轻轻地放下电话，以示尊重。

三、打电话须知与特殊电话处理

1. 给上级打电话须知

给上级打电话时，应持尊重的态度、请教的口吻、聆听的语气，对在职的上级领导称呼其所任职务，对离退休的上级领导可称原职务或"×老"，对话中一律称"您"。声音要柔和，话语要缓慢，不可过分拘谨、结结巴巴、词不达意，更不可生硬、傲慢。电话语言要比平时面对面谈话时更简练，条理更清楚，不要啰唆重复，最好事先写提纲或打腹稿。

如果是请示汇报什么事情，要开门见山地说出请示汇报的内容，不可占用领导太多的时间，对电话中讲不清楚的事情不要生硬执拗地灌输给对方，可表达希望找机会与领导面谈的意愿。例如："张总，请问今天上午您还来公司吗？我有一件比较急的事情需向您汇报，是有关省建设厅领导来公司检查的事情。"结束谈话时，应表示会按领导的要求去办，并主动说再见，直到听到对方挂机后自己再挂机。又比如："好的，张总您放心，我会将您的意见转达给徐总的。再见！"

2. 给下级打电话须知

给下级打电话应持谦和的态度、平等的口吻、亲切的语气，不可给下级一种高高在上、盛气凌人、官气十足的感觉。日常工作中，我们免不了要给下级单位打电话通知某些事项，如传答的是重要通知，则最好有个稿子，通知完毕后请对方复诵一遍。例如："喂，您好！请问是李经理吗？我是公司质检部的刘超。今天下午三点在公司五楼会议室由张总亲自主持召开项目部管理体制研讨会，会议很重要，请你一定按时参加。……对，下午三点五楼会议室，注意别迟到了啊。好，下午见！"

3. 给同级打电话须知

给同级打电话应持商量的态度、试探的口吻、和善的语气，不可给对方丝毫的强迫、压抑的感觉。忌在电话中顶撞对方，或者进行言语攻击，此种行为将严重损害自身形象、破坏双方关系。商量不通的情况下，也要表示"麻烦你了，不好意思，谢谢！"或"能否请你再考虑一下，晚点答复都行。"总之，与同级打电话时，要处处体现客气，多说几个"您"，多道几声"请"和"谢谢"，给人留下亲切的印象。

4. 特殊电话的处理

（1）找单位领导的电话。

首先问清楚对方的单位、姓名及身份，以委婉的语气回答"请稍等，我给您找一下"，既不能说"在，我给你找去"，也不能说"××领导不在"。如果要找的领导在并愿意接此电话，应跟对方说："××领导来了，请您跟他讲话。"如果要找的领导不在或不便接此电话，可跟对方说："××领导不在，有什么事情可以让我转告吗？"如果对方愿意把事情告知于你，可以把事情记录下来，转达给领导。如果对方不愿说，便客气地说一声"请再联系，再见"。

（2）询问事情的电话。

对属于本职范围内的事项应予适当的回答；对不属于本职范围内的事项而又确知该由哪一部门处理的，应礼貌地告之来电人应找询的部门电话号码；对不了解或不便回答的事项，应明确而礼貌地予以回避，切不可随意回答。如对不熟悉的人询问单位领导的家庭住址、电话号码时，不能随便告之，应礼貌地婉言谢绝，如："对不起，公司有规定不能随便透露公司领导的住址。如果您和张总很熟的话，请拨打他的电话直接问他，好吗？"

（3）上访电话。

对待这类特殊电话，一是要耐心告诉其上访的渠道和办法，如："您的情况我听明白了，要解决这个问题，还得请您亲自去一趟信访部门，或者给信访部门打电话具体反映您的情况。"二是对纯属反映问题的来电，要认真听、记，并答复："您反映的意见我已经记好了，请放心，我一定会反映给领导的。请耐心等待答复。"三是如果来电者一定要××领导接听电话，而且你认为言之有理并且确需领导接听的，应马上请示领导，如领导认可，则由领导直接与其通话。

（4）告急电话。

如果来电是反映发生了重大事故或突发性事件的，要在尽可能短的时间内了解清楚事情的来龙去脉，是什么人、什么时候、发生了什么事、严重程度如何，以及目前已采取了什么措施等等。作为行政办公人员，如果你能自己决定，则应果断提出几条防范措施或解决意见，并迅速呈报领导；如果不能决定，则要在第一时间向领导和有关部门汇报，并果断协助他们处理。

【案例回应】

情景案例中的王强虽然在写稿子，但却要频繁地接打电话，面对的工作头绪多、事情杂，他就像一部交换机一样，频繁地参与到不同的电话交流中去。电话的交流和沟通不同于现场交谈，它完全依赖于语言的艺术和技巧，必须遵循一定的电话交往模式，根据时间、对象和事务缓急的不同酌情灵活处理。

【实战训练】

实训为模拟电话交流情景，分组进行，可以3人一组，其中1人扮演秘书，1人扮演客人，1人进行监督和评价。每个人都要轮番演示接听电话者和拨打电话者的角色。

第一个电话：对方要找人事部王经理，秘书告知王经理不在的情景。

第二个电话：对方打错了电话，秘书的应对方法。

第三个电话：对方询问公司新产品的情况以及要转接的电话。

第四个电话：秘书自己拨错了电话时的应对方法。

第五个电话：顾客的投诉电话。

第六个电话：通知部门经理开会的电话。

第七个电话：对方咨询本公司产品时，秘书因需要查资料而要对方等候的电话。

第八个电话：公司和一家客户有一项已经谈妥的合作项目，对方打电话来要秘书发传真过去。

任务 2-4　问答技巧

知识目标

　　◇了解和掌握适应现代社会的问答技巧

技能目标

　　◇在社交活动中灵活运用所学的问答技巧

【情景导入】

　　一位顾客坐在一家高级餐馆的桌旁，却把餐巾系在了脖子上。这种不合社交礼仪的举动让其他顾客很反感。经理叫来一位侍者说："你去让这位绅士懂得，在我们餐馆里，那样做是不被允许的，但话要说得尽量含蓄。"

　　怎么办呢？既不能得罪顾客，又要提醒他。侍者想了想，走过去很有礼貌地问："先生，您是要刮胡子呢，还是理发？"话音刚落，那位顾客立即意识到自己的失礼，赶快取下了餐巾。

【问题讨论】

1. 该侍者的提问语言妙在哪里？

2. 如果你是侍者，你会如何提醒那位顾客？

【理论知识】

社交的基本形式是提问和回答，提问在交际活动中占主导地位，不论是社交

55

的开始还是社交关系的持续，要想获得成功，首先必须善于提问。不论是记者采访、医生问诊、教师授课、市场交易，还是与父母交谈、与朋友日常闲聊……好的提问能引导对方讲话，给对方提供讲话的机会，避免出现讲话过程中的沉默冷场局面，还可以启发对方思考某一个问题，有助于了解对方在某个问题上的真实想法。但是，提问并不是一件轻而易举的事，要阐明自己的主张，述清自己的意见，让对方专注地倾听自己的论述，理解进而接受、支持自己的主张，无疑需要一些提问的技巧。人们常用"查户口"的比喻来讽刺那些僵化的、一问一答式的讲话。死板生硬的提问不仅不能起到提问应有的功能和作用，甚至会完全挤压友善的交谈空间，破坏讲话气氛，使讲话难以进行下去。在语言交际中，问什么、怎么问、会不会问，大有学问。提问要提得好、问得巧，对方才能答得好、答得妙。

孙子兵法中说："知己知彼，百战不殆；知己而不知彼，一胜一败；不知彼而不知己者，每战必殆。"提问是一门需知己知彼的艺术，需要充分的思考和练习。

首先，必须做到善于针对场合、对象，有针对性地提问。比如，你可对小朋友问："你几岁了？"但对老年人却不宜这样直言直语地发问。对一个四十多岁的中年人你可以问："您多大啊？"但这远不如问："您有三十多岁了吧？"再如你可以对一个中国人问："您在哪儿工作？""怎么样，一个月领多少钱？""家里有几口人呢？"……这是你关心和尊重对方的表示。但你若是这样问一个初次来中国、不清楚中华民族传统习俗的欧洲人，他会产生误解，认为你这是打听别人私事的不友好行为。所以，提问要看对象这点很重要。被问的人各种各样：有的沉默寡言，有的安静安详，有的急躁毛糙，有的大大咧咧，有的审慎多疑，有的高傲，有的谦虚，有的诚恳，有的狡黠，性格不同，气质各异。因此在提问的方式上也应有相应的变化：或单刀直入，或迂回进攻，或敞开发问，或试探二进。

其次，提问要适应对方的心理。在交往过程中，提问的人、提问的内容、提问的方式，甚至提问行为本身都会对被提问人的心理产生一定的影响。比如：有家咖啡店卖的可可里可以加鸡蛋。售货员在出售可可时，常附带问一下顾客："您要鸡蛋吗？"后来，一位心理学人际关系专家建议改为："您要加一个鸡蛋还是要加两个鸡蛋？"结果，销售额猛增。再如，二战后的日本有许多商店人手奇缺，想减少送货任务，有的商店就将"是您自己拿回去呢，还是给您送回去呢？"的问话改为"是给您送回去呢，还是您自己带回去呢？"结果奇效大奏，顾客听了后一种说法，大多说："还是我自己带回去吧。"这样一种选择问句，既达到了自己的目的，又不违背文明服务的原则。

再次，在很多情况下，我们的提问不是要对方解释，而往往是要对方听自己

职场实用口才

表达，顺着自己的思路附和自己的观点。这时，掌握一定的语言技巧，就能控制对方的回答。例如，孟子想要批评齐宣王不会治国，但他不直接抨击，而是采用步步设问的方法，让他顺着自己的思路作出肯定的答复，最后服从自己的思想。孟子问："假若您有一个臣子，他把妻室儿女托付给他的朋友照顾，自己到楚国去了。等他回来时，他的妻子儿女都在挨饿受冻。对这样的朋友，该怎么办呢？"齐宣王回答道："和他绝交。"孟子于是回答："假若管刑罚的长官不能管理他的部下，那该怎么办呢？"齐宣王回答道："撤掉他！"孟子接着发问："假若一个国家政治搞得很不好，那又该怎么办呢？"齐宣王这时只好"顾左右而言他"了。在这里，孟子采用的是步步设问的语言技巧，让对方顺着自己的思路，最后只能附和自己的观点。

我们也可以采用有些异曲同工之妙的诱导提问法，即用一个问句诱导对方说出自己想要他说的话，然后接过话头，表达自己的思想。例如，电车上，一位先生给一位打扮入时的漂亮小姐让座。这位小姐一声不吭地就坐下了。先生恼火这位小姐金玉其外、败絮其中的表现，便稍一皱眉，问道："嗯，您说什么？""我没说什么呀！""哦，对不起，我还以为您说'谢谢'呢。"在这里，先生的提问是为了暗讽这位不懂礼貌的女士，显得含蓄而不失分寸。如果这位让座的先生一开始就唠叨："给你让了座，连个谢字都没有。"那必然会让人误以为他小肚鸡肠，一点鸡毛蒜皮的小事也斤斤计较。而一个简单的诱导设问，不仅含蓄地对女士的不懂礼貌提出批评，而且很好地表现了自己的风度。

由此可见，在社交中，问什么、怎么问、会不会问，大有学问。提问要问得好、提得巧，对方才能回答你想知道的东西。交谈正像打乒乓球一样，提问就恰似打乒乓球时一个漂亮的发球，直接影响到对后面的局面控制。一个好的提问，会直接影响整个交谈的效果。

一、提问的语言技巧

1. 触景生"问"，一问双关

有位老师给学生上语法课，他走进教室，看到讲台上写着许多粉笔字，且放着好些杂物，就发问道："我们教室里最脏的桌子是哪一张？"同学们先是一愣，接着看到了杂乱的讲台桌面，都异口同声地笑着答道："讲台！""你们有点偏心！自己用的课桌都擦得干干净净的，却让我用这张最脏的桌子，这不是有点'虐待'老师吗？"老师故意把"最脏的桌子"五个字讲得很响，这话逗得全班同学哈哈大笑。笑声中，大家都感到有点不好意思。"我希望下一次你们不再用这种最脏的桌子来'虐待'老师。"老师依旧把"最脏的桌子"这五个字说得特别响。略停顿一下，老师又说："不过，我今天倒还是要借用这'最脏的桌子'做一点文章呢！""什么？"同学们惊奇地瞪大眼睛，看老师一笔一画地在黑板上写下了"最脏的桌子"五个大字。"请大家分析一下，这里有几个词？""四个。"同学们不假思索地回答。"它们分别属于什么词性？哪个词是这个短语中最重要的部分？"同学们一一作答。老师不仅成功地讲授了这一节语法课，而且，此后这个班的讲台总是被擦得干干净净的。这种提问法就叫"触景生'问'，一问双关"，自然、巧妙，令人在不知不觉中产生深刻印象，起到很好的效果。

2. 询问以礼，尊重对方

营业员接待柜台前的顾客大多数是以询问开始的。西方人通常的问法是"Can I help you?"我国职业素质较高的营业员总是问："先生（小姐），您需要些什么？"这是尊重顾客的表现。如果问："你要买什么？"那就太直接了。如果问："你要什么？"或"你要干什么？"则更不妥当，前者像是准备施舍他人，后者又变成了审问，容易引起顾客的反感，如果顾客反问一句："什么也不买，看看行吗？"营业员会陷入尴尬境地。教学过程也免不了问答环节，有经验的教师很少问学生："你们懂不懂？""你们听明白了吗？"前一种像责问，后一种又有抱怨的意味。有经验的老师通常这样问："同学们，我讲清楚了吗？"无论怎样措辞，都必须注意询问以礼，尊重对方。

3. 以问代答，出其不意

1927 年冬，朱家骅回浙江担任省政府委员兼民政厅厅长。任职期间，为了"用新人，行新政"，他于 1928 年至 1930 年间先后举办了三次县长考试，并亲自主持面试。有一次，朱懋祺应试，笔试考完后进行面试，考场上摆着"三堂会审"的架势。朱家骅西装革履，端坐正中，两边陪考也是衣冠楚楚，威严肃穆。先是陪考发问，朱懋祺知识渊博，思维敏捷，对各类问题对答如流。最后轮到主考官发问。朱家骅见他回答问题如此驾轻就熟，于是突发异想，抛开原定题目，出了一道偏题："《总理遗嘱》在朝会、纪念周总理时都要诵读，大家无不烂熟，请你回答一共多少字？"这下把朱懋祺考住了。他暗想，主考官出这个题目，未免脱离常规，既然有意刁难，录取必然无望，就不顾一切，大胆反问："主考官的尊姓大名，您天天目睹手写，也已烂熟，请问共有几笔？"朱家骅想不到应考者竟会如此反问，一时愣住。陪考者听后大吃一惊，都瞪大眼睛，等待看主考官如何发落。沉默片刻之后，朱家骅宣布："口试完毕，考生退场。"事后，朱家骅十分赏识朱懋祺的才能和胆识，于是亲批录用，派往奉化担任县长。从以上案例中可见，朱家骅发问已存明显刁难之意，朱懋祺发觉对方问题的无理，就从朱家骅的问话里顺水推舟，合乎逻辑地模拟出一个同样的问题，以问代答，取得了很好的效果。

二、回答的口才技巧

从信息论的观点来看，谈话中的回答是对提问的反馈。在社交场合中，无论是新闻发布会、答记者问，还是和朋友聊天、谈心，都离不开应答。应答是一种讲究技巧的语言艺术，是交际场上短兵相接的言语利器。如果把提问比作打乒乓球时的发球，回答则是接球和扣球。一个人在社交场合能否游刃有余、左右逢源，取决于他是否有一副好口才。而好的口才绝不是机械地问什么，答什么；也绝不是怎么问就怎么回答，而应是力图改变自己被动的局面，力图答得好、答得巧、答得妙。

1. 善借于物

这种方法就是要善于借助外界事物来回答对方的问题。

战国时代的墨子和他的学生子禽曾有这样一段对话："老师，话说多了好，还是少说话好？"墨子回答说："池塘的青蛙日夜不停地鸣叫，可有谁去理会呢？雄鸡在天亮之时叫一两声，就引起了人们的注意。"墨子巧妙地引用青蛙和雄鸡作对比，说明了话不在多而在精的道理。

善借于物这种方法其实就是通过对比两类具有某种联系的事物，以求回答得生动具体，而又别开生面。

一位演讲者在回答听众关于他对男女关系的看法时是这样作答的，他说："男人像这个大拇指（做手势）；女人像这个小指头……"这一下子令全场哗然，女听众们强烈反对他的这种比喻。这位演讲者不慌不忙接下被打断的话："女士们，人的大拇指粗壮有力，而小手指却纤细、灵巧、可爱，且常常能'四两拨千斤'，这些妙处，不知哪位女士不想要，却想颠倒过来？"一句话平息了听众们的怒气，听众们一个个相视而笑，心悦诚服了。

2. 适时装聋哑

在讲话过程中，如果你处境不利而又无计可施，不便表态，也不能表态，在这种情况下，可以适时装聋作哑，避免落入对方设计的圈套而更加被动。装聋作哑也是一种回答，还是种很高明的、特殊的回答。

1945年7月，美、苏、英三国首脑在波茨坦会谈。一次休息时，美国总统杜鲁门有意对斯大林透露：美国已研制出一种威力极大的炸弹，即暗示美国已拥有原子弹。这时，丘吉尔也两眼死死地盯着斯大林的面孔，观察他的反应。而斯大林却好像什么都没听见，未显露出丝毫异常的表情。其实，斯大林听得很清楚，当然也听出杜鲁门的弦外之音，且内心焦灼不安。会后，他告诉莫洛托夫："加快我们的研制速度。"这就是一个典型的"有的还不得不装聋作哑，为了在某些关键问题上能占上风"的例子。也许是这件事情给了丘吉尔有益的启发，1953年6月，年已79岁的丘吉尔参加百慕大英、法、美三国首脑会议。他为了回避某些难题，就借口年事已高，装作没听见，不予回答，而在他颇感兴趣的问题上，就与美、法两方讨价还价，一点也不"聋"了。他这种时而"聋哑"，时而正常的做法使与会者颇感头痛。美国总统艾森豪威尔曾幽默地说："真没办法，装聋作哑成了这位大演说家的新式武器了。"

3. 明辨是非，机智巧答

在很多情况下，对方的问题不适合回答，甚至分明是个陷阱，这时你必须明辨是非、机智巧答，而不能不假思索、信口开河。

黑格尔在《哲学史讲话录》中举过这样一个例子：有人故意问梅内德谟，他是否已停止虐待他父亲了？这显然是一个刁蛮无理的复杂问语，若不假思索，简单地回答"是"与"否"，就会正中他人下怀。机智的梅内德谟回答道："我既没有停止，也从来没有打过。"在这里，梅内德谟看出对方的不怀好意，抓住问题中含沙射影的关键部分，否定了问语本身。

这种需要明辨是非、机智巧答的提问常出现在一些涉及政治、国家利益的重要的外交场合。这时，要求我们的外交官对提问慎重提防，抓住问语中包含敌意的内容，打破提问者的圈套。例如，有蓄意鼓吹"藏独"的外国记者问中国外交人员："中国政府对在印度政治避难的达赖回到他自己的国家——西藏持何态度？"我国外交人员义正词严地回答："首先，我国政府从没有对达赖实行过政治迫害，不存在什么政治避难问题。西藏是中国不可分割的一部分，我们始终欢迎达赖回到祖国来，他愿意的话，也可以在西藏自治区工作。"我国外交官的这一回答是对不怀好意的西方记者提问本身的否定。因为西方记者的提问中预设着我们不能接受的前提，即达赖受到政治迫害，"西藏"不是中国领土的一部分。如果不明辨是非，便等于承认了这些。提问本身实际上就是一个圈套，所以，我们在回答问题时，首先必须明辨是非，然后因由作答。

因为答总是以问为前提的，因此，到底运用什么样的技法作答，要看对方提问的内容、方式、态度，以及对话的环境、场合。比如，一位家长问老师："我孩子成绩怎么样？"老师回答道："要是能抓紧点，他成绩不会差。"这样的回答就委婉、得体，既避免了家长失面子，也避免了有的家长迁怒于孩子。《孙子兵法》中说："兵无常势，水无常形，能因敌变化而取胜者，谓之神。"读者在运用作答的各种技法时要具体问题具体分析，这样才能有的放矢，漂亮地回击每一个袭来之球。

4. 避开锋芒，侧面回答

有一位厂长接受记者的采访，记者的问题非常尖锐，厂长的回答却巧妙地避开锋芒，迂回取胜。

> 记者：你有过感叹吗？
> 厂长：感叹是弱者的习气，行动是强者的性格。
> 记者：扬州大名寺一进门有尊大肚佛，大肚佛两侧有副对联。上联是"大肚能忍忍尽人间难忍之事"，下联是"慈颜常笑笑尽天下可笑之人"。你能做到吗？
> 厂长：我如果能做到，我就成佛了。
> 记者：你有烦恼与痛苦吗？
> 厂长：越是有追求的人，烦恼与痛苦越多。成功之后将是快乐。
> 记者：实行厂长负责制以后，在你们厂是厂长大还是书记大？
> 厂长：你最好回家问问，在你们家里是你的爸爸大，还是你的妈妈大。

　　问答中，答话者回答问题时，总是用迂回的方式来作答，语言浅显通俗，含义却让人咀嚼回味，如在回答"实行厂长负责制以后，在你们厂是厂长大还是书记大"时，答话者要对方回家问问"在你们家里是你的爸爸大，还是你的妈妈大"，用"爸爸"与"妈妈"的概念回应对方，虽然没有直接正面地回答，却使听者在咀嚼这段问答中体味到答话者的思想含义，这就是侧面回答的妙处。

　　5. 谦虚作答，避免炫耀
　　世界球王贝利在20多年的足球生涯中，参加过 1 364 场比赛，共踢进 1 282 个球，并创造了一个队员在一场比赛中射进 8 个球的纪录。他精湛的球艺不仅令球迷如痴如狂，有时使场上的对手也禁不住拍手叫绝。他不仅球艺高超，而且谈吐不凡。当他创造 1 000 个进球的纪录时，有人问他："您最漂亮的进球是哪一个？"贝利笑了笑，意味深长地说："下一个。""您最漂亮的进球是哪一个？"是对已进的 1 000 个球而言的，贝利却巧妙地把完成时态变成将来时态，"下一个"的回答，既表达了自己的进取精神，又没有丝毫的炫耀之意，的确精彩至极。

　　6. 因情就势，顺水推舟
　　在交谈中，应时时留意双方的交谈氛围，尽可能言简意赅。有时遇到不便回答的问题，则要靠智慧灵活应对。曲折地表达内容，可以让对方在回味中更好地理解己意，这种因情就势的表达，如果语言得体，就既能达到自己的目的，又可以增强语言的丰富性和生动性。例如，20 世纪 80 年代初，王光英受命赴香港创办光大实业公司。未料一下飞机就被香港记者围住，其中一名记者问他："请问这次到香港来办公司，您带来多少钱？"这一问题问得很棘手，悉数相告或拒绝推托均不妥。王光英见对方是个女记者，便随机应变地作答："对女士不问岁数，对男士不能问钱数，记者小姐，您说对吗？"此句妙答，既自然随意，又富有人情味和幽默感。

在与人讨论时，对于对方可能提出的突如其来的要求，不能一概回避，而应预先有所估计，特别是多假设一些难度较大的棘手问题来思考，并准备好应答策略；对没有清楚了解真正含义的问题，千万不要随意回答；对一些不值得回答的问题，或一些不便回答的问题，最好是"顾左右而言他"，而且要把握应答的范围，对只需作局部答复的问题，决不"和盘托出"。

【案例回应】

前述案例中的侍者没有直接指出客人有失体统之处，而是转弯抹角地问了两件与餐馆毫不相干的事情。从表面上来看，似乎是侍者问错了，但实际上，侍者正是通过这风马牛不相及的问题来提醒顾客，既让顾客意识到了自己的失礼之处，又做到了礼貌周到，不伤面子。

【实战训练】

1. 一对青年在海边漫步，男青年信誓旦旦，海誓山盟。女孩子面带羞涩，欲言又止，因为她已经有男朋友了，但是又不忍直接告诉这位男青年，担心他受到伤害，只能设法用委婉含蓄的语言拒绝男青年的示爱。以小组为单位进行讨论，然后选两位同学进行表演，再相互进行评论，看谁的语言最好。

2. 以小组为单位，每人提出一个问题，并制成题签，组员抽签选择恰当的回答方式进行答题，再由小组集体评议回答方法是否恰当。

任务 2-5 拒绝技巧

知识目标
　　◇了解拒绝语言的原则
　　◇掌握拒绝语言的技巧
技能目标
　　◇在社交中灵活地运用拒绝的技巧

【情景导入】

　　某单位近日正在进行竞聘上岗。某局长的一位老同学的儿子也在竞聘人员内。一日，老同学亲自登门请局长帮忙。局长在猜出其来意后，寒暄时是这样说的："还是老同学够交情，肯来看看我，我现在都快成孤家寡人了。"对方不解地问怎么了，局长回答："哎！不当局长时，大家在一起聚聚，亲戚朋友来往都不错。自从当上这个局长，大家都说我变了。他们有的让我帮忙安排工作，有的向我索要个官位……都是些违反规定、违反纪律的事情。你说，现在哪还有单位领导一支笔、一句话的事儿？其实，现在无论什么职业，都是广纳贤才的时候，只要你是人才，肯定会有发光的平台。如果不是那块料，就算我给你扶上去了，你说一旦摔下来，岂不是更难堪的事情。老同学，你是通情达理的，你说我说得对吧？算了，你难得来一趟，我还跟你倒了这么多肚子里的苦水，咱们还是说点儿高兴的事吧。"

【问题讨论】

1. 试分析局长的拒绝技巧成功之处在哪里？
2. 列举在日常生活中你拒绝失败的事例，讨论怎样拒绝才比较好？

【理论知识】

　　在社交过程中，有求必应是一种热情友善的表现，但要真正完全做到有求必应却不现实。我们常常会碰到这样的事情：当有人向你提出某种请求，希望得到

63

满足时，由于诸多原因，这种请求从道理上来说无法应允，但又囿于人情或利害关系，不便直言相拒。人生在世，会不断面临各种请求、要求和命令，凡此种种，接受远比拒绝更为容易。但若仅仅因为一时的心软、胆怯或者面子问题等而有求必应，则可能令你力不从心，付不起高昂的代价，其后果既不利他人又害了自己。

一、拒绝的语言原则

拒绝语言的原则主要有：礼貌尊重；不令对方难堪；不伤及对方的自尊心；拒绝而不得罪。应尽可能地避免误会，避免对方遭拒绝后产生反感与抗拒感，切实地让对方知道你很乐于帮忙，拒绝确属无奈之举。具体方法如下：

1. 耐心聆听

耐心聆听对方说话，是对请求者的尊重。即使你在对方话说到一半时就已经了解了情况，也必须凝神听完对方的述说。这样做是让对方知道：你已经确切地了解请求的内涵；你对请求者非常尊重；你已充分了解到请求的重要性；你对请求已予以郑重的考虑。

2. 表示歉意

在拒绝时表情应和颜悦色、态度应亲切真诚。首先对请求者有事情时能想到你、信任你表示感谢，然后再对无法帮忙表示歉意。致歉时应让对方感到：只要力所能及，你是随时愿意接受他的请求、热心帮助其解决问题的。

3. 说明理由

在拒绝别人时还应当作出简要解释：你所拒绝的是想办但无法办到的事情，而不是请求者本人的原因。最有效的方法就是言简意赅地阐明理由。事实上，多费口舌的解释不但没有必要，反而可能产生负面作用。

罗斯福当海军助理部长时，有一天一位好友向他问及海军在加勒比海某岛建立基地的事。罗斯福神秘地望了望四周，压低嗓子向朋友问道："你能保密吗？""能。"好友急切地回答。"那么，"罗斯福微笑着说："我也能。"

4. 态度明晰

在拒绝时不能含糊其辞，表达要明确；不要拖拖拉拉，暧昧不清。一旦确定拒绝对方，心意就要坚决，但是，拒绝别人时切不可让对方太尴尬、难堪，拒绝的方法不要过于僵硬，否则会显得太不近人情。

5. 语气委婉

拒绝别人，在社交中是一种逆势状态，必然给对方带来失望和不愉快。所以，要尽量用最委婉、最温和、最坦诚的方式表达你的意见，即"态度上让，道理上不让"。解释语气要委婉，态度要诚恳，用语要得体。

二、拒绝的语言技巧

1. 先声夺人

大凡托关系、走后门求领导办事的人，一般都不会直截了当地提出请求，而先以寒暄话为过渡，把困难引出，再慢慢切入正题。因此，应在其"言归正传"之前，主动出击，获得语言的主动权。既然你拒绝他，那么就尽量不要让对方把请求的话说出口，以避免被动和尴尬。

2. 请君入瓮

在日常工作中，谁都会有不想让他人知道的秘密。对于办公室的人员来说，关于产品、人事、制度等涉密型的信息更多。经常会有一些同处一个利益圈又私交不错的人，或者领导身边的"好事者"，出于某种心理前来打探"秘密"。如果不说吧，让人觉得不够朋友、摆架子；说吧，又违反组织纪律要求。此时，不妨引导被提问者设身处地为你着想，幽默应对。

一日，某企业关于"领导干部调整方案"的会议刚散，销售部的王经理就来到总经理办公室。由于两人平时交情不错，于是，王经理就很随意地向总经理打听起干部岗位的调整情况。总经理手持水杯，走到他身边，在他耳旁低语："干部调整方案是事关整个集团的大事，争议很大，你能保密吗？"王经理严肃而郑重地说："我对天发誓，绝不会透露半个字。"总经理微笑着说："我也是。"随即两人哈哈大笑。

总经理在处理这个问题时，先设置了一个陷阱，然后把对方的回答反弹给对方，以其人之道，还治其人之身，对方只能哑口无言，却不会感到下不了台。一个很难处理的问题就这样被总经理的两句话给解决了。

3. 幽默拒绝

用幽默的方式拒绝别人，有时可以故作神秘、深沉，然后突然点破，让对方在毫无准备的笑声中接受拒绝。这样的拒绝，在达到拒绝目的的同时，还能让对方愉快接受。

意大利音乐家罗西尼生于 1792 年 2 月 29 日。因为每四年才有一个闰年，所以等他过第十八个生日时，他已经 72 岁了。在他过生日的前一天，一些朋友开玩笑说，他们募捐了两万法郎，准备给他立一座纪念碑。罗西尼听完后说："浪费钱财！给我这笔钱，我自己站在那里好了！"

罗西尼不同意朋友们的做法，但又不好激烈地驳斥回去，于是回以这样一个不切实际的想法，幽默地回应了玩笑，又不会伤害朋友之间的情意。

4. 谦恭退让

在实际工作中，我们常会遇到这样的情况：有些人把一些本来自己能够做的，也是他自己应该做的事，偏偏要找一些这样或那样的借口求人代劳。对于这些分外的事情，无论是谁都有理由严词拒绝。但如果用直截了当的方式就会伤害彼此之间的感情，也很可能会影响团结。倘若换一种方式，不妨对对方大加恭维，让对方在赞誉声中有所收敛，你便可以乘势脱身。

小李打算参加省里的论文比赛，可是他自己懒得动脑，便要求小方执笔为他写文章。小芳说："咱们同学那么多年，你的文才谁不知道，你是咱们系的大名鼎鼎的高才生啊，耍笔杆子谁能比得上你？我可不能辱没你的名声，还是你自己写吧。我做你的第一读者倒还是可以胜任的。"

5. 含蓄转移

当不好正面拒绝时，只好采取迂回的战术。先向对方表示赞同和肯定，然后在此基础上提出一个很高的要求。由于先前对方在心理上已经因为你的赞同对你有了亲近感，所以，对于你更高的要求，如果的确做不到的话，那也只能知难而退了，用"自叹不如"来面对，对于你的拒绝也能以"可以体会"来接受。

一天，广告专业的毕业生梅强参加面试，李经理仔细看着梅强设计的并不理想的广告文案，并没有直接否定，而是说："你这个平面广告文案的设计很有创意，很少有同学能够站在这个角度思考广告文案。不过，你可不可以再换一个角度，把广告标语作为'卖点'来做？希望这样做不会耽误你过多的时间，完成后发到我的邮箱里，我们再探讨。"

李经理的这种拒绝方式不会当面挫伤求职者的自尊心，是属于弹性的拒绝方式。如果梅强同学能够很好地设计出经理想要的广告标语，那么经理还不会失去得到人才的机会；如果设计不出来，大多数的求职者会主动放弃，也就达到了让他人知难而退的目的。

6. 偷梁换柱

面对上级施加的压力或提出的不合理要求时，我们常常左右为难，答应会违心违纪，不答应则会触犯上级，让上级领导难堪。在这种情况下，就要善于运用技巧，巧妙拒绝。

> 一位副省长得知交通厅在进行某高速公路建设的招投标工作时，有意帮助某公司承揽此项"肥缺"，于是打电话给交通厅主管这项工作的副厅长。他先是不着边际地谈了一大堆关于招标工作的制度的问题，询问了几家投标公司的情况。在切入正题时，则轻描淡写地说要把某公司作为重点，我们的建设就需要这样的公司、这样的企业……其用意不言自明。副厅长心领神会，却故意将副省长的要求曲解为：谢谢领导的关心。我们一定会在省委、省政府的领导下，在招投标工作中，严明纪律，把好每一关，努力做到公平、公正、公开，保质保量地完成全省最大的一个投资建设项目——为老百姓修一条放心路。

该副厅长岂能没听出副省长的话中之意，但他只能将计就计，对领导的关心表示感谢，并顺水推舟、彬彬有礼地向领导表示，保证会严格执行领导的指示。他的拒绝口气，就像是说"可以"一样轻松自如，既没有正面冲撞领导，也给上级领导敲响了警钟。

7. 巧妙替代

有时候，拒绝是一个过程，若能化被动为主动地关怀对方，让对方了解自己的苦衷与立场，就可以减少拒绝的尴尬与负面影响。若他人向你所提的要求难以达到，你不妨在拒绝的同时，提供另一种能够满足对方要求的选择，作为对其心理上的补偿，这样往往对方还是很感激你的。

> 三国时刘备器重徐庶的才能，希望他能留下来长期任职。徐庶因为母亲谢绝了刘备的好意，临走时给刘备推荐了足智多谋的诸葛亮。刘备不但没有一丝的不快，反而把徐庶视为永远的挚友。

拒绝是一道难题，更是一门艺术。在生活中你如果学会了拒绝的语言技巧，就能化难为易、化险为夷，也能化敌为友、化干戈为玉帛。掌握这门艺术，需要使用一些巧妙而委婉的拒绝方式，使别人能愉快地接受你的拒绝。

三、说"不"的禁忌

1. 忌说话绵软无力

如果拒绝别人时绵软无力，甚至哼哼叽叽半天讲不清楚，会很容易让人产生厌恶的感觉，认为你不是帮不了他，而是根本不想帮他，因为一般而言只有因欺骗而心虚者才会如此吞吞吐吐。

2. 忌热情过头

既然是拒绝别人就应认真坦诚地说出理由，之后无论表示惋惜也好、无奈也好，别人不会怪你，也不能对你的拒绝妄加指责。但你为了弥补自己的不安，一个劲儿地说"可惜可惜"、"下次下次"、"一定一定"，则未免有些虚伪。

3. 忌触动感情

根据心理学家的研究，"触动"是很容易产生感情的，故想说"不"时应注意避免给人以"敬而远之"的态度。不仅要比较容易地把"不"说出来，而且要说得好，说得巧。对方试图与你套近乎时，你要保持头脑清醒，以免做了"感情俘虏"，给对方可乘之机。一般来说，见一次面就能记住别人名字的人，常容易与人接近，故在与人交谈中不断称呼别人的名字，并冠以"兄"、"先生"等称谓常能产生亲近感。反过来，你想说"不"时，便要杜绝这种亲密的表示，即对方的名字一概不提，这样在跟对方拉大距离的情势下容易说"不"。还有谈话时尽量距离对方远些，也不要有拍、拉等触动性的亲密动作。另外，最好也不要触摸对方递过来的"示好之物"。东西也和人一样，一经"触摸"就会产生"亲密感"，想要拒绝就不容易。

4. 忌借口不当

现实中有些人不想直接说"不"，便随便找些不值得一驳的理由来暂时搪塞对方，如："没关系，你明天再帮我做好了，事情就拜托你了。"又如你要拒绝对方想转让给你的一件衣服，你推说："钱不够。"那么对方会说："钱够了再说。"再如你为了拒绝热情的邀舞之人，推说自己舞技糟糕难以与之配搭时，那么他也许会说："没关系，我慢慢带着你跳好了。"因为这些都是小小的谎言，一经反驳，你一定有所慌乱，"不"的意志便很难贯彻了。所以对付这种情况，倒不如直截了当地用较单纯的理由明确地告诉对方："你托办的这件事情办不到，请原谅。""这件衣服的颜色我不喜欢，很抱歉。""我已经另约了舞伴，不能跟你跳，对不起。"这样虽说显得生硬些，但理由单纯明了，不给对方可乘之机，倒可以免除后患。

【案例回应】

在人们的交际中，说"是"容易，说"不"难。该案例中的局长早猜出老同学的来意，但他没有开门见山地挑明话题，而是迂回地把拒绝的话先说出来，而且还一再强调老同学是"够"交情才来看他的，把利害关系合情合理地讲出来。一句"你是通情达理的"更使得老同学请求的话难以说出口，只好改弦易辙了。

【实战训练】

1. 有一个人爱占小便宜。一天，他到一位同事家做客，看到茶几上有一个精巧的小烟缸，便说："这个小烟缸精巧是精巧，但颜色不太适合你家的装饰，不如给我配我家的茶几。"如果你是主人，应该使用怎样的语言达到巧妙拒绝的目的？

2. 你就读的学校位于一个旅游城市，一年求学下来，亲戚、朋友、同学经常借来看望你之便游玩一番，招待、陪同的事情使你应接不暇、焦头烂额。这天，一个久未联系的同学突然给你打来电话，想在双休日来你这儿玩，希望你当好导游，并全程陪同。请你用不同的说辞不伤和气地予以拒绝。

任务 2-6　社交口才评估

活动一：自我评价——趣味社交能力测试

1. 公车靠站，车上已经载满了人，下一班车要一刻钟后才到，你会怎么办呢？

◎不想再等下去了，再挤也要上车——请答第 2 题

◎人太多了，还是等下一班吧——请答第 4 题

2. 旅行途中的你突然头很痛，这时有热心人拿药给你吃，你会如何抉择呢？

◎说声谢谢后马上吃药——请答第 6 题

◎找理由拒绝对方的药——请答第 3 题

3. 看了一部很让你感动的电影后，你有何反应呢？

◎会跟身边的人讲故事情节，推荐给他们——请答第 12 题

◎将感动藏在心里，不与人分享——请答第 7 题

4. 一辆红色的面包车开到湖边，你认为里面坐的是什么人？

◎一对情侣或一家人——请答第 3 题

◎歹徒——请答第 5 题

5. 画面上有一颗桃心，你会联想到什么呢？

◎爱情——请答第 12 题

◎扑克牌——请答第 8 题

6. 朋友说她要去参加一个聚会，你会怎样呢？

◎要求她带你一起参加——请答第 9 题

◎除非她主动说要带你去，不然的话只是保持沉默——请答第 10 题

7. 同男孩子一起用餐，餐费是他主动付的，好像花了不少钱，这种情况下你有什么感觉呢？

◎觉得过意不去，之后会跟他平摊费用——请答第 10 题

◎男生买单天经地义，会道谢但不出钱——请答第 12 题

8. 参加同学聚会的时候，发现你最要好的朋友没来，你会怎么办呢？

◎觉得很没趣，早早回家吧——请答第 13 题

◎硬着头皮敷衍到底——请答第 12 题

9. 你希望自己多少岁时步入结婚礼堂？

◎21~25 岁——请答第 11 题

◎26~30 岁——请答第 10 题

10. 星期天在家，手机和座机同时响起，你会怎么办呢？

◎先接其中的一个——请答第 15 题

◎两个一起接——请答第 16 题

11. 如果你抽奖中了一栋别墅，你希望它位于何处呢？

◎海边或湖畔——请答第 14 题

◎小岛上——请答第 15 题

12. 拥挤的车厢里一位漂亮的女孩子被人踩到了脚，你认为她的反应是怎样的呢？

◎疼得叫起来——请答第 16 题

◎非常生气，责怪对方——请答第 17 题

13. 一位跟你不是很要好的朋友请你吃饭，你会怎么想呢？

◎对方发财了——请答第 21 题

◎必然有事相求——请答第 17 题

14. 朋友送了一份你不是很喜欢的礼物，你会怎么做呢？

◎平静地说谢谢——请答第 18 题

◎假装很开心的样子——请答第 19 题

15. 大卖场四折大清仓，你会怎么做呢？

◎疯狂大采购——请答第 18 题

◎去看，但不一定要买什么——请答第 19 题

16. 你是否曾将人家送给你的东西转送给他人？

◎有过——请答第 19 题

◎从来没有——请答第 20 题

17. 一位妖艳女子在等出租车，凭直觉你认为她要去做什么呢？

◎去跟男朋友约会——请答第 16 题

◎去夜总会上班——请答第 21 题

18. 突然有人从背后重重地拍了一下你的肩膀，你猜这个拍你的人是男生还是女生呢？

◎男生——请答第 22 题

◎女生——请答第 23 题

19. 你比较喜欢喝珍珠奶茶还是冰红茶呢？

◎珍珠奶茶——请答第 18 题

◎冰红茶——请答第 20 题

20. 你和好朋友一起乘车，你会主动帮对方买票吗？

◎会——请答第 24 题

◎不会——请答第 21 题

21. 对于外表酷酷的异性，你有接近他/她的想法吗？

◎有——请答第 25 题

◎没有——请答第 23 题

22. 一男一女在街上勾肩搭背，你认为他们是什么关系呢？

◎恋爱关系——答案 A

◎朋友关系——答案 B

23. 每个女孩子都有玩过家家的经历，回想一下，孩童时代的你比较喜欢扮演妈妈还是小孩呢？

◎喜欢扮妈妈——答案 E

◎喜欢扮小孩——答案 C

24. 在游乐场玩耍，你比较喜欢玩以下哪一个游乐项目呢？

◎摩天轮——答案 F

◎秋千——答案 D

25. 跟朋友在一起时，是否总有说不完的话题？

◎是的——答案 G

◎不一定——请答第 24 题

【结果分析】

根据你最后选择的答案，确定你的性格类型。

A. 梅花鹿型性格

【性格分析】谨慎小心，待人和蔼可亲。

外冷内热的"梅花鹿"做事谨慎小心，很少鲁莽行事。这种类型的人有完美主义倾向，自尊心强，最瞧不起懦弱的表现，更不喜欢让别人看到自己的缺点。外表看似冷漠，其实却有颗温柔坦诚的心，是慢热型的人，偶尔会被周遭的人或事感动得落泪，但不排除有歇斯底里发泄情绪的时刻。

【如何排除人际烦恼】过于追求完美的你无形会与人产生隔膜，你应该主动敞开心扉，表现出最真的自我，将深藏的热情与坦率展现出来，大家才会对你刮目相看，不妨将你的心事与身边的朋友分享，他们会理解你的。

【对异性的态度】你一直都在苦苦找寻能真正读懂你心的人，因为你那起伏不定的情绪极度缺乏安全感，所以你需要一位能包容你，能让你依靠的蓝颜知己。

【职业预测】你拥有绝佳的想象力与品位，适合自己创业或在艺术领域里发挥所长。

B. 海龟型性格

【性格分析】协调性强，对人温柔体贴。

海龟派的协调性比较强，做事脚踏实地，内心温柔、细腻且较脆弱，所以经常要承受过大的压力又不大愿意将烦恼说出来。这类人的个性内向害羞，一般来说很少与人发生争斗，更不喜欢在众人面前出风头，举手投足间充满温柔恬静的味道，感性的海龟派很容易为别人流泪，也很为他人着想。

【如何排除人际烦恼】厌恶斗争的你为了保持一团和气，有可能说些善意的谎言。你从不敢抗拒长辈的要求，也不好意思拒绝别人的请求，所以许多工作都落到了你头上。致使常常压力加身，心理负担沉重。所以，不用过于在意别人的想法，你应该更重视自己的感受。

【对异性的态度】你向往细水长流的爱情，就算谈恋爱中，行为举止也跟平常差不多。此外，你对另一半的依赖心比较严重，适合你的人必须成熟稳重又体贴多情。

【职业预测】医生、护士、幼儿园老师、客户联络员都比较适合你。

C. 折耳猫型性格

【性格分析】注重外表的时髦派。

爱出风头的折耳猫，有着异常可爱的外表，不论走到何处永远都是众人的焦点。这种类型的人感知流行时尚的能力较强，懂得如何打扮自己，展现自己的优点。虽然过于注重外在，但决不会盲从。因为天生具备的较高品位，所以很擅长打造属于自己的风格。另处，言行举止略显夸张的"折耳猫们"也是社交高手。

【如何排除人际烦恼】好恶分明的你，只要是自己不愿意做的事就会明明白白地拒绝，绝对不会勉强自己去配合别人的步调。与志同道合的人交往或共事能给你带来快乐，你也会在他们的帮助下不断成长。

【对异性的态度】异性面前的你自信满满，你对另一半的要求很高，他/她一定会跟你一样优秀或更出色，才能征服你的心。折耳猫们大多是被众星捧月的"万人迷"。

【职业预测】品位出众的你社交能力超强，适合朝演艺界发展。

D. 牧羊犬型性格

【性格分析】忠心，做事目的性比较强。

牧羊犬对主人百分百忠心，为了完成工作不惜付出一切。这种类型的人非常遵守规章制度，对于朋友拜托的事都会如期完成，人缘很不错。有教养又懂礼貌的"牧羊犬们"大多不喜欢出风头，只要做好自己职责范围内的事之后，就尽情沉醉在自我的兴趣中了，闲暇时候悠然自得的模样，很是令人羡慕。

【如何排除人际烦恼】因为个性随和的缘故，所以你跟任何人都能和平相处。对人缺乏防备可以说是你的最大缺点，也是你烦恼的根源，心太诚太善的话，很容易被人利用，你必须提高警惕，才不至于吃亏上当。

【对异性的态度】你非常享受谈恋爱的感觉，对于不入眼的异性则相当冷漠。一般来说，你很少为爱情受折磨，就算有喜欢的对象也不敢主动告白，不过一旦爱起来将会全心投入，毫无保留。

【职业预测】有耐心是你最大的优点，适合当医生、会计师、电脑工程师等。

E. 金丝猴型性格

【性格分析】知性外表下有颗坚强的心。

金丝猴具有大智慧，非常聪明，所以这种类型的人大多理性又有才华。自信的你就算有再大的成就也不会骄傲，虽然从内心来说，也很希望得到他人的赞赏，但却表现得很沉稳，一副宠辱不惊的样子。一旦遇到自己喜欢的事就会大把大把地投入时间和精力，甚至有可能到废寝忘食的地步！

【如何排除人际烦恼】你虽然不会主动攻击别人，但却蛮喜欢和别人抬杠。当你与人争论时，总是一副理直气壮的样子，让对手无法招架。这种性格对人际关系有一定的影响，注意一下你的语调，口气不要太严厉了。

【对异性的态度】你在感情上是相当自我的人，表面上对恋人百依百顺，其实却很有自己的想法和原则。你讨厌被恋人命令和束缚，一旦分歧过大，你便会主动提出分手。

【职业预测】你是最佳的配合者，适合的职业是经理助理、经纪人等。

F. 长颈鹿型性格

【性格分析】知性优雅，默默等待。

长颈鹿是冷静的思考者。这种类型的人知性而优雅，喜欢研究问题，为人成熟稳重，进退自如，绝不会做出令人大跌眼镜的事情来。人缘不错，大家都很喜欢你，不管遇到什么状况，你都能冷静处理，但也因为在一些小地方上过于保守，可能会白白错失不少机会，所以当机会降临时一定要牢牢抓住！

【如何排除人际烦恼】你从不会拒绝别人的请求，无论身边的朋友拜托你做什么，你都欣然接受，这样一来很容易把自己累坏。别人喜欢依赖你，而你却找不到可以依赖的人，你必须向别人请求支援才能为自己减压。

【对异性的态度】你很少主动追求别人，一直在默默等待有缘人的出现。过于温吞的个性是你恋爱路上的绊脚石，你必须积极行动起来才能牢牢抓住手中的红线。

【职业预测】理性和知性的性格使得你适合做心理咨询师、访谈专员、顾问等。

G. 野象型性格

【性格分析】自由奔放的霸道主义者。

野象生长在丛林里，非常热爱自由，雄壮醒目的外表很是抢眼。这种类型的人开朗乐观，自由奔放，颇得众人的喜爱，豪放起来有点不拘小节，不了解你的人可能会被吓一跳。你具有积极进取的精神，为人坦率直接，行事果决，不管遇到大事还是小事，都不会犹豫，而事情越紧急重要便越能激发你的斗志。

【如何排除人际烦恼】你有点小小的霸道，有时候会让人反感，建议控制一下自己的坏脾气，多为别人着想，人际关系才会更加和谐。此外，开玩笑要掌握好分寸，尤其对于心思较细的人，以避免不必要的麻烦。

【对异性的态度】你能大大方方地跟异性相处，很容易交到异性朋友。你的霸道主义有时会让另一半受不了，也很可能会脚踏两条船，唯有心胸宽广的异性，才能给你完美的爱情。

【职业预测】你的领导欲超强，且不管做什么工作都能得心应手，最适合自己当老板。

活动二：团队合作——化解尴尬

小王是××电视机专营商场的销售科长，你是××电视机厂的推销员。你们两人素不相识，两个单位也从未有过业务往来。当电视机在市场上供大于求时，你要到小王那儿了解市场情况并推销你厂的产品，而且希望今后建立长期业务往来关系。

你先打电话与小王预约见面时间，见面后进行自我介绍，进行寒暄式的谈话，接着进行业务交流，并尽可能地寻求最佳的效益。进餐时，你不小心把酒水洒在了小王衣服上，场面有些尴尬。之后你的老板向小王所在商场的经理敬酒，可是被回绝了。你的老板感到很没面子，于是便步步紧逼，非要对方喝下去，双方僵持不下。这时，你怎样化解尴尬？

要求：运用社交口才，演示以上情景。

项目三　演讲口才

任务 3-1　演讲稿写作

知识目标
◇掌握演讲稿的特征
◇掌握演讲稿标题、开头、主体和结尾的写作方法

技能目标
◇能恰当运用演讲稿写作技巧
◇能根据需要撰写演讲稿

【情景导入】

　　某位优秀的女教师正在作演说，她真诚地述说着自己的职业历程，声泪俱下，现场更是一片唏嘘，整个场面非常感人。她说，十几年来，自己都非常敬岗爱业，并介绍了许多感人的事迹。她说她爱别人的孩子胜过爱自己的孩子，其中一件事她是这么说的："有一次，我儿子病了，烧得很厉害，可我没时间带他去看病，因为有几十个学生在教室等着我上课。我只是简单地用湿毛巾敷在他额头上，让他躺下休息，我就去上课了。几个小时后，我回到家，儿子正在说胡话，我赶紧送他上医院。医生怪我怎么现在才把孩子送来，我心急如焚，医生尽了力，可一切都晚了。最后，儿子死了，我非常痛苦，非常伤心。可是，第二天，我带着哭肿的双眼又出现在讲台上……"

【问题讨论】

1. 如何评价案例中的女教师的演讲？
2. 写演讲稿时，需要注意哪些问题？

【理论知识】

一、演讲稿概述

演讲稿也叫演说辞，是进行演讲的依据，是对演讲内容和形式的规范和提示。"巧妇难为无米之炊"，没有演讲稿，演讲者就不能很好地将观点、主张和思想感情传达给听众以及读者，就不能很好地发挥演讲的宣传、鼓动、教育和欣赏等作用。

演讲稿具有以下三个特点：

第一，针对性。演讲是一种社会活动，是用于公众场合的宣传形式。它为了以思想、感情、事例和理论来晓谕听众、打动听众、"征服"听众，必须要有现实的针对性。所谓针对性，首先是作者提出的问题是听众所关心的问题，评论和论辩要有雄辩的逻辑力量，要能为听众所接受并心悦诚服，这样才能起到应有的社会效果；其次是要懂得听众是不同的对象、属于不同的层次，而公众场合也有不同的类型，如党团集会、专业性会议、服务性俱乐部、学校、社会团体或宗教团体活动、各类竞赛场合等等。写作时要根据不同对象和不同场合，为听众设计不同的演讲内容。

第二，可讲性。演讲的本质在于"讲"，而不在于"演"，它以"讲"为主，以"演"为辅。由于演讲要诉诸口头表达，拟稿时必须以易说能讲为前提。如果说有些文章和作品主要通过阅读欣赏并领略其中的意义和情味，那么演讲稿的要求则是"上口入耳"。一篇好的演讲稿对演讲者来说要可讲，对听讲者来说应好听。因此，演讲稿写成之后，作者最好能通过试讲或默念加以检查，凡是讲不顺口或听不清楚之处（如句子过长），均应修改与调整。

第三，鼓动性。演讲是一门艺术。好的演讲自有一种激发听众情绪、赢得好感和共鸣的鼓动性。要做到这一点，首先演讲稿要思想内容丰富、深刻，见解精辟，发人深省。同时语言表达要形象、生动、富有感染力。如果演讲稿写得平淡无味，毫无新意，即使在现场"演"得再卖力，效果也不会好，甚至适得其反。

除了标题外，演讲稿的结构分开头、主体、结尾三个部分，其结构原则与一般文章的结构原则大致一样。但是，由于演讲是具有时间性和空间性的活动，因而演讲稿的结构还具有其自身的特点，尤其是它的开头和结尾还有特殊的要求。

二、演讲稿的写作

（一）确定主题，选择材料

1. 根据演讲活动的性质与目的，确立主题

所谓主题，就是演讲的中心话题。演讲稿的撰写必须在一个有社会价值或科学价值、有现实意义或学术意义的特定问题中展开，否则将是无的放矢。演讲主题的要求有：

集中——一般来讲，一篇演讲只能有一个主题，演讲内容必须围绕这个主题展开阐述，否则就会出现焦距模糊、思想枝蔓的毛病。

鲜明——主题要贯穿于全篇，能够给听众留下深刻的印象并激起强烈的反响。

正确——观点见解要正确、积极，能使听众受到教益，取得良好的社会效应。

新颖——见解独特，给人以耳目一新之感，对听众具有诱惑力和吸引力，能激起听众的兴趣和注意。

深刻——提出的见解和主张能揭示事物的本质，能使听众受到启迪，从感性认识提高到理性认识，立意深远。

2. 根据演讲主题与听众情况，选择材料

材料是演讲稿的血肉，材料的选择和使用是演讲稿的写作过程中一个重要的环节。

首先要围绕主题筛选材料。主题是演讲稿的思想观点，是演讲的宗旨所在。材料是主题形成的基础，又是表现主题的支柱。演讲稿的思想观点必须靠材料来支撑，材料必须能充分地表现主题，有力地支持主题。所以，应选用能充分说明、突出、烘托主题的材料，非此类材料则应舍弃，要做到材料与观点的统一。另外，还要选择那些新颖的、典型的、真实的材料，使主题表现得更深刻有力。

其次，材料的选择还要考虑听众的情况，如听众的思想状况、文化程度、职业状况，以及心理需求等，这些因素都对演讲有一定的制约作用。因而，选用的材料要尽量贴近听众的生活。这样，他们不仅容易理解而且听起来也会饶有兴趣。一般而言，对青少年学生的演讲应形象有趣，寓理于事，举例要尽量选择他们所崇拜的人和有轰动效应的事；对工人、农民的演讲，要生动风趣、通俗浅显，尽可能列举他们周围的人和发生在他们中间的事作例子；而对知识分子的演讲，使用材料则必须讲究文化层次。

（二）演讲稿的写作

1. 拟定标题

标题是文章的眼睛，这个比喻形象地说明了标题在演讲稿中的作用。一个贴切、简洁、醒目的演讲标题不但涉及演讲稿内容的整体布局，而且关系到演讲能否一开始就抓住听众的心理，吸引听众，从而自然地引出演讲内容。演讲稿的标题拟得好，不但可以引起听众的注意，吸引听众全心投入，还能起到概括文章思想内容，突出演讲的中心论题，明确演讲所要讨论的特殊对象或所涉及的特定场合及其范围等作用。常用的标题一般有下列几种：

提要型：即标题概括演讲的基本内容，把演讲内容的核心简明地提示出来。如"人总是要点精神的"、"坚定信仰，弘扬美德"。

象征型：象征型的标题，即运用比喻或象征等修辞手法，把抽象的哲理或某种特殊意义具体化、形象化，从而深入浅出地揭示主题。如"让美的横杆不断升高"、"扬起生命的风帆"。

含蓄型：含蓄型的标题，即运用伏笔，造成悬念，引而不发，撩拨听众的思维。用婉转的话来烘托或暗示某种内涵，让人思而得之，而且越思含义越多。如"红绿灯下赤子情"、"蜡炬成灰泪始干"。

警醒型：警醒型的标题，即运用哲言镌语，立片言以居要，提醒、劝谏、鼓励听众，以激发听众的听觉，使之受到警醒。如："天下兴亡，匹夫有责"、"有志者事竟成"。

设问型：设问型标题，即通过设问，提示演讲所涉及的内容，而演讲内容则是对标题设问的回答。如"人生的价值何在？"、"他们很傻吗？"。

抒情型：抒情型标题，即抒发情感，以情感人，具有浓烈的感情色彩的标题。如"自豪吧！光明的使者"、"党啊，亲爱的妈妈"。

2. 编写提纲

第一，明确演讲的中心论点和分论点。演讲往往不仅有中心论点，还有若干分论点，甚至分论点下面还有更小的论点。编列演讲提纲时，哪个是中心论点，哪些属于分论点；在几个分论点中，哪个应该在前，哪个应该有后，这些都应该在演讲提纲中明确、清晰地显示出来。

第二，选择主体结构的安排方式。主体部分的结构一般有三种方式，即并列式指递进式、对比式。并列式指一个问题论述完，接着论述另一个问题，最后总结自己的观点；递进式指一层一层地分析论述问题，由小到大，由浅到深，逐步把道理讲清；对比式指先对错误的观点进行批驳，在批驳中确立自己的主张，然后论证自己主张的正确性。

第三，列出演讲所需要的事实材料、事理材料和参考材料等。事实材料主要包括例证、数据和实物等；事理材料主要包括科学原理、科学定律、法律条文、有关文件规定以及名言、警句、谚语、成语等；参考材料泛指演讲时需要的各种材料或与演讲内容有关的各种备用材料。这些材料，有的可以简明扼要地摘抄在提纲上；有的可以仅仅在提纲上做个标记再另外制作卡片；必要时，有的还可以编排绘制成不同的图表，这样使用起来就可以得心应手，灵活方便。

3. 设计开头

演讲的开头，是演讲者与听众的一座引桥，是演讲者与听众建立初步友谊的纽带，它在整个演讲过程中起着不可低估的作用。一个好的演讲开头，不但能为全篇演讲定下基调，还能起到画龙点睛地点明演讲主旨、自然顺畅地引领下文的作用。演讲稿开头的艺术性，概括地说就是要求"镇场"。所谓"镇场"，即一开始就要将全场听众的注意力吸引并集中过来。演讲"镇场"虽然与演讲者上台的风度、情感、气质有一定的关系，但最主要的还是靠演讲稿开头本身的语言魅力。演讲开头的类型主要有以下十种。

> 瑞士作家温克勒："开场白有两项任务：一是建立说者与听者的同感；二是如字义所释，打开场面，引入正题。"

（1）提问式。一上台便向听众提出一个或几个问题，请听众与自己一道思考，这样可以立即引起听众的注意，促使他们很快把思想集中起来，一边迅速思考，一边留神听。听众带着问题听讲，大大增加了他们对演讲内容认识的深度和广度。但应注意提出的问题不能太滥，应围绕中心，饶有趣味，发人深省；如果问得平平淡淡，不痛不痒，反而弄巧成拙，失去这种开场白的优势。例如，演讲者在演说题为《讲真话》的演讲中采用了这种开场白："同志们，首先请允许我冒昧地提个问题——在座的各位都讲真话吗？"此问让人为之一震，也切中正题。

（2）新闻式。演讲者首先当众宣布一条引人注目的新闻以引起全场听众的高度注意。例如，《文明古国的悲哀》演讲稿的开头用的就是新闻式："据一家国家级的报纸报道：在国外，几乎所有国家的公共场所都专门贴有用中文写的告示牌——请不要随地吐痰和乱扔果皮、纸屑。朋友们，这并非是一件正常的小事，而是对号称文明古国的子孙们的一种讽刺。"这样的开头，一下子就使听众为之震惊，并对事态高度关注起来。但这种新闻首先必须真实可靠，切不可故弄玄虚，否则，愚弄听众只会引起反感；其次，这种开头的新闻一定要新，不能是"旧闻"。

（3）直入式。这种开头方式开门见山，言简意赅，单刀直入，直截了当地进入演讲的主题。如《下一个》演讲稿的开头："当球王贝利踢进一千个球时，有位记者问他'哪一个最精彩'，贝利回答说："'下一个!'努力追求'下一个'，是优秀运动员和各行各业先进人物的共同品格。"

（4）道具式。又叫"实物式"，演讲者开讲之前向听众展示某件实物，给听众以新鲜、形象的感觉，从而引起他们的注意。实物可以是一幅画、一张照片、一张图表、一件衣服等。一位青年参加演讲比赛，他抽到的题目是《除了无悔，我还能对你说些什么》。经过准备，他是这样开头的：（向观众出示"青春"二字）"大家请看，这是我演讲的核心——青春。（将'青春'的上部折叠起来）我们可以看到，青春两字的基础是'月'与'日'。这说明了什么？说明我们老祖先在造字时就想到了：青春是充满光明的，青春是灿烂辉煌的，青春是无怨无悔的! 所以我今天演讲的题目就是要对青春说："'除了无悔，我还能对你说些什么?'"

（5）幽默式。用幽默诙谐的语言和新奇贴切的比喻开头，既能紧紧抓住听众的心，又能引人发笑，活跃会场气氛，让听众在笑声中思考。

在一次宴会上，美国政治家 C. 迪普与马克·吐温都被告知要发表讲话。先发表演讲的是马克·吐温，他有意识地精心构思了讲话内容并辅以适当的表达风格，共讲了 20 分钟。客人们被他的话深深地吸引了，纷纷报以热烈的掌声。接着迪普站了起来，显出很遗憾的神情告诉大家："进餐以前，我和马克·吐温交换了讲稿。刚才他才华横溢、声情并茂的讲话依照的就是我的讲稿。我感谢诸位对我的赞赏。不幸的是我把马克·吐温的讲稿丢了，一点也想不起来他要讲什么了。"

（6）渲染式。创造适宜的环境气氛，引发听众相应的感情，以此很快进入讲题的开头方法。例如，李嘉诚在汕头大学 2007 届毕业生典礼上作了题为"活出你的故事"的演讲，开头是："首先让我代表校董会，祝贺各位毕业的同学，与你们的家人一样，我们衷心祝愿你们一生快乐、如意、健康和顺利。快乐，因为你懂得如何有理性地管理自己；如意，因为你有争取理想的能力；健康，因为你知道珍惜；顺利，因为你能辨善恶，及有勇气、有尊严地面对挑战。"

（7）名言式。格言、谚语、诗词名句、名人名言等，具有思想深邃和语言优美的特点。它们具有广泛的群众基础，在青年人眼中更有魅力。若能运用适当的名言作为开头，也可以收到好的效果，但并不是凡引用名言作开头都有好处。

那些司空见惯，为群众所熟知的名言，经反复引用后，便往往给人俗套之感，使听众觉得你的本事不外乎会背名人名言录而已。这样不仅不能起到吸引人的作用，反而使得全场嘘声四起。引用名言，要让听众有回味、咀嚼的余地。哲理性要强，但不要太深奥莫测，甚至晦涩难懂，应当注意语言的通俗性。如《走自己的路》演讲稿的开头："路漫漫其修远兮，吾将上下而求索。"开头引用屈原《离骚》中的名句，含义深邃而又自然地引出了下文。

（8）即席式。演讲者就演讲地点的景、物当场设喻，借以说清道理；或在特殊的情况下，采用随机应变、机智巧妙、信手拈来的即席方式开头，以沟通演讲者与听众的心灵，缩短距离，增强演讲的形象性和感染力。

> 一女演讲员在观众的掌声中楚楚动人地走上讲台，却一不小心摔倒在台边，观众大惊。女演讲员站起来后，不慌不忙走到话筒前，开口说的第一句是："谢谢大家，我刚才是被大家的掌声所倾倒了。"话音未落，掌声雷动。

（9）"套近乎"式。演讲者根据听众的社会阅历、兴趣爱好、思想感情等方面的特点，描述自己的一段生活经历或学习、工作上遇到的问题，甚至自己的烦恼、喜乐，这样容易给听众一种亲切感，双方的感情距离一下子缩短了。我国青年演讲家曲啸有一次到监狱给在押的犯人演讲，对他的听众，他用了"触犯了刑律的青年朋友们"这一称呼，既切合听众的身份，又抓住了犯人渴望被尊重的心理，同时又不失法律的威严，可谓恰到好处。

（10）悬念式。也叫"故事式"，就是开头讲一个生动精彩、扣人心弦的故事或举一个触目惊心的事实来制造悬念，设计一种情境、一种氛围，令人关注甚至神往，使听众对故事发展和人物命运深表关切，从而愿意仔细听下去。

> 各位同学，在我演讲之前，先请大家听听这几个数字：36 000、600、25。大家知道这些数字意味着什么吗？（听众中有人答："不知道"）时间分分流逝，历史缓缓推移。时钟的秒针再转过36 000圈，分针再走过600转，日历牌再翻过25张，我们的祖国母亲就会将香港重新拥入自己温暖的怀抱！（掌声）36 000个祝福，600个思念，25份渴望，都送给令人魂牵梦绕的7月1日，说不尽的千言万语，都汇成我今天演讲的题目："欢迎你，香港！"（热烈的掌声）

这个开头充满悬念，一下子就引起了听众的注意，紧紧抓住了听众的注意力，促使听众急切地想知道答案，并满怀兴趣地听下去。

4. 主体部分写作

写作主体部分，首先要安排好讲述的层次。划分层次的主要方式有：

（1）并列式。并列式的各层次之间地位是平等的，可以调换。如《青春是什么》的演讲稿，其主体内容分以下四个方面：

青春是一粒种子；

青春是一轮朝日；

青春是一部著作；

青春是一首乐章。

这样安排脉络清楚，层次井然，听众很容易掌握要领。

（2）递进式。也叫层层深入法，即先将演讲主旨进行分析解剖，然后逐层进行论述和证明，从而形成剥笋式的论证步骤（用并列式比较，它的层次一般是不可调动的）。比如《为了孩子的明天》：

开头——提出当前学生"高分低能"的事实。而后：

第一层分析了出现这种现象的外部和内部原因；

第二层论述了过分追求分数对孩子们的种种危害；

第三层指出将学生从"苦海"中解救出来的具体措施。

全文由现状分析到追究根源，又由根源引涉到危害，最后提出解决问题的办法，步步深入，很自然地为结尾的号召作了铺垫。这种方式的特点是由表及里，由浅入深，步步推进，具有较强的说服力。

（3）对比式。这种方式是将不同事物或同一事物的不同方面进行对照，通过分析对比其相同或相异处来说明一个道理。事物的前后状态和正反方面都可形成对比。比如《诚信，做人之本》的演讲稿，就是从诚信者如何步入成功，失信者如何走向失败这正反两方面进行对比论述，从而给人以很大的启示。俗话说，有比较才有鉴别，对比式用得好，不用多费口舌，道理就可不点自明。

演讲稿主体结构多种多样，你可以根据内容用一种或混合运用几种方法。总而言之，思路要清晰，不能东一榔头西一棒子。此外，用过渡句，或用"首先"、"其次"、"再次"等词语来区别层次，也是使演讲稿层次清晰的有效方法。

其次，演讲稿应掌握好节奏。节奏是指演讲内容在结构安排上表现出的张弛起伏。演讲稿结构的节奏，主要是通过演讲内容的变换来实现的。演讲内容的变换，是在一个主题思想所统领的内容中，适当地插入幽默、诗文、轶事等，以便听众的注意力既保持高度集中而又不因为高度集中而产生兴奋性抑制。演讲稿结构的节奏既要鲜明，又要适度。平铺直叙、呆板沉滞的演讲稿固然会使听众紧张疲劳，而内容变换得过于频繁，也会造成听众注意力涣散。所以，插入的内容应该为实现演讲意图服务，而节奏的频率也应该根据听众的心理特征来确定。

再次，演讲稿应安排好衔接。衔接是指把演讲中的各个内容层次联结起来，使之具有浑然一体的整体感。由于演讲的节奏要求适时地变换演讲内容，因而也就容易使演讲稿的结构显得零散。衔接是对结构松紧、疏密的一种协调方式，它使各个内容层次的变换更为巧妙和自然，使演讲稿富于整体感，有助于演讲主题深入人心。演讲稿结构衔接的方法主要是运用于两段内容、两个层次间有联系的过渡段或过渡句。

最后，演讲稿应注意兴奋点的设置。所有能够引起听众兴趣和热切关注的事例、名言、佳句和精辟独到的见解都属兴奋点的范畴。在演讲稿中，按照演讲内容需要，有计划、有目的地选取一些兴奋点，绵绵不断地"埋设"在演讲稿中，让它像星星一样闪烁，像眼睛一样放射出睿智的光芒，会拉近演讲者和听众的心理距离，满足听众的心理需要，但要讲求顺理成章、水到渠成，千万不能不顾对象，故弄玄虚，刻意求工。

> 泰戈尔在清华大学的一次演讲中，开头便说："我的年轻的朋友，我眼看着你们年轻的面目，闪耀着聪明与诚恳的志趣，但是我们的中间却隔着年岁的距离。我已经到了黄昏的海边，你们还远远地站在那日出的家乡。"

相对陌生而又清新雅致的诗句从诗人的口中缓缓流出，哪一个青年听众能不为之动情动容，继而为他的连珠妙语所吸引呢？

5. 结尾的设计

俗话说："编筐编篓，重在收口；描龙画凤，难在点睛。"演讲的结尾，就是演讲的"收口"、"点睛"。演讲的成败在相当大的程度上取决于演讲的结尾。常见的演讲结尾方式大体可以分为以下十种。

> 美国作家约翰·沃尔夫："演讲最好在听众兴趣未尽时戛然而止。"
> 拿破仑："兵家成败决定于最后五分钟。"

（1）总结式。以总结归纳的方式结尾。这种结尾用极其精练的语言，对演讲内容和思想观点作一个高度概括性的总结，以起到突出中心，强化主题，首尾呼应，画龙点睛的作用。如演讲稿《永照华夏的太阳》的结尾：

> 我们是从哥白尼的日心说中认识太阳的，我们又是从历史的迁徙中认识中国共产党的。八十年过去了，八十年斗转星移，日月变迁。太阳的辐射仍依托马列主义的热核放出它巨大的能量，从而去凝聚着属于它普照着的民族和人民。月亮离不开地球，地球离不开太阳，人民离不开党。祖国的未来，中华的腾飞，需要中国共产党的领导，党就是永照华夏的太阳，也就是我们心中的太阳。

这个结尾高屋建瓴，总揽全篇，巧妙地用自然界的太阳和华夏儿女心中的太阳作对比，总结归纳出了"地球离不开太阳，人民离不开党"的结论。字里行间流露出对光明的希望与向往，以及对共产党的歌颂与赞扬，给听众留下了深刻的印象。

（2）号召式。用这种结尾是指演讲者以慷慨激昂、扣人心弦的语言，在演说结束处对听众的理智和情感进行呼唤，或提出希望，或发出号召，或展望未来，以激起听众感情的波涛，使听众产生一种蓬勃向上的力量。如演讲稿《一位纪委书记的"小家"和"大家"》的结尾：

> 同志们，朋友们，我们正处在一个伟大变革的黄金时代，经济的发展，国家的富强，民族的振兴，需要全体人民的艰苦奋斗，特别是共产党人的模范带头作用。如果每一个共产党员都能正确处理好"小家"和"大家"的关系，严格地按党性原则要求自己，用党的纪律约束自己，用党旗下那神圣的誓言激励自己，那么我们党的形象将会更加光彩照人，我们党将会更加坚强伟大！

这种结尾的方式是演讲者用深刻的认识和独到的见解向听众提出希望，发出号召，使听众精神为之一振，具有动人情、促人行的作用。

（3）决心式。以表决心、发誓言的方式结尾。这种结尾感情饱满，态度鲜明，激情奔放，有助于坚定听众的信念，增加演讲的感召力。如演讲稿《无愧于伟大的时代》的结尾：

> 同学们，让我们高举起"五四"的火炬，弘扬民主与科学的精神，把爱国之情、报国之志化为效国之行，用我们的热血和汗水、青春和智慧，甚至是生命，向我们的先辈和后代，向我们的祖国和民族呐喊："我们将无愧于伟大的时代，无愧为中华民族的炎黄子孙！我们将无愧为跨世纪的中国人！"谢谢！

这种结尾言简意赅，语言真切，充分表达了演讲者鲜明的立场和坚定的决心，从而有力地鼓舞着广大听众朝着这一目标奋进。

（4）余味式。以留余味、泛余波的方式结尾。这种结尾语尽而意不尽，意留在语外，像撞钟一样，清音有余，余味袅袅，回味无穷，三日不绝。余味式结尾好像秋天瑰丽的晚霞一样，收得漂亮隽永，并且伴有"渔舟唱晚"的娓娓之声，让听众流连忘返，久久回味。如演讲稿《活出你的故事》的结尾：

> 如果你有崇高的抱负为指引明灯，人生的目标便清晰明确；如果你一生以思驭动，你一定可以从容不迫和充满活力地生活；如果你的价值观不是空洞的口号，而能历久常新，你一生会有定力去应付现实社会复杂、多元和变幻莫测的挑战；如果你真正深爱你的社会，深爱你的民族，深爱这个世界和深爱活着，那你必须参与并无惧承担，我们民族传统智慧有很多高尚的境界，如若你能拈出"好谋而成、分段治事、不疾而速、无为而治"的精髓，生命是可以如此的好。各位同学，好好活出你一生的精彩，为世界谱上一段一段动人乐章。

（5）抒情式。以抒情怀、发感慨的方式结尾。演讲过程本身是一种思想和激情的燃烧，用抒情怀、发感慨的诗情画意的语言结尾，最易激起听众心中的感情浪花。如演讲稿《奉献之歌》的结尾：

> 啊！奉献，这支朴实的歌，这支壮烈的歌，这支深远的歌，这支永远属于母亲——我们的祖国的歌，让我们每一个中华儿女都来唱这支歌吧！

这个结尾，感慨万千，诗意浓浓，情真意切，情理俱在，给听众以极大的鼓舞和力量。

（6）名言式。用哲理名言、警句作结尾。引用名言、警句、谚语、格言、诗句等作为结尾，不仅使语言表达得精练、生动、富有节奏和韵律，而且还可以使演讲的内容丰富充实，具有启发性和感染力，同时还可以给人一种生动活泼、别开生面之感。如演讲稿《谈毅力》的结尾：

> 毅力是攀登智慧高峰的手杖，毅力是漂越苦海的舟楫，毅力是理想的春雨催出的鲜花。朋友，或许你正在向成功努力，那么，运用你的毅力吧。这法宝可以推动你不断地前进，可以扶持你度过一切苦难。记住："顽强的毅力可以征服世界上任何一座高峰！"（狄更斯语）

用名言式结尾，能给演讲者的思想提供有力的证明，增加演讲的可信服度，使演讲显得更加优美、含蓄、睿智大气，具有较强的说服力和鼓舞作用。

（7）高潮式。高潮式即把演讲的高潮设计在最后，在高潮中结尾。演讲结束时，演讲者设法最后一次拨动听众的心弦，打开听众的心扉，掀起再一轮高潮。如演讲稿《改革需要我们理解，时代呼唤我们奋进》的结尾：

亲爱的朋友们：改革正在呼唤着我们，克服改革面临的困难，实现四化的历史重任已经责无旁贷地落在了我们的肩上。90年代正在呼唤着我们，这将是一个挑战与机遇同在，困难与希望并存的非常时期，我们中华民族又到了最危险的时候！起来吧，朋友们！祖国和民族考验我们的时候到了，每一个有爱国之心、民族之魂的炎黄子孙起来吧！让我们同心同德、艰苦创业，把强烈的忧患意识和爱国热情，变为强国富民的创造性劳动，把加速民主政治建设，消除腐败现象的愿望，化为维护安定团结大局的实际行动，为共渡难关，振兴中华，起来吧！前进！前进！前进！

这种采用高潮式收尾的结尾方式，从内容上讲要有一定的高度，因为它是全篇演讲的概括和总结；从语言角度上讲，语言的含义要一层高过一层，语音的力度要一句比一句重。

（8）祝贺式。诚挚的祝贺和赞颂本身就充满了情感的力量，最容易拨动听众的感情之弦，产生和谐的共鸣。所以，用祝贺或赞颂的言辞结尾，能造就欢乐愉快、热情洋溢的气氛，使人在愉快中增加自豪感和荣誉感，激励人们满怀信心地去创造未来。如《在迎新茶话会上的演讲》的结尾：

最后，在春节即将到来之际，我借此机会向全市的父老兄弟、姐妹们拜个早年。祝老年人春节愉快、身体健康、寿比南山！祝中年人春节快乐、家庭幸福、事业成功！祝年轻人春节欢乐、爱情甜蜜、前程无量！祝大家年年幸福年年富，岁岁平安岁岁欢！谢谢大家！

人一般都喜欢听赞颂的话，因此，相互之间的赞颂成了人们最好的交往手段之一。通过这些赞颂的话，会场活跃的气氛可达到一个新高潮，讲者和听者的关系会变得更融洽。这样，讲者便给听者留下了一个满意的印象。但要注意演讲者在说这些赞颂的话时，不要过分地夸张和庸俗地捧场，否则听者就会认为你有哗众取宠之嫌。

（9）点题式。用重复题目的方式结尾。演讲的题目是演讲的重要组成部分，是最具个性和特色的标志。在演讲结束时，如果重复题目，再一次点题，那么就能加深听众对演讲的印象，使听众产生强烈的共鸣。如演讲稿《我爱长城，我爱中华》的结尾：

> 雄伟啊长城，伟大啊中华！我登上崇山峻岭的高峰之巅，我站在万里长城耸入云端的城楼之上，我昂首挺立在世界的东方，在祖国的山川大地，向世界的大洲、大洋，向天外的星球、宇宙，纵声呼喊："我爱长城！我爱中华!"

这种结尾方式，既表达了主题的需要，同时又对听众产生振聋发聩的冲击力。

（10）幽默式。用幽默、风趣的语言结尾。除了某些较为庄重的演讲场合外，用幽默收尾可为演讲添加欢声笑语，使演讲更富有趣味，令人在笑声中深思，并给听者留下一个愉快的印象。如鲁迅先生《在上海中华艺术大学的讲演》的结尾：

> "以上是我近年来对美术界观察所得的几点意见。今天我带来一幅中国五千年文化的结晶。请大家欣赏欣赏。"（说时一手伸进长袍，把一卷纸徐徐从衣襟上方伸出。打开看时，原来是一幅"病态"十足的月份牌，引得哄堂大笑。于是鲁迅先生在笑声和掌声中结束了他的演讲）

这个别出心裁又极具喜剧性的结尾，不仅进一步深化了主题，使听众对那种拙劣的美术创作加深了认识，同时也给听众留下了许多演说者没有讲出来而又令人深思的空白，从而使听众在美的享受和回味中，带着愉快的心情离开会场。演讲者利用幽默结束演讲时，要做到自然、真实，幽默的动作或语言要符合演讲的内容和自己的个性，绝不要矫揉造作、装腔作势，否则只会引起听者的反感。

演讲结尾的方式除以上提到的常用的十种以外，还有不少，如可以用歌声结尾，使听众陶醉在美妙的歌声中，流连忘返；可以利用动作（无声的语言）结束演讲，这是一种具有独特风格的方式；可以用讲故事的方式结尾；可以用提问题的方式结尾；还可以用诗歌朗诵甚至舞蹈表演的方式结尾等等。

【案例回应】

从整场演讲的效果来看，这位教师的演讲是很成功的。她用自己生动的事迹，从头到尾一直紧紧抓着听众的心，尤其是失去亲生儿子那段经历让全场一片静穆。但是细嚼品味后可以觉出，这又是她整场演讲的一个败笔，当然，更是她人生旅途的一个败笔。她可以请假，带孩子去看病，这并不影响她当一名优秀教师。换言之，她可以把自己的孩子当作别人的孩子去爱。孩子不是私有财产，敬岗爱业，不能以一个无辜的孩子的生命为代价，孩子有生存权。严格来说，这位母亲是不称职的。我们不知道她孩子的真正死因，但如果是由于监护不力，没有及时把孩子送到医院救治，结果孩子死了，这个母亲还是要负法律责任的。不要把当一位称职的母亲和当一名优秀的教师对立起来。所以，选择演讲材料很重要，要考虑得周全一些，否则会犯类似的错误。

【实战训练】

写一篇题为"我的大学我做主"的演讲稿，要求合理设计开头、主体、结尾，不少于 1 000 字。写成后小组内互评，并根据意见和建议认真修改。

任务 3－2　演讲技巧

知识目标

　　◇理解各种演讲技巧的基本特征

　　◇掌握各种演讲技巧的基本方法

技能目标

　　◇能熟练运用演讲中的口语表述技巧、用稿技巧、背稿技巧

　　◇能灵活运用控场技巧

【情景导入】

李敖先生在北京大学的那次演讲，吸引了众多学子。在演讲中，李老先生不改他幽默和大胆的风格：

"罗马教皇——现在说罗马教宗，我们那个时候，老一辈的人，还叫罗马教皇——庇护十二讲了一句话，他说你演讲的时候不能用稿子。为什么不能用稿子，用稿子表示你记不住，如果你自己都记不住，你怎么样让听众记得住呢？你这个演讲就失败了。所以大家看好，没稿子（敞开西装让观众看，博得笑声、掌声），也没有小抄，可是我带了一些证据是有的，等一下会显摆证据。

　　……

　　讲演者在这里最怕四样事情。第一样事情：人不来听；第二件事情：来听了跑去小便；第三个：小便以后不回来；（笑声）第四个：不鼓掌。（掌声）世界三大男高音，里面有个大胖子，他跟我同岁；那中间还有一个中胖子，叫做多明戈。多明戈一上台就这个姿势（扬起双臂），干什么？请你们鼓掌。为什么不鼓掌，因为我讲话太传神了，你们都忘了鼓掌了。鼓一次掌吧！（掌声）你们不习惯我这种讲话的方式，可是我必须说，我就讲这种方式。"

【问题讨论】

1. 演讲中如何运用演讲技巧？
2. 李敖先生的北大演讲有哪些特色？

【理论知识】

　　演讲是一门艺术，包括很多技巧，如选题技巧、内容确立技巧、演讲稿写作技巧、开头技巧、态势语言技巧、修辞技巧、口语表达技巧、用稿技巧、背稿技巧、控场技巧等，下面着重讲述其中几种。

> 古人言："一人之辩重于九鼎之宝，三寸之舌强于百万之师。"

一、口语表达技巧

　　演讲是一门语言艺术，它的主要形式是"讲"，即运用有声语言并追求言辞的表现力和声音的感染力；同时还要辅之以"演"，即运用面部表情、手势动作、身体姿态乃至一切可以为人理解的态势语言，使讲话"艺术化"，从而产生一种特殊的艺术魅力。

　　"上口"、"入耳"是对演讲语言的基本要求，也就是说演讲的语言要口语化，演讲要让听众听懂。如果使用的语言讲出来谁也听不懂，那么这次演讲就失去了听众，因而也就失去了演讲的作用、意义和价值。为此，演讲稿的语言要力求做到通俗易懂。好的演讲稿，语言一定要生动。如果只是思想内容好，而语言干巴巴，那就算不上是一篇好的演讲稿。精彩的演讲既要有丰富深刻的思想内容，又要有生动感人的语言。

（一）形象化

形象化通常是文学艺术反映社会生活、表现思想感情所采用的一种方法。它以塑造具有具体可感性、鲜明生动性的艺术形象为目标，并且在构思过程中始终不脱离形象。演讲的口语表达技巧形象化是指在演讲的过程中能拿出实例或画出图像将语言"视觉化"，从而使口语表达达到具体、生动的效果，让人有身临其境的感觉。

演讲要做到形象化，最有效的办法是充分运用各种修辞手段。如《柠檬人生》的演讲稿：

如果生命给你的是一颗柠檬，你就把它拿来做成一杯柠檬汁吧！柠檬又苦又酸，一点也不讨人喜欢，根本无法下咽。可是把它榨成汁，加上水，加上糖，倒进蜂蜜，却变成人人爱喝、生津止渴的柠檬汁。生命给我们酸苦，我们自己制造出甘甜。只有无知的人，才会期望生命给我们现成好喝的柠檬汁。聪明人都知道，生命就像一个处处习难的老师，他给你一个似乎无可奈何的难题，等你自己想办法，把它打开、切片、榨干，细细地加工处理，然后静静坐下来，好好享受历经千辛万苦才得到的宝贵成果。

又例如："爱你爱你真爱你，恨你恨你真恨你。请个画匠来画你，请个画匠来画你。把你画在眼睛上，把你画在砧板上。整天整眼都看你！刀刀剁你剁死你！"这段想象很奇特，"把你画在眼睛上"、"画在砧板上"看似不合理，但却很合情，恰到好处地体现出主人公爱之深、恨之切的心理。局部地方采用了反复的辞格，鲜明地表现出主人公先前爱得发疯、后来恨得入骨的心理。在章法上也借鉴了《诗经》那种重章叠唱的方式，虽然前后只改动了几个字，但感情表达方式别具一格，真挚强烈。

某些演讲需要引用大量的数据，但演讲又不同于调查报告和工作总结，仅仅把一连串枯燥的数据抛向听众，会使现场气氛沉闷平淡，听众也无法记住那些一掠而过的阿拉伯数字。高明的演讲者要善于把干巴巴的数据转化为具体、生动的图景。如果说"意大利的梵蒂冈宫，有屋宇一万五千余间"，就不如说成"梵蒂冈宫里的屋子多得惊人，如果你每天换住一间房子，四十年也住不完"。这样说就会给人一种切身的感受，让听者更易理解。

（二）个性化

个性化和大众化相对，常用来指具有个体特性的需求和服务。演讲的口语表达中常用个性化的描绘手法，力图刻画出演讲形象鲜明独特、丰富多彩的个性特征。个性化是典型化的一个极为重要的方面。要典型化，首先必须个性化。典型化的过程自始至终离不开个性化。只有充分的个性化，才能使演讲形象有血有肉、栩栩如生，不是抽象的"一般"，而是具体的"这个"。不仅人物形象应该个性化，环境、场面、感情等也必须个性化。

世界上没有完全相同的两片树叶，也没有个性完全相同的两个人。演讲者要力求突出演讲的个性风格，创造独特的"我"。伟大的演讲家都具有自己的演讲风格。如鲁迅的演讲风格是外冷内热，剖析深刻，富于哲理；郭沫若的演讲风格是热情洋溢，奔放不羁，文采华丽；毛泽东的演讲风格是通俗风趣，论证严谨，民族特色浓厚。

演讲的个性首先体现着演讲者自己的个性。人人都有个性，有个性可能会使你的思维和行动具有片面性，但同时又会使你的演讲具有鲜明的特点，让听众认识一个与众不同的"你"。如性格豪放的人，演讲可能具有粗犷、简洁、现场震撼力强等特点；性格细腻的人，演讲可能具有思想深刻、余味无穷、人情味浓的特点。影响演讲者个性的主要因素有性别、年龄、家庭环境、文化修养、生活经历、职业等。如一位女药剂师在第一次品尝啤酒时，脱口而出："哎呀，就像喝颠茄合剂一样！"这位女药剂师的职业敏感性使她把啤酒与颠茄合剂联系在一起，而不是像许多初试啤酒的人一样，把啤酒比喻为喂猪的潲水。

演讲风格的个性化还体现为演讲中涉及的人物的个性。对演讲中涉及的人物，不应仅仅只是一种平铺直叙的交代，而应通过细节描写、对话模拟、形态模仿等手法，充分表现演讲中人物的个性。如景克宁教授在题为"美在召唤"的演讲中有这么一段：

> 上海报载，在上海的南京路上，忽然有三个青年大叫着追逐一个少女，吓得姑娘慌忙奔跑呼救。眼看就要追上了，路上行人拥了过去，怒目相视，这三个流氓阿飞竟敢在光天化日之下追逐少女？人们看着这三个穿着花衬衫、蓄着过耳长发的青年，简直是一副流氓的形态、坏蛋的嘴脸。有些人已经准备拔刀相助来保护姑娘了。这时，三个青年已经赶上来了，其中一个气喘吁吁地叫住了姑娘："哎，同志，这是你丢的手表吧！我们看到的，还你的表，你跑什么呢？"

景克宁教授为了阐述外在美和内在美如何统一的论点，引证了三个因外在美存在缺陷的青年给人们带来了一场虚惊的事例。景教授通过现场的细节描写和对话模拟使三个青年的形象栩栩如生。

可以说，缺乏个性，任何人都可以上台照演讲词念一遍，这只能是昙花一现的演讲。马克思曾经说过："你怎么想就怎么写，怎么写就怎么说。"它告诉我们，不管"说"也好，"写"也好，都要用自己的语言，而不是别人的语言或现成的语言。

（三）口语化

有人会说，不善辞令、笨嘴拙舌的人说出来的不也是口语吗？其实不然，从嘴里说出来的不一定就是口语。每个具备说话能力的人，他的日常用语不一定就口语化。譬如念的古文、致的悼词显然就不是口语，而是古语和书面语言。从语言学、口才学的角度说，"口语"的概念一般是指具有中等以上文化程度的人所讲的体现了口头表达共同规律的规范性口头语言，而"口语化"指的则是这种规范性口语在口头交际中恰当而富有创造性的运用。

听众对演讲的接受效应首先取决于听众是否清晰地接受了演讲者的话语信息。口头语言不同于书面语言，口头语言通过耳朵倾听，是一种线性的、不可反复接受的信息；书面语言通过眼睛阅读，是一种平面的、可反复接受的信息。听众在现场中不可能有更多的时间来思考和猜测某些生僻的词语和隐晦的思想，更不可能像阅读书面文章那样进行多次反复。口头语言的传输和接受特点决定了演讲语言要尽量做到通俗明白、生动形象，同时又具有较强的瞬间感染力。

首先，语言"口语化"的特征表现在词法上。具体地说，则是表现在词汇的通俗化或用词通俗化上。早在两千多年前，古希腊的大学者兼演说家亚里士多德就注意到了这一点。他在《修辞学》一书中这样写道："为了做到清楚明白，选用词汇的时候，就应该选用那些通行的、日常的词汇。"口才家们的口头表达实践告诉我们，要做到词汇通俗化，就必须注意：①多用现代词汇，少用古代词汇。②多用通行词汇，少用方言词汇。③多用口语词汇，少用书面语词汇。④多用形象词汇，少用抽象词汇。⑤多用普通词汇，少用学术词汇。⑥多用动词，少用连词。⑦多用格言、俗语（惯用语、谚语、歇后语），少用成语。

其次，要明晰"通俗"的内涵，通俗并不等于庸俗。通俗是指用朴素明白的词语形式表达充实向上的思想内容，而庸俗则是指内容空洞，趣味低下，用词粗、脏、痞。譬如，在正式场合中说话时使用"脱了裤子放屁——多此一举"和"占着茅坑不拉屎，你不拉我拉"这类俗语，就有庸俗之嫌了。《神曲》的作者、欧洲文艺复兴时期第一个伟大的诗人但丁曾在《论俗语》一文中阐述了通俗词语的种种优点，比如说自然、优美、清新、流畅、流通面广和感情色彩强烈等。他斩钉截铁地说："俗语是高贵的。在我们之前，从来没有人讨论过俗语这门学问，而事实上，我们看到这种语言对一切人都是极为必要的。不只是男人，就是女人和小孩，也需尽其所能地掌握它。"

最后，对于演讲初学者来说，如果不是为了特别的修辞需要，我们提出如下建议：第一，尽量选用简短的句子，少用多层附加成分和并列成分，以保持句意之间足够的停顿。如闻一多的演讲："你们杀死一个李公朴，会有千百万个李公朴站起来！你们将失去千百万的人民！你们看着我们人少，没有力量？告诉你们，我们的力量大得很，强得很！看今天来的这些人都是我们的人，都是我们的力量！"第二，尽量使用浅显明快、通俗易懂的词语，少用生僻、晦涩的古语词、书面词语和生造词。如"体面"与"冠冕"、"驼背"与"佝偻"、"拍马屁"与"谄媚"、"寒冷"与"凛冽"、"白发"与"素发"这几组近义词，使用每组的后一个词语似乎更文雅，更能表现说话者较高的文化素质，但在演讲中最好还是使用前一个词语，因为这样会使听众听得更清楚明白。世界上著名的政治家在演讲时都善于使用简短的句式和通俗的词语，以获得最佳的沟通效果，时刻与听众保持良好的共鸣。

大众语言是演讲者语言学习的宝库，演讲者特别是青年学生演讲者要善于从生活中学习大众语言，长期积累，必有收获。例如，一位司机在和一位大学毕业生谈到就业难时，打了一个俏皮的比喻："现在是萝卜坑坑都满了！你这个萝卜长熟了，就只好晒萝卜干了！"一位到中国旅游的美国青年，在火车上和中国人聊天："我被我爸爸开除了。爸爸给了我一笔钱，让我到中国旅游后，再到东南亚寻求发展。"某电视连续剧中的一个小头目这样训斥部下："你留下的漏洞比你奶奶家的筛子眼还要多！""这件事办好了，我请你吃晚饭。办不好，晚饭吃你！"类似这些通俗、幽默、贴近生活的大众化语言，如能用于演讲中，一定会使我们的演讲生动起来。某省副省长在省委党校作报告，他在严厉批判某些干部"上有政策，下有对策"的不良作风时，就引用了一首民谣。他说："同志们，你们知道老百姓是怎么批评我们的吗？他们说：'村骗乡，乡骗县，一直骗到国务院。国务院，发文件，一层一层往下念，就是最后不兑现。'"这位副省长引用老百姓的话，简练、幽默但又十分深刻。

（四）幽默法

演讲当中的幽默法是指用诙谐的语言、逗人发笑的"材料"和饶有趣味的方式表达演讲内容和抒发感情的艺术手法。幽默是一种有趣的，令人发笑、愉悦和回味的健康品格。恩格斯说："幽默是智慧、教养、道德和优越感的表现。"作家老舍说："幽默者的心是热的。"笔者认为，幽默是思想、才学和灵感的结晶。幽默往往以温和宽厚的态度、夸张倒错的方式、俏皮含蓄的语言进行讽刺、挪揄，使人们在会心的微笑中有所启示。

例如，钢琴家波奇有一次应邀到福林特去演讲，结果大厅里稀稀拉拉，没有多少人，主持人感到场面有点尴尬，而波奇则在开场白中就以他特有的幽默化解了这种尴尬。他说："令人尊敬的福林特人确实很富有，听我这样一场演讲，一个人竟买了好几张票。"波奇幽默的谈吐活跃了气氛，一下子拉近了他与听众的距离。又如：苏联领导人赫鲁晓夫有一次访问南斯拉夫，铁托在一些高级官员的伴随下迎接他。一名高级官员突然提出挑衅性的问题，他对赫鲁晓夫说："苏联和斯大林对我们做了许多坏事，所以我们今天很难相信苏联人。"这时，气氛一下子就紧张起来。冷场片刻之后，赫鲁晓夫走到说这番话的高级官员身边，拍着他的肩膀对铁托说："铁托同志，如果你想叫谈判失败，就任命这个人担任代表团团长。"赫鲁晓夫的幽默引起一阵笑声。在笑声中，紧张的气氛也得到了缓和。

幽默法可以营造良好的言语交际氛围。在言语交际中运用幽默法，可以拉近交际双方的心理距离，改善人际关系，在一定程度上缓和人们之间的对立和矛盾。幽默法对提高语言表达的感染力和说服力也有着积极的作用。美国演讲学家约翰·哈斯灵在《演讲入门》中说："幽默是演讲者与听众建立友好关系的最有效的手段之一。当你讲得听众眉开眼笑时，他们也就主动参与了思想交流过程。"哈斯灵实际上已经总结了幽默在演讲中的两大作用：建立友好关系；促进思想交流。

运用幽默需要一定的技巧，下面介绍构成幽默的各种方法及其在演讲中的运用。

1．故意夸张

夸张是运用丰富的想象，扩大或缩小事物的特征、形象、作用和程度，以增强语言的表达效果。夸张有幽默的表达效果。

里根曾两次竞选加利福尼亚州州长和美国总统。他在竞选演讲中曾这样抨击前任治理不善所带来的物价上涨问题："夫人们，你们都知道，最近，当你们站在超级市场卖芦笋的柜台前，你们就会感到，吃钞票比吃芦笋还便宜一些。还记得当初你们曾经认为没有什么东西可以代替美元吗？而今天美元却真的几乎代替不了什么东西了！"

里根通过夸张美元的贬值状况，激起选民们对当政者的不满以及对他这位候选者的期待。

2．正反颠倒

正反颠倒，俗话便是"说反话"，也是表现幽默的常用手法。

卢沟桥事变后，陈毅作为中共全权代表去同国民党谈判。谈判桌上，陈毅说了这样一段话："有一个问题我很不满意，以前在苏区的时候你们悬赏买我的头，花红由三千涨到五万。朱、毛长征以后，由五万降到两百，这不是太瞧不起人了吗？"

陈毅表面上是对悬赏价下降有损他的形象表示不满，实际上是痛斥国民党假抗日、真反共的丑恶行径。

毛泽东在《反对党八股》的演讲中也使用了"说反话"的幽默方法："党八股也就是一种洋八股。这样的八股，鲁迅早就反对过的。我们为什么又叫它做党八股呢？这是因为它除了洋气之外，还有一点土气。也算一个创作吧！谁说我们的人一点创作也没有呢？这就是一个！"（大笑）

某大学任命了一位年轻的教务处长，这位教务处长毕业留校后曾在教务处工作过两年，此次再回教务处任职，他在上任后的第一次全处大会上说了这样一段话："我回教务处是'二进宫'了。人家说'好马不吃回头草'，我不是'好马'，更不是'千里马'，但我愿意做一头牛。"

年轻的教务处长首先用"二进宫"、"不是好马"等反话，让会场气氛活跃起来，然后角度一转，表明自己愿做师生的"老黄牛"的决心，获得了很好的现场效果。

3. 设置"包袱"

相声中常用"设包袱"、"抖包袱"的手法营造幽默的氛围。演讲也可以借鉴相声表演艺术，先设置一个疑问，然后通过机智风趣的解答表现幽默。

20世纪50年代，周恩来总理在一次记者招待会上，与西方记者有如下一段问答：

问："请问，中国人民银行有多少资金？"

总理回答："中国人民银行的货币资金嘛，有18元8角8分。"（全场愕然）

总理接着说："中国人民银行发行面值10元、5元、2元、1元、5角、2角、1角、5分、2分、1分的主辅10种人民币，合计为18元8角8分。"

西方记者的提问，隐含着对年轻的中华人民共和国政权的质疑。周总理的回答，首先使中外记者感到惊奇和困惑，继而在幽默的解释中不软不硬地回击了对方。

4. 移花接木

当甲、乙环境互换或甲、乙词语互换时，都能造成移花接木的幽默效果。

如果报纸上刊登着"一青年游园不慎误入虎口，有关部门提请游人注意安全"这样一段话，那么它可以算是比较标准的新闻语言，但在姜昆与李文华合说的相声《虎口脱险》里，这段话却成了却一个掉进动物园老虎山的青年在与老虎相伴时的胡言乱语。这段惹得听众捧腹大笑的话，正是环境互换所带来的幽默效果。

5．大词小用

此种方法是将一些思想含义较深刻正统的词语用到通俗化的，语言风格与词语本身不符的语言环境中去，用这种刻意的不协调感来增强语言的感染力。

作家浩云在《论男子汉》的演讲中，大量运用了"大词小用"这种幽默手法：

> 我选择了这样一个演讲题目——论男子汉。（掌声）掌声证明，这是一个真正的时髦问题。（笑声、掌声）广大的男同胞和女同胞，都在积极地做这一时髦的促进派，呼声日起，浪头一天比一天大，标准一天比一天高，要求一天比一天严，大有让所有的年轻男性公民脱胎换骨、重新做人之势。（笑）刘晓庆说："做女人难，做一个名女人尤其难。"我说，做男人难，做一个男子汉尤其难也！（笑声、掌声）而要成为一个男子汉，最立竿见影的，大概就是所谓的物理方法了：穿一双中跟鞋，增加些海拔高度；（笑）留一撮小胡子，显出些粗犷；着一条牛仔裤，添几分潇洒。

演讲者使用"时髦的促进派"、"呼声日起"、"脱胎换骨"、"立竿见影"、"物理方法"、"海拔高度"等词语，大大增加了演讲的幽默效果。

6．如实陈述

生活中常常有一些引人发笑之事，不需加工，原样讲述就能够产生幽默效果。李燕杰在一次《谈学习的重要性》的演讲中，就运用了如实陈述的幽默手法：

> 一个机关请我去讲一讲机关的常用文，即怎样写总结、简报、调查报告等，上课时我就当众读了一些文章病句，其中有个是表扬老师傅的："某某师傅从苦水中长大，对党一直十分热爱，长期耿耿于怀。"再一个："某某同志逝世了，我们全厂同志化悲痛为力量，真叫做穿着孝衣拜天地，悲喜交加。"

李燕杰的如实陈述，激起了听众的满堂笑声。

第一次登陆月球的太空人是阿姆斯特朗和奥尔德林。阿姆斯特朗首先登上月球，并说了一句全世界家喻户晓的话："我个人的一小步，是全人类的一大步。"回到地球后，在庆祝成功登陆月球的记者招待会上，一个记者突然向奥尔德林提了一个很特别的问题："阿姆斯特朗先下去，成为登陆月球的第一个人，你会不会觉得有点遗憾？"奥尔德林很有风度地回答："各位千万别忘了，回到地球时，我可是最先出太空舱的。（停顿）所以，我是从别的星球来到地球的第一个人。"

奥尔德林巧妙地变换角度但又是如实陈述的幽默语言，化解了当时有点尴尬的会场气氛。

（五）迂回法

顾名思义，迂回法是谈话者不直接进入正题，不正面谈论问题，而是绕个圈子，从别的话题过渡到正题上，再对正题进行谈论的方法。

演讲者有时并不直截了当地阐明演讲主题，而是采取反证、说反话、先贬后褒等手法，迂回表现演讲主题。在某种情况下，迂回法能够造成峰回路转、使听众恍然大悟的演讲效果。

1993年3月，新任大连市市长薄熙来率团到香港举行招商活动。一位记者一上来就向薄熙来发问："薄先生，你的父亲是中共高官，你做市长，是不是沾了老子的光？"薄熙来回答："我欣赏这位记者先生的直率，也许他提出的问题不只是他一个人想问的。我不否认'沾老子的光'，而且还乐意告诉诸位，我曾沾的光使我终身受益！当我还是中学生时，因为家庭牵连，我被关进监狱。五年的监狱生活，使我经受了磨难，锻炼了意志，学会了思考，懂得了公正、民主、法制对一个社会是多么重要……这岂不是沾了大光？至于个人政绩，我不便评价，这是我的市民的事，但有个事实我想在这里提醒诸位：我是由大连人民推举代表选出的市长，而大连人民是不会视他们的权力为儿戏的！"

薄熙来的父亲薄一波是中共著名领导人，薄熙来在政界迅速崛起，确实有很多人怀疑这是否与他的家庭背景有关。面对香港记者提出的非常难回答而又不得不回答的棘手问题，薄熙来首先承认确实"沾了老子的光"，但马上把这种"沾光"解释为因为父亲的政治背景而带给他的苦难和磨炼。这种迂回战术可谓是柔中带刚，既有对记者的尊重，更有对谣传、疑惑的回击。

在一次新婚宴上，新郎的一位好朋友应邀发表祝词："刚才，大家对新郎大加赞赏，但是据我所知，新郎并不像你们所说的那样品学兼优。"致辞人此言一出，来宾愕然，有人甚至怀疑这位朋友是不是要挑起令人不愉快的争端了。紧接着，致辞人果然介绍了新郎如何贪玩、如何粗心大意等几件轶事。直到快结尾时，致辞人突然话锋一转："所幸新郎并没有对工作掉以轻心，他最大的优点就是：一旦他决定干一件事，必定是全力以赴、勇往直前。有这种克服一切困难的勇气和决心，新郎将来一定会成就一番大事业！"

　　新郎的朋友运用先贬后褒的手法，对新郎的褒奖之显得更为生动有力。

　　1999 年，《莎翁情史》男主角帕尔特洛获奥斯卡最佳男主角奖上台致辞时，他的第一句话是："这实在是太糟糕了！"听众不知道他想说什么，难道是获奖"太糟糕"了吗？谁知帕尔特洛眉飞色舞地又来了一句："我的英语词汇已经无法表达我现在的激动和高兴的心情了。我太高兴了！"原来，"太糟糕了"是"太高兴了"的巧妙铺垫。

　　在演讲实践中，即使是经验丰富的演讲者有时也会出错，此时，演讲者如能沉着应对，借用迂回法的技巧，便可有效地挽回现场气氛。

　　20 世纪 90 年代中期，中央电视台的主持人袁鸣到海南主持海南省狮子楼京剧团建团庆典活动时，由于时间仓促，一下飞机就直赴会场，袁鸣对狮子楼、京剧团、来宾等情况几乎一无所知。庆典开始，袁鸣首先介绍来宾："光临庆典的，有中共海南省省委宣传部部长刘学斌先生！"刘学斌起立致意，大家鼓掌。"有海南师范学院党委书记南新燕小姐！"来宾席中慢腾腾地站起一位花白头发的老人——南新燕！全场一片哗然，袁鸣不自然地笑了。在这非常尴尬的时候，袁鸣真诚地致歉："对不起，我是望文生义了。不过……"袁鸣利用这一转折施展了自己的口才："您的名字实在是太有诗意了。我一见这三个字，立即想起了两句古诗，'旧时王谢堂前燕，飞入寻常百姓家'，这是一幅多么美的图画。今天，在这里出现了类似的情景，京剧一度是流行在北方的戏曲，而现在，京剧从北到南，跨过琼州海峡，飞到了海南，而且在这里安家落户，这又是一幅多么美妙的图画呀！"

袁鸣由自己的失误迂回到古典诗词和京剧艺术，即兴发挥，侃侃而谈，赢得了全场观众异乎寻常的热烈喝彩。

（六）悬念法

所谓"悬念"，即为使读者、观众、听众对作品中人物的遭遇，情节的发展变化持有一种急切期待的心情而设置的"梗"。"悬念"是小说、戏曲、影视等作品的一种表现技法，是引起广大群众欣赏兴趣的重要艺术手段。悬念法，俗称"吊胃口"、"卖关子"，对于演讲而言，指演讲者为了激活听众的"紧张与期待的心情"，在艺术处理上采取的一种积极手段。悬念法是有意设置悬念，引而不发，引人好奇而自主探寻结果的一种艺术手法，我们所熟悉的评书艺术中经常会用到这样一种艺术手法。它包括"设悬"和"释悬"两个方面，前有"设悬"，后必有"释悬"。通俗地说，它是故事发展中间只亮开谜面，藏起谜底，在适当的时候再予以点破，使听众的期待心理得到满足的一种方法。

如一开头说话就提出一个悬念，可以激起人们的好奇心。例如："爱美之心人皆有之，尤其是女孩。当然，我也不例外。朋友，你是否知道，爱美有时也是要付出代价的。"听到这里，听众必然想听听有时会付出什么样的代价，于是便带着一种寻求答案的心理去倾听你将要讲的内容。

许多小说、广播剧、电视节目和电影都会制造悬念，比如在影视剧作品结尾的时候，男主人公却挂在悬崖峭壁上命悬一线，他的命运究竟如何呢，大家都想知道，这种吸引人的注意力和探究心理的部分就是悬念。演讲者要想使听众进入自己的演讲思路，使听众随着演讲的进程思考、等待和惊叹，行之有效的办法之一是制造悬念。

著名京剧表演艺术家梅兰芳刚出道时仅仅在北京的演艺圈里有点名气。一次，他应邀到上海演出时，戏院老板担心票房效果，就连续三天在报纸上刊登了大幅广告，但广告上仅有"梅兰芳"三个字。上海民众纷纷猜测："梅兰芳，何人何物也？"直到第四天，戏院才在报纸上揭开疑团："梅兰芳，京剧名旦，假坐丹桂第一大戏院，演出《彩楼配》、《玉堂春》、《武家坡》。"这则悬念广告大大调动了戏迷们的好奇心，他们纷纷购票去看梅兰芳的表演，结果梅兰芳在上海的演出一炮打响，从此红遍了江南。梅兰芳上海演出的悬念广告，对我们如何构思演讲很有启发。

第二次世界大战后，在一次会议上，爱尔兰剧作家萧伯纳与某记者有如下一番问答：

102

记者：当今世界上你最尊敬的是什么人？

萧伯纳：我们刚从大战中解脱出来，世界文明之所以免遭法西斯蹂躏和毁灭，实应归功于苏联红军打败了德国法西斯，而他们的统帅是斯大林。所以，我所崇拜的第一个人，是斯大林，是他拯救了世界文明。（萧伯纳故意把"第一个人"说得特别重）

记者：阁下说到第一个人，那么第二个人呢？（记者听出了弦外之音）

萧伯纳：爱因斯坦。他发明了相对论，把科学推向了一个新的境界。

记者：世界上是否还有阁下崇敬的第三个人呢？

萧伯纳：至于第三个人嘛，为了谦虚起见，请恕我不直接说出他的名字。

萧伯纳利用悬念，巧妙地"推销"了自己。

美国电影《拯救大兵瑞恩》的导演斯皮尔伯格曾凭借此片获得 1999 年奥斯卡最佳导演奖。在颁奖仪式上，斯皮尔伯格上台致谢词，他的表情十分严肃："我宁可不要这个奖。（稍作停顿。听众安静下来，感到疑惑不解）我们永远感谢那些在第二次世界大战中失去了儿女的家庭。谢谢他们！"

斯皮尔伯格当然想要这个奖，但他运用悬念手法，巧妙地表达了他对阵亡者遗属的同情和感激。

在某些情况下，演讲者使用悬念形式并不是为了给听众留下疑问或惊喜，而是为了凸显论点，增强其说服力。

如戴高乐将军的《反法西斯广播演讲》："事情已经成定局了吗？希望已经没有了吗？失败已经确定了吗？没有！"

戴高乐连续使用三个问句，无论是他本人还是法国人民，对三个问题的回答都是确定无疑的，但排比问句大大渲染和凸显了他号召法国人民抵抗法西斯、拯救祖国的决心和力量。

（七）引用法

演讲时，有意引用成语、诗句、格言、典故等以表达思想感情，说明自己对新问题、新道理的见解，这种手法叫演讲口语表达的引用法。

一般来说，引用的主要类型有以下三种：

1. 原文引用

演讲者把要引用的材料一字不改地转述给听众，表现在书面上即是引用材料加上引导。原文引用的材料一般是简短的言论。

如一位学生家长在家长会上发言："清代有一位名人，他请了一位私塾先生教自己的孩子。名人在自己家里贴了这样一副对联：'不敬师长天诛地灭，误人子弟断子绝孙',话是刻薄了一点,但确实道出了家长、教师、学生三者关系间的一些道理。但愿我们的家长和老师们以此联共勉,在培养下一代成长的共同目标下,互相理解、互相监督、互相支持!"这位家长引用的对联在家长会上引起了强烈的反响。

2. 改造引用

为了简练和便于叙述,演讲者对要引用的材料进行某些归纳、删减和加工,改造引用的材料。这种情况一般是有故事情节的事例。如毛泽东曾在演讲中引用了"宋江三打祝家庄"的故事。有时,演讲者也对人们所熟知的典故、成语、谚语等进行改造,更换含义后再引用,以获得某种特殊效果。如把"不学无术"改造成"不学有术",把"人一走,茶就凉"改造成"人一走,茶不凉"等等。

3. 虚拟引用

演讲者在不违背生活真实的基础上,虚拟某些言论或事例。如一位语言学家为了说明良好的口才是通过后天的锻炼培养出来的而模拟了一段情节和对话:"……但包括这些人物(指演讲家)在内,也要通过实践锻炼,只不过他把锻炼时间提前了。当在幼儿园的时候,他可能就是班长,阿姨进来了,他说:'小朋友们坐好啦,阿姨发糖了!'你在干什么呢?背着手等发糖哩!(笑声)到了小学,两道三道红杠杠往袖子上一戴。放学时,学生们过马路了,他说:'同学们手拉手,不要慌,赶快走!'你在干什么呢?拉着别人的手放都不敢放!"这位语言学家通过虚拟情节的模拟,惟妙惟肖地说明了良好的口才是通过长期锻炼而获得的。

运用引用手法,决不是为了炫耀演讲者的学识,而是为了充分论证和表达演讲者的思想和感情,即为演讲主题服务。早在1 400多年前,著名文论家刘勰就把引用的主要作用概括为"明理"和"征义"(刘勰《文心雕龙·知音篇》)。悠久的人类文化和纷繁复杂的大千世界,注定了演讲者永远不可能是创造一切的"上帝",演讲内容永远不可能通篇都是演讲者独有的见闻和思索。"引用"就成了演讲中"他山之石,可以攻玉"的有效技巧。

曲啸在一次演讲中,曾这样展开他的论点:

我记得杜勒斯临死前曾说过,他要用管乐吹垮共产党的第三代,改变我们前进的路标。我说,杜勒斯先生,你的预言落空了!

反面论据的引用对听众的震动比从正面直接进入主题更为强烈。

精妙的引用使演讲熠熠生辉,蹩脚的引用则使听众倒尽胃口。运用引用要做到"三要"和"三忌"。

第一，要丝丝入扣，忌离题万里。演讲者要在深刻把握主题的基础上选择引用材料。如果引用材料偏离了演讲主题，演讲者越是声情并茂，就越会误导听众，使其云里雾里，不知台上者所云。

第二，要画龙点睛，忌喧宾夺主。演讲者只能在以"我"为主的基础上，安排少量高于"我"但为"我"所用的引用。演讲中过多依靠引用，演讲者的自我见解和个性特点就受到了排斥，变成了材料的傀儡。个别演讲者喜欢大量引用名人言论和古典诗词，这又有意无意地构成了卖弄学问、哗众取宠的嫌疑。

第三，要标新立异，忌陈词滥调。演讲者只有在广泛涉猎的基础上才能引用令听众耳目一新的材料。引用一些平庸、陈旧的材料会冲淡演讲的意境。在同一场演讲中，多个演讲者如果引用同一材料，最易给听众留下笑柄。如某场演讲中，先后有七位演讲者引用夏明翰烈士"砍头不要紧"的就义诗，结果被听众讥讽"我们的演讲者比国民党刽子手还残忍"。

二、记稿技巧

演讲是既演又讲的活动，演讲者只有熟记演讲稿，才能更好地将自己的感情投入到演讲中去，取得良好效果。

1. 提纲挈领记忆法

提纲挈领记忆法，适应于第一个阶段，是指抓住演讲稿的大体内容，只记住"骨架"的方法。例如，议论型演讲稿通常离不开提出问题、分析问题、解决问题的"三段论"章法。在记演讲稿时，可以从内容和结构方面，按照提出了什么问题、采取了哪些分析的方法、提出了哪些解决问题的办法的思路，提纲挈领地记忆。再如，叙事型演讲稿一般都离不开事件发生的时间、地点、原因、结果、个人认识等要素。记忆时，只要提纲挈领地抓住这几个要素，就能快速、高效率地记住这些内容。

2. 段落循环记忆法

段落循环记忆法适应于第二阶段的熟记，是指把演讲稿划分为若干个段落，然后一个段落一个段落地记。先记住第一段，再记住第二段，然后再从第一段开始，回忆第一、二段，记熟后再记住第三段，如此循环往复。简单地说，这种记忆方法的步骤即熟记了前面的内容之后，再记住后面的，当记住最后一段后，前面的也已滚瓜烂熟了。

3. 阶段反复记忆法

阶段反复记忆法，是指记住整个演讲稿后，在正式演讲前的一段时间里，演讲者不宜再分分秒秒地回忆、背诵，但为了不忘却，采用回忆一遍、过一段时间再回忆一遍的方法。这种方法关键是要掌握好反复次数相隔的时间，既不能相隔太长，也不能相隔太短。相隔时间太长，忘记的几率就越大，需要重新记忆，没有起到加深记忆的效果；相隔时间太短，强制在一定的时间内不间断地反复，太费精力且事倍功半。那么，这个时间间隔以多久为宜呢？这要因人而异。对一般人来说，几千字的演讲稿在一次性记住后，能够在记忆库保留 1.5～2 小时，记忆力超群的最长可达 7 小时。而通过反复多次的记忆后，文本在记忆库保留的时间就会越来越长。

4. 高声朗诵记忆法

高声朗诵记忆法适应于第二、第三阶段。人在高声朗诵时，发音（口）和听声（耳）同时进行，能够促使两种器官同时活动，增强对大脑的刺激，达到增强记忆的效果。另外，在运用这种方法时，还可以排除杂念及外来声音对大脑的干扰，使思维高度紧张起来，从而专心致志地熟悉和记忆演讲稿。

5. 形象记忆法

所谓形象记忆法，是把演讲中枯燥的数字、抽象的概念等用形象的东西替代，以此来达到记住、记牢的目的。例如，有个演讲者要记一组号码，其中一个号码是 812535。她就运用了形象思维将之牢记：有个人腰痛，把腰捂了两下，又捂了三下，所以就叫：把腰两捂三捂（812535）。

6. 联想记忆法

联想记忆法，就是由此及彼地为需要的对象——事物或话语，设造出其他许多体验过的、可以联想到的另外一种事物、话语，然后把它们与被记的事物或话语联想起来进行记忆。这样记忆，只要想到设造的、体验过的事物或话语，被记对象——事物或话语便会自然地被衍涉勾连出来。例如，"公元 220 年，曹丕建魏，定都于洛阳"这串信息，需记的内容有："220"、"曹丕"、"建魏"、"洛阳"，我们可用联想加串联法记作：曹丕喂（魏）洛羊（阳），一天二两（22）饼（0）。同理可记：刘备守（蜀）成都，一天二两（22）药（1）；孙权建吴业（建业），养了三只鸭（222）。

三、用稿技巧

上台必须有稿，即使没有书面讲稿，也应有腹稿或者提纲，这是演讲的一个基本原则，尤其是命题演讲，必须有规范的书面讲稿，一般还要求随身携带。

有了讲稿，演讲者心里踏实，能增强自信心，还可以克服怯场心理。即使讲稿已经背得滚瓜烂熟，有个讲稿在手头，可以挽救演讲过程中发生的意外忘词现象。毛泽东不管在什么场合讲话或演说，都随身携带讲稿，他从不作无准备的讲话。

有讲稿，给听众的感觉也不同。听众会有这样的想法，第一，你是认真做了准备的，不是信口开河，可以信赖；第二，你是对听众负责的，没有藐视听众。再者，手持讲稿，演讲者在台上的姿势自然。但是演讲不是读稿，也不是背稿。演讲不是从记忆中印出来的，而是从心里流出来的。演讲如果只是停留在回忆中，或者只是机械地背稿，这样就不能完全投入感情，可能会两眼发直，神态板滞，语调无变化。虽然讲稿一字不漏地全都背出来了，却毫无感染力，这样一来，再好的讲稿也是苍白无力的。成功的演讲都是将讲稿烂熟于心，不仅不会遗漏，而且投入了演讲者的全部情感。

如何用稿？似用非用，这是用稿的总的技巧。稿件拿在演讲者的手头，或者摆在面前，而且被不时翻看着，于是给听众一种他没有离开讲稿乱说，不会说错的感觉。另外，翻稿、看稿，这只是一种姿态，其实演讲者根本无需看稿，一切都烂熟于心了，讲稿所写下来的每句话、每个意思，全都融化在演说者此时的思维和情感中。讲稿只给他提供了有序的语言外壳，演讲者的全部注意力都聚焦在表达上，即通过声音、手势、体态、表情等极力去表现文稿的思想内容。这一切都是演讲者的创造性的艺术活动，一切又都在讲稿的规定之中。

万一忘词了怎么办？忘词是常有的事，但处理的方式却迥然有异。抓耳搔腮，两眼往上翻，直说"对不起，忘词了"。停下来后却怎么也记不起来，于是悻悻地走下台去，这是缺乏经验的演讲者的做法。有经验的演讲者忘词时只有他自己知道，听众丝毫也觉察不出来。他们的办法有三：一是不慌不忙地瞟一眼讲稿，因为讲稿在他手中不停地翻动着，讲到哪就翻到哪，他能准确地瞟到忘记的地方；二是干脆丢掉忘记的那几句话或那一层意思，而把下面的话、下面的意思迅速接上去，听众谁也发觉不出他丢掉了什么；三是立即抓住已经说出来的话的最后一个字、一个词，以此作为下一句的开头。例如，当说到"我们必须抓住机遇"这句话时忘了下面的词，那么便可以立即说："机遇是什么呢？机遇是……"当然这种临场发挥的定义不一定很准确精辟，但终究比起哑口无言的尴尬来要好得多，重要的是可以利用这个时机，把下面的话接上来。

在没有真正上台演讲之前，演讲者应找一个安静之处反复练习演讲。必要时，可以用录音机把试讲的实况录下来，或用摄像机拍下来，再根据音像寻找缺点和不足，然后加以改进。如果是演讲比赛，这个方法就更值得采用，因为比赛是要受时间限制的。美国第 43 任总统乔治·布什第二个任期的就职演讲，彩排了多次，原定时间是十七分钟，结果还是超时了几分钟。当然，这对他赢得美国公民的选票没一点影响。但是，对于参加比赛的演讲者，如果演讲超时几分钟，就有可能影响比赛结果。

四、控场技巧

演讲者要想取得良好的演讲效果，还应善于在场上察言观色，以便把握住听众的心理变化、兴趣要求，及时修正补充自己的演讲内容。实际上，这就是控场与应变技能。

一个成功的演讲者需要哪些控场与应变技能呢？

1. 变换节奏

节奏主要表现为速度快慢、声调高低和停顿。

一是速度快慢。没有节奏变化的演讲会像催眠一样使人昏昏欲睡。著名演讲理论家费登和汤姆森在《演讲的基本经验》一书中说："关于演讲速度，所应遵守的主要原则就是随时注意变化。"初学演讲者容易犯两个毛病，或者因为怯场，自始至终低头念稿，声音较小，节奏平缓；或者自始至终慷慨激昂，不给听众留下思考和回味的余地。演讲中应该减速的地方有：需要特别强调的事情，极为严肃的事情，勉强控制的感情，使人感到疑惑的事情，数据、人名、地名等。演讲中应该加速的地方有：任何人都知道的事情，不太重要的事情，精彩的故事进入高潮时，无法控制的感情等。

二是声调高低。我们用不同的节奏复述一句话，便会得出不同的效果。用快而平稳的语调讲："他这个小店，一年净赚了10万元。"句义指好像是赚得并不多。用慢而强调的语调讲："他这个小店，一年净赚了5万元！"这样一来则像是赚了很多。

三是停顿。停顿（沉默）是控制节奏、吸引听众注意力、调节现场气氛的重要方法。欲说还休，往往更能刺激人听讲的欲望。所以撩动人心的演讲通常不是一气到底的那种，而是适当地停顿、静默，多转折、多变化地引人入胜的那种。所以，演讲者如若不晓得适度的停顿（沉默），就无法真正了解说话的艺术。

2. 控制感情，掌握分寸

当发现意外情况时，要以好的心理素质迅速镇静下来，控制感情，掌握分寸。不要在台上惊慌失措，不要因急躁而冲动行事。赫鲁晓夫1959年在联合国大会上的一次演讲中，场内发生喧闹，赫鲁晓夫被激怒了，情不自禁地脱下一只皮鞋，用鞋跟敲打讲台，想以此制止喧闹。然而，这不但没收到预想的效果，反而暴露了他缺乏涵养、不善制怒的性格弱点。

3. 从容回答问题

演讲时，常有听众提出较尖锐的问题欲"将你一军"，这时候该怎么办呢？要学会从容地回答听众提出的问题，特别是那些十分棘手的问题。有的人采取压制的方法，发火批评，喊"别吵了，安静下来"，这样只会使自己陷入窘境。而有的人则是采用以诚相待、妙语解脱的办法，变被动为主动。

4. 巧妙穿插，活跃气氛

如果会场沉闷，要有巧妙穿插、活跃气氛的技巧。演讲者使用穿插的方法，除了把事理说得更形象、更深刻外，还可活跃现场气氛，增加听众的兴趣。比如讲个笑话，讲个故事，谈点趣闻，唱支歌等。

穿插也要注意：穿插进来的内容一定要同话题有关，能够起说明、交代、补充的作用；穿插的内容务必适度，不可过多过滥，造成喧宾夺主，重心旁移；衔接务必自然顺当，切不可让人觉得勉强或节外生枝。

5. 将错就错，灵活处理

想要在演讲中一句话都不说错是相当困难的。如果说错了，在这种情况最忌讳的有两点：一是搔头挠耳；二是冷场过久。有人观察得出这样的结论：在演讲过程中冷场 15 秒以上，听众席中就会有零星的笑声；冷场 30 秒以上，就有少数听众的笑声；冷场时间再长一点，听众就会普遍不耐烦。演讲过程中，如果是漏了个别字句的小错误，只要无伤大雅则不予更改为好。

6. 突然忘词的处理技巧

演讲中突然忘了演讲词，肯定会紧张，但不要轻易放弃，解救的方法很多。如可向听众提一个问题，在听众寻找答案时，快速回想下面的演讲词；重复前面所讲的一些内容，以帮助自己记起演讲词；就把最后的这几句话作为下一个内容的开始，以继续自己的演讲；抛开忘记的内容，从记住的地方继续讲，等等。如果实在是大脑一片空白，可临时编一段较完整的结束语，有礼貌地结束演讲。

7. 出现突发事件的处理技巧

突发事件，就是我们无法预见的事件。发生突发事件时，演讲者首先要镇定，再发挥应变能力。在一次演讲中，一位演讲者正讲到"我们的前途是光明的"时，突然停电了，会场一片漆黑，听众有些骚乱。于是，他灵机一动，提高声音说："在光明之前可能会出现'黎明前的黑暗'，但黑暗不会长久！我相信，只要大家团结一致，共同努力，就会渡过难关，迎来胜利的曙光！"他赢得一片掌声。有时，会场的某个角落出现了骚动，演讲人不一定知道原因，但也不必把目光集中在那，虽然演讲者心理肯定有些变化，但要不露声色，不受干扰，继续演讲；如果演讲突然引得台下热烈掌声，演讲人最好是停止演讲，等掌声过后再继续，也无需表示感谢。

8. 出现冷场的处理技巧

由于种种原因，演讲时出现了冷场，有的听众退场了，有的听众在交头接耳，听众对你的演讲根本提不起兴趣。这时要沉着冷静，千万不能发脾气。先想想自己哪方面出了问题：如果是演讲技巧方面出了问题，可讲一个故事或笑话，使听众把涣散的注意力收回来，以继续倾听你的演讲；如果是演讲内容方面的问题，解决方法比较难，可以尽量把后面的内容缩短，使演讲早些结束；或考虑能否换个角度讲几句。总之，碰到这种情况，最好不再滔滔不绝地讲下去，尽量缩短话题，早些结束演讲，哪怕是草草收场。但决不能即刻停止，逃之夭夭。所以，演讲者在准备时，千万要分析好听众的喜好，看菜做饭，量体裁衣。

9. 听众起哄的处理技巧

听众起哄的原因是多样的，这方面要具体问题具体解决。这里举两个名人的例子供大家参考。著名剧作家萧伯纳在他的《武器与人》首演成功后，应观众要求，上台接受人们的祝贺。当他正准备讲话时，突然一个人对他大声喊道："萧伯纳，你的剧本糟透了，谁要看？收回去，停演吧！"萧伯纳不但不生气，反而笑容满面地向那人深鞠一躬，彬彬有礼地说："你说得对，我完全同意你的意见。"说着用手指着观众说："遗憾的是，我们反对这么多观众有什么用呢？我们能禁止这场戏剧的演出吗？"说完，全场响起暴风雨般的掌声，那个捣乱者灰溜溜地跑了。1860 年 2 月，林肯第一次竞选美国总统，在纽约库钥学会作演讲。他到纽约时，当地报纸已发表了许多攻击他的文章，他一登台，还没开口，台下已是起哄声一片，十分混乱，共和党人甚至高声喊叫，要他滚下来。但林肯毫不为之所动，他非常镇静地按事先准备的进行演讲。渐渐地，会场安静下来，除了林肯的声音，只有煤气灯的燃烧声，听众被他生动的演讲深深吸引住了。第二天，报纸纷纷报道林肯异常成功的演讲。

10. 战胜心理紧张的技巧

就是著名的演讲专家也承认，自己上台演讲时会感到紧张。虽然已准备得相当到位了，但你一上台，还是心跳加速，额头冒汗，手足无措。心理紧张是人之常情，战胜心理紧张的方式因人而异，不妨试试一个简单的方法：做几次深呼吸，抑制紧张情绪。

总之，演讲中要克服的困难不少，需要演讲者全身心投入做好准备，尽可能避免犯这样那样的错误。最后，演讲结束了，无论情况如何，演讲者都要态度从容，面带微笑，愉快地离开。

【案例回应】

演讲者的个性化展现是讲求技巧的，要达到预期的效果，需要演讲者对演讲场合、听众、演讲内容有基本的把握并且具备熟练的交际能力。所以说，演讲者的个性化展现具有一定的风险，但如果成功，会让演讲增色不少。

李敖先生的个人风格早已为大家所熟知：幽默、大胆、嬉笑怒骂齐上阵。况且这次演讲是在中国最高学府之一的北大进行，听众都是激情澎湃的年轻人，所以会取得很好的效果。如果换了别人来演讲，轻率地采用这种演讲风格也许会产生反面效果，但在李先生身上却恰如其分，如同"量身定做"。

【实战训练】

运用所学的各种演讲技巧，对任务 3 - 1 中的演讲稿《我的大学我做主》进行精彩演讲。

任务 3 - 3　命题演讲

知识目标

　　◇了解演讲的基本类型
　　◇理解命题演讲的特点
　　◇掌握命题演讲的基本技巧

技能目标

　　◇能运用演讲技巧，进行出色的演讲

【情景导入】

小群最近在忙着准备一场"大学生消费观之我见"的主题演讲。他通过发放调查问卷，掌握了大量一手资料，并查阅了相关书籍、资料，经过反复修改写成了演讲稿。接下来，他一天看好几次演讲稿，在记忆演讲稿上下了很大工夫，对演讲稿的记忆达到滚瓜烂熟的地步，好几次口述一点都没有卡壳。他以为这样演讲的效果一定会好。谁知演讲当天，当他充满热情地按照自己的演讲稿一字不漏地背下去的时候，他发现台下的观众并没有欣喜的表情，而是大多数好像没有听他演讲，一副沉闷的样子。于是他陷入了困惑，觉得自己演讲稿写得很完美，也精心准备了，演讲时也很顺利，没有卡壳的情况，可是为什么大家听了他的演

111

讲没有什么反应，为什么演讲效果不好呢？

【问题讨论】
小群的演讲为什么未能取得预期的效果？

【理论知识】

一、演讲基本类型

根据演讲活动的性质和特点，可以把演讲进行如下分类：从演讲内容上分，主要有政治演讲、生活演讲、艺术演讲、教育演讲、军事演讲、生意演讲、公共关系演讲、宗教演讲和外交演讲等，这是对演讲最基本的分类；从演讲目的上分，有说服性演讲、鼓动性演讲、传授性演讲、娱乐性演讲等；从演讲场合上分，有集合演讲、课堂演讲、法庭演讲、教堂演讲、战地演讲、广播演讲和电视演讲等；从演讲表达方式上分，有叙述式演讲、议论式演讲、说明式演讲、抒情式演讲等；从演讲的情调上分，有激昂型演讲、深沉型演讲、严谨型演讲、活泼型演讲等。最常用的分类则是从演讲形式上分，包括命题演讲、即兴演讲和论辩演讲三种。

命题演讲包含两种形式：全命题演讲和半命题演讲。

全命题演讲即事先给定一个题目，如"勤俭光荣、浪费可耻"等，要求演讲者以此为中心组织材料进行演讲，不同演讲者面对的演讲题目和内容是一致的。全命题演讲的优点是主题鲜明，有很强的针对性，组织材料充分，说服力强；缺点是局限性比较大，由于要为题而做，容易限于框架，出现就事论事、难以深入透彻地阐明自己的思想的问题，且不利于演讲者充分发挥演讲技巧。

半命题演讲，是事先有了一个特定的演讲范围，演讲者可以在这个范围内较充分地自由发挥。如"我和我的梦想"、"大学生环保意识"、"就业与创业"等演讲题目，就是划定一个范围和主题，演讲者据此自己拟定一个题目进行的演讲。相对于全命题演讲来说，半命题演讲束缚较少，演讲者可根据自身优势和实际情况，准备材料，确定主题，再以自己熟悉的方法来表现。其灵活性、自主性较大，容易讲得自然、生动。

无论是全命题演讲还是半命题演讲，演讲者在实施演讲过程中会以不同的操作方式来进行，主要有以下几类：

1. 照读式演讲

又称宣读式演讲、读稿式演讲，指演讲者拿着事先写好的演讲稿登台，一字不漏地将演讲稿的内容传输给听众的演讲。这类演讲，从内容、结构到语句排列等都已经过慎重考虑和反复推敲，所以语言一般准确而精练。这类演讲比较适合一些重大而严肃的场合，如各级党代会、人代会、政协会议等大会的发言报告，重大节目中领导人讲话及外交部发布声明等。但由于这种演讲方式缺乏与听众的沟通与交流，缺少现场发挥和拓展，较难引起听众的兴趣和共鸣。所以，在一般性的场合中，不宜使用照读式演讲。

2. 背诵式演讲

背诵式演讲一般是事先精心准备好演讲稿，然后将演讲稿通过诵读、默记等方式记忆下来。当面对观众时，一气呵成地将自己记忆的内容背诵出来的演讲。背诵式演讲适合那些参赛较少和演讲经验不足的初学者及一些应变力及临场发挥能力不强的演讲者。有些人临场语言组织不力，不能很好地发挥，便可以运用背诵式，通过事先写好演讲稿，多次模拟、演练来达到良好的演讲效果。背诵式演讲的优点是事先精心准备，演讲时有话可说，心中有数，可以保持演讲稿中的思维水平和语言水平，防止因缺少应变能力而出现跑题、前言不搭后语、不知所云等尴尬局面。其缺点是不便于演讲者临场发挥，一旦忘词，就会出现卡壳、停顿等现象，如果记忆上一时有了差池，中途忘词，演讲就难以继续，只能因说不下去而退场。

3. 提纲式演讲

又称纲目式演讲，指演讲者事先只是针对演讲内容和主题写好提纲，并借助提纲进行的演讲。因为事先有一个严密的纲要，所以演讲者能够根据现场的情景和状况进行自由发挥，表现出严谨性和灵活性并存的特点。这类演讲和照读式演讲、背诵式演讲相比，具有更强的真实感，更便于和听众进行交流和沟通，从而取得更精彩的效果。

拟定提纲是提纲式演讲的关键。提纲编写得好，条理清晰、明白，则事半功倍，便于自由发挥；提纲混乱不清，将会导致整个演讲的混乱。提纲，顾名思义，不需要写出演讲的全文，而是提纲挈领地把整个演讲的主要观点、论据、结构层次等用简练的句子排列出来，并尽量压缩在一页纸上，要求字迹清晰、工整，语句上下的行间距莫过小，即排列不要太紧凑，以方便演讲者自己看清。当然，演讲者也可以将提纲写出来，然后记忆在脑海中，这样上台的时候不用频繁看稿，会显得更自然、大方。

二、命题演讲

（一）命题演讲的特点

1. 严肃性

命题演讲是一种较严肃的演讲，通常涉及大政方针、道德法制或为大众所关注的、关乎民众切身利益的主题，需要回答人们普遍关心的、急于得到答案或急需澄清的一些现实问题。因此，命题演讲注重宣传真理、传授知识、陶冶情操、启迪心灵。若要达到此目的就必须要本着认真、求实和严肃的基本态度来进行演讲。

2. 鲜明性

命题演讲要求演讲主题鲜明。所谓鲜明，是指演讲主题要突出，论证要深入而全面，以理服人。主题是否鲜明是衡量命题演讲能否成功的重要标准之一。

3. 针对性

命题演讲总是会瞄准一些社会热点问题，如国家政治、经济、文化、教育引发的相关话题，涉及理想、人生观、道德观等思想观念问题。这些问题大多是听众最为关心和急于澄清的，命题演讲就是据此发挥和阐释，通过有目的的演讲，进行宣传、教育、鼓动和澄清。因此，演讲针对性越强，演讲的效果就越好。

4. 稳定性

命题演讲一般是演讲者就某个主题和范围作了深思熟虑之后而进行的演讲，演讲过程不会出现大的起伏，只需要将自己准备的内容完整地向听众呈现出来即可，所以从演讲内容上讲，命题演讲具有稳定性。从社会历史过程上看，演讲产生的影响是深远的。随着岁月的流逝，很多事物都可能被淡忘，但一些成功的演讲中那精辟的语句、独特的演讲方法等却被人们永久地记忆着，虽历经多年，但仍然感召着人们努力地奋斗。现存的古今中外许多演讲名篇，无不被人津津乐道、争相效仿，所以从历史的角度看，命题演讲具有稳定性。

5. 完整性

由于事先已确定了演讲的范围和题目，演讲者又做好了充分的准备，诸如怎样开头，怎样结尾，什么时候高亢急促，什么时候低沉缓和等都心中有数，所以命题演讲在结构层次安排上一般都是完整而缜密的。

（二）命题演讲的要求

1. 写好演讲稿

演讲的一个重要准备环节是写好演讲稿。所谓演讲稿，就是指演讲者在演讲之前，根据口头表达的需要写出的文稿，是进行现场演讲的主要依据，包括选题立意、选材组材、编列提纲等。演讲者在编列提纲之后，为了保证演讲成功，常常要依据提纲的要求以及口语表达的需要，将所要讲的话原原本本地写出来，使演讲的内容更实在具体。演讲稿既是以无声语言（文字）记录的演讲者的心声，又是演讲者将"心声"转化为有声语言的凭借。演讲者的现场演讲就是将演讲文稿这种无声语言转变为诉诸听众听觉的表情达意的有声语言的过程。由于演讲是一种辅以姿态动作的讲话，演讲的内容与形式的构成必然具有自己的特点。因而，演讲稿与一般文章相比，无论是在传播对象、构思立意、选材组材，还是在题材结构、语言运用等各个方面，都与一般文章既有联系又有区别，它可以说是"成文性的口语"、"口语化的文章"。

2. 正确处理好演讲稿与演讲的关系

由于演讲的类型和方式及演讲的水平等因素的差异，对演讲稿的要求会有所不同。一般来说，严肃郑重的常规性演讲，如公务报告、学术研究等，由于各自的政策性和权威性、科学性和真实性等的严格要求，演讲者必须事先备有可以在台上照稿宣读的"全稿式"讲稿。而模范事迹报告、经验交流、应聘发言等类型的演讲，则既可以准备全稿，以便做到胸有成竹、从容上阵，在有限的时间内抓住问题的关键，揭示问题的实质；也可以写出梗概或基本观点，临场充分发挥，灵活运用。

初学演讲者往往人为地割裂了演讲和演讲稿的有机联系，要么把心思全放在演讲上，只考虑着上台后如何去"演"和"讲"，对演讲稿为演讲服务的重要性认识不足，即使有充分的时间也不愿去下工夫撰写演讲稿，或者写了也当成可有可无的"道具"；要么倾尽全力在"写"上下工夫，成语、典故、格言连篇累牍，忽略了从演讲稿到演讲之间语体上的有机转换，失去口头语言应有的通俗、朴素、简短、流畅等特点，失去了演讲的可听性，上台后唯稿是从，不敢越雷池半步，结果把演讲变成"作文朗读"或"作文背诵"。所以，首先，认真撰写演讲稿的同时，应充分把握演讲稿的写作要求，努力达到演讲稿为演讲服务的目的。其次，要设计好"讲"和"演"的具体实施步骤。什么地方缓缓道来，什么地方"飞流直下"，什么地方低语切切，什么地方慷慨激昂，诸如此类涉及语调、语速、重音、节奏与表情达意等的技巧问题，都得心里有数。什么地方可以辅以什么手势，什么地方应显露出什么表情，什么地方做出什么姿态，也要心里有数。"讲"和"演"这两个方面的技巧，可以先在演讲稿上作出标记，然后在背诵稿子的过程中配合训练，这样才能临场发挥自如。再次，要善于把握听众情绪，适时注意调节。从演讲稿的写作到实际演讲都必须逐项思考。但是，准备得再充分，也会有意想不到的地方。因此，开始演讲以后，头脑要冷静，在按计划实施演讲的同时，要注意观察听众的情绪，把握全场的反应，恰到好处地对演讲内容和演讲形式作出相应调整。切忌扭曲演讲稿和演讲之间的关系，一味读诵，忘记现场的互动和交流。

3. 熟记演讲稿

演讲稿写罢，且设计好"讲"和"演"的具体实施步骤之后，还需要熟记演讲稿。有些演讲者没有充分意识到演讲稿的重要性，在背诵式演讲时没有熟记演讲稿，演讲过程中时不时卡壳，眼睛下意识地望望天花板，望望脚尖，时不时又拿出演讲稿看一眼再接着往下说，这样给人一种极不顺畅、不够重视演讲的感觉。如果不能很好地记忆演讲内容，那还不如照着演讲稿读，那样效果还不至于这么糟糕。

> 美国第16任总统林肯经典的《在葛底斯堡国家烈士公墓落成典礼上的演说》，全文10句话，不足600字，从上台到下台，用时三分钟，却足足用了两星期准备；美国第28任总统威尔逊在世时，有人问他："准备一份五分钟的演讲词，需要多少时间？"他回答："两星期。""三十分钟的演讲词呢？""一星期。""两小时的呢？""现在就可以进行演讲。"

可见，越是经典、简短的演讲，背后积聚着演讲者更多的心血。

4. 充分运用演讲择巧

（1）语音技巧。

演讲中多数要通过语音"表意"，演讲者话一出口，首先要考虑的就是"出语"、"表意"是否清楚明白。

演讲者要听众明白他演讲的内容，甚至是通过演讲影响听众的言行，所以发音清晰、准确就应该成为其实践口语技巧的首要目标。因为语音是语言的物质外壳，词和句都要通过语音来表达，语言的交际功能是由语音来实现的，所以如果说话漫不经心，省略过度，含糊其"字"，或者句段之间界限不明，或者速度太快，就会使听者不知所云。语音念不准，出语不清晰，一字一词之错，可能会失之毫厘，谬以千里。语音不准确势必造成表意的模糊，甚至闹出笑话。如一个方言口音很重的县长到村里作报告："兔子们，虾米们，猪尾巴！不要酱瓜，咸菜太贵啦！"大家听得莫名其妙。事实上他的发言是："同志们，乡亲们，注意吧！不要讲话，现在开会啦！"因此，演讲者要掌握标准的普通话，做到发音清晰、字正腔圆。

演讲者声音要响亮，这就要求发音要有一定的强度。为了让在场的听众都能听清楚，演讲者的语音要有足够的强度，要把声音传递到最后一排听众的耳朵里，这是演讲产生效果的必要条件。响亮必以发音清晰为前提。声音含混不清，哪怕是震耳欲聋，也不能产生正面效果，只会增加听众的反感情绪。初学演讲者往往容易进入误区，以为声音要响亮，就一味大声发言。事实上虽然声音整体上要响亮，但是为了达到鼓动听众的目的，抑扬顿挫是必要的。要有高亢激昂，也要有委婉轻柔，要有张有弛，有高有低。不注意声音技巧，音量过大，说话没有抑扬顿挫的变化，那么"语势、语气、语调"这些语音变化就不明显，蕴涵其中的感情力度就会大大降低。"文似看山不喜平"，有些演讲者不明白这个道理，一味地慷慨激昂，一味地高声大嗓。由于声音太高，没有变化，没有波澜，观众容易产生听觉疲劳，演讲便不能达到感染人、扣人心弦的效果。

（2）节奏变化技巧。

节奏是在一定时间内语音高低、语速快慢交替出现的规律现象，是由一个人思想感情的波澜起伏所造成的抑扬顿挫、轻重缓急的声音形式。

演讲语言的节奏是有规律可循的。一般来说，叙述一件事情，说明一个事物，以迟缓的节奏为宜；表现平稳、沉郁、失望、悲哀情绪则节奏宜慢，以制造出一种与之相适应的氛围；表现快速的动作、紧张的场面、激烈的情绪、迅猛的发展进程，或者表现情绪紧张、热烈、欢快、兴奋、慌乱、愤怒、惊惧、反抗、驳斥、申辩等情绪，节奏宜快，这便于营造出一种激烈的气氛。

演讲的节奏类型大致可分为六种，即高昂型、紧张型、轻快型、低沉型、舒缓型、凝重型。这六种类型在不同的演讲中有不同的组合情况，但不是并列，而是以某种类型为主，其他类型为辅，既能表现节奏的鲜明性，又能表现节奏的丰富性。

在语言节奏的运用上，可以采取多种不同的方法，包括：①对应，如运用对比句和对偶句；②排比；③复沓，反复使用形式和意义相近的词、句、段；④层递；⑤联珠和回环，联珠即把第一个句子的末尾的词作第二个句子开头的词，回环即是一个词反复运用，如"疑人不用，用人不疑"；⑥步韵，要讲究押韵。

（3）语气、语调的变化技巧。

第一，语气的感情色彩是指语句内在的具体感情通过语气得以显现，它表现在声音气息的变化上。一般来说，表达"爱意"气徐声柔，表"厌恶"气足生硬，表"愤怒"气粗声重，表"急躁"气短声促，表"喜悦"气满声高，表"悲哀"气沉声缓，表"恐惧"气提声滞。

第二，巧用语调。语调是由于思想感情、语言环境的不同或为加强某种表达效果而在读音上表现出来的高低升降、曲直变化的声音形式。语调主要表现在语气的高低升降上，尤其表现在句尾上。语调是情感的产物，具有明显的感情色彩。不同的语调表现为不同的语气口吻，一般分为四类：平调、上升调、曲折调、下降调。

平调：多用于陈述、说明的语句。表述庄重、严肃的内容和回忆、思索的情形，表达平静、迷茫、忍耐等感情或心理。

上升调：多用于疑问句、反问句，或某些感叹句、陈述句。适用于提问、称呼、鼓励、号召、训令等场合，表达激昂、亢奋、诧异、愤怒等情绪。

曲折调：多用于语言中语义双关、言外之意、幽默含蓄、夸张、意外惊奇等地方，表示惊讶、怀疑、嘲讽、轻蔑等情绪。

下降调：多用于感叹。表示祈求、命令、祝愿、感叹等方面内容，表现坚决、自信、肯定、夸奖、悲痛、沉重等感情。

在实际演讲中这四个语调不是孤立的，而是交叉运用的，它能帮助说话者更准确地表情达意，使听众产生各种不同的感受。一个人讲话，语调越多样化，他的演讲就会越生动活泼、丰富有趣。

运用语调表情达意是演讲的优势和特长。在演讲中，人们运用语调，不仅可以表达不同的含义，还可以传达感情，强化语气。

（4）态势语言的表达技巧。

前文已论述，不再赘述。

【案例回应】

小群倾尽全力在"写"上下工夫，但是他忽略了从演讲稿到演讲之间语体上的有机转换，他的演讲稿失去了口头语言应有的通俗、朴素、简短、流畅等特点，失去了演讲的可听性，上台后唯稿是从，不敢越雷池半步，一字不差地将演讲稿背诵出来，结果把演讲变成"作文朗读"、"作文背诵"。这种僵硬甚至是机械的背诵模式当然得不到听众的赞许。所以，在认真撰写演讲稿的同时首先应充分把握演讲稿的写作要求，努力达到演讲稿为演讲服务的目的。其次，要设计好"讲"和"演"的具体实施步骤和细节。再次，要善于把握听众情绪，适时注意调节。小群最大的失误在于，当他意识到全场的反应不太好时，没有恰到好处地对演讲内容和演讲形式作出一些调整。

【实战训练】

以"我的大学我做主"为演讲题目，每天专门对镜练习，寻找感觉，练习演讲稿的每个片段。采取分段练习策略，一天练习一段。每天练习 15 分钟，连续练习5～10 天。

职场实用口才

任务 3-4 即兴演讲

【情景导入】
　　小李是班上的团支部书记，在一次主题为孝敬父母的班级活动即兴发言时，他联想到自己的父母是农民，于是想说"面朝黄土背朝天"，结果说成了"背朝黄土面朝天"，同学们听后哄堂大笑。于是小李说完这句之后就不知道下句该讲什么了，勉强说了几句话，还带了很多语气词"嗯，啊，这个"。同学们听了之后觉得好笑，他自己也觉得不好意思。更为搞笑的是，同学小张竟拿了支笔，在下面划"正"字记录他到底用了多少个语气词。结果是小李总共说了 9 句话，其中就有 29 个语气词。

【问题讨论】
　　小李演讲时为什么会出现上述情况？如果你是小李，该如何改进？

【理论知识】

一、即兴演讲概述

（一）即兴演讲的概念

　　从表达形式上划分，演讲可以分为三种类型：命题演讲、即兴演讲、论辩演讲。其中，即兴演讲是指演讲者在事先未做书面准备的情况下，就眼前场面、情

119

境、事物、人物生发感触，临时产生兴致，或者被当下的情势所激发，产生说话的冲动而即席当众发表的演讲。如婚礼致祝词、欢迎致辞、丧事致悼词、聚会演讲等。早在 20 世纪 30 年代，我国演讲家杨炳乾曾有论述："即时演说者，演说家事先无为演说之意，而忽遇演说之时机，不能不仓促构思，以即时陈述也。"即兴演讲除了具有演讲的基本特点以外，更有一些独有的特点：有感而发、情境感强、篇幅短小。它要求演讲者要紧扣主题，抓住由头，迅速组合，言简意赅。

（二）即兴演讲的作用

随着社会迅速发展，随机应变的表达能力可以说是越来越重要，即兴演讲几乎遍及我们生活的每一个方面。招聘面试、竞争上岗、竞选对话、毕业答辩、民间测验、社会调查、市场调查、现场采访、现场直播、热线电话、会议等，在诸如此类层次高低与规模大小不一的活动中，都可随时随地即兴发表个人见解。

口语表达能力在日益激烈的市场竞争中发挥着越来越重要的作用。反应太迟钝者，即兴演讲或者口头表达能力不强者将在竞争中处于劣势。即兴演讲是提高高职生能力的捷径之一。首先，即兴演讲话题集中，针对性强，一般是对近期或眼前情况有感而发，因此话题内容选取范围较小，学生有话可说。其次，即兴演讲能临场发挥，直陈已见。不像命题演讲要事先拟好讲稿，也不像辩论演讲要事先进行模拟训练，演讲者往往当场打腹稿，即席说情况。再次，即兴演讲贴近生活实际，短小精悍，简明扼要，亲切动人，能以点带面，阐述具有普遍意义的人生道理、生活哲理、社会真理，具有思想性、趣味性、知识性。

（三）即兴演讲的难点

即兴演讲对思维的敏捷性、语言的逻辑性和口头表达的雄辩性都有很高的要求，是演讲皇冠上的"一颗最璀璨的明珠"。即兴演讲需要演讲者即兴抒发自己的思想、观点，而要在极短的时间里成功地构思组织出演讲内容是件不易之事。即兴演讲要求思维有较高的敏捷度。当演讲者面对一个个突然出现的演讲现场，除了依靠本身的博学以外，如何将已有的一些知识和信息用精练、简洁、生动的语言表达出来，让听众能有所收获，这就离不开敏捷的思维。只有敏捷的思维才能够将材料信手拈来，左右逢源，否则会出现捉襟见肘、词不达意的情况。

在日常社会生活中，即兴演讲使用频率高，但相对命题演讲、论辩演讲而言，即兴演讲的水平却是较低的，因为其中很容易出现东拉西扯，套话、空话连缀，"言之无味"、"言之无物"、"言之无情"、"言之无理"的情况。甚至很多即兴演讲者讲着讲着就不知道讲到哪里去了，也不知道讲了些什么，大脑一片空白，中途多次讲不下去，只好向在场的听众表示歉意。出现这种情况主要是由于即兴演讲时间短，要求高，难度大。可以具体概括为以下两个方面的原因：

1. 时间短，难以充分准备

即兴演讲与命题演讲、论辩演讲不同，演讲者没有充足的时间去准备，有时甚至是没有一点准备时间。命题演讲有充分的时间写稿、记稿、酝酿感情，直到将演讲稿背得滚瓜烂熟，有时候甚至模拟练兵多次才出场。即兴演讲常常带有突然袭击的性质，它不像命题演讲那样可以事先拟好草稿，也不能像论辩演讲那样事先进行调研和模拟训练。演讲者往往是当即打腹稿，临场发挥，但这并不意味着可以信口开河。即使准备仓促，仍可在极有限的时间内，在脑海里迅速构建一个理论框架，站在讲台上时再补充具体材料，边想边讲，虽然很难精雕细琢，但仍可使整个演讲浑然一体。

2. 篇幅短小，容量有限

短暂的即兴演讲，一般只有两三分钟，长的不过十来分钟，短的不到一分钟，因此信息容量有限。所以，即兴演讲者要以简洁、生动、形象的语言去征服听众。主题要尽量单一，高度凝练集中，不节外生枝。选材要严，开掘要深，不旁征博引，做到言简意赅，字字如金，句句中的，言必及人。否则，整个演讲就会毫无主题，失去应有的价值。

二、即兴演讲的要求

即兴演讲少而精、小而活、快而准的特点符合时代的潮流，迎合人们快节奏的生活方式，因此，这种演讲方式深得听众的欢迎。而正是即兴演讲的个性特点与特殊功能，决定了对即兴演讲者若干特殊的要求。

1. 对即兴演讲者能力的要求

即兴演讲能力是一种高级的演讲能力，最能反映演讲者的修养和功底，因为即兴演讲的场合常有变化，听众的职业、年龄、生活阅历和文化教养也不一致，即使在一次演讲的过程中也常常会产生各种预想不到的情况。即兴演讲能力强的人，能在错综复杂的场合中泰然自若，侃侃而谈。他们能从当时当地听众的实际情况出发，及时调节演讲内容和演讲方式，从而提高演讲的效果。而即兴演讲能力弱的人则不能随时变通，或者拘泥于原来的讲稿，脱离变化了的实际；或者即席变化，但讲得词不达意，语无伦次，纰漏百出，降低或损害了演讲的实际效益；或者根本不能临场发挥，无法即席发言。一般说来，即兴演讲者应具备以下素质：

（1）知识渊博，有真才实学。

要做到这一点就要注意积累，要在生活中做有心人，广泛收集演讲材料。"家事、国事、天下事，事事关心。"平时阅读多，积累多，这样才能在临场发挥时胸有成竹，不至于慌乱。要注意收集历史资料，对那些重要的历史事件、人物的有关情况要熟记，并分门别类地进行整理；注意收集时事资料，对当今国内外发生的重要事件、人物的有关情况都应有一定了解，这样即兴演讲时方可信手拈来，为我所用。除此之外，还要注意收集现场的材料，设法熟悉演讲对象，明晰演讲对象的职业、年龄、生活阅历和文化层次等，清楚演讲对象关注什么，期望听到什么，这样才能拉近与演讲对象的距离，提升演讲的价值，从而征服听众。

（2）较强的思维能力。

即兴演讲的触发性、临时性、短暂性特点，特别要求演讲者头脑清醒、机智、思维敏捷、词汇丰富、能够迅速捕捉话题的精义要害，继而理出头绪、列出提纲、快速组织语言，因此，即兴演讲对一个人思维能力的要求也是很高的。要做到思维敏捷，需要平时加强训练。要迅速思考、敏捷反应、自如应答，要充分发挥自己的联想与想象，善于发散思维，解决问题时能够运用多种不同类型的方案。

（3）良好的心理素质。

即兴演讲面临的情况比较复杂，这就要求演讲者必须具有良好的心理素质，特别是要有良好的意志品质，即能够控制情绪，调节心境，集中心思来完成演讲。有时候即兴演讲不能够做到很完美，甚至在演讲过程中因为内容出错或者不受听众喜爱而遭到冷场、喝倒彩，在这种情况下就需要演讲者有良好的心理素质，能够迅速更正错误或者转移到听众喜爱的话题上来，而不是听众一喝倒彩就手足无措甚至是在台上气急败坏。

总的来说，即兴演讲能力的形成，既需要有一定的功底，又需要反复的实践锻炼。要想即兴演讲有良好的效果就必须注重培养各方面的能力和良好的心理素质，否则，即使勉强即兴演讲，也起不到应有的效果。

2. 对即兴演讲内容的要求

对即兴演讲内容的要求主要有两点：

（1）材料必须新颖。

即兴演讲能否成功与所使用的材料是否新颖有密切的关系。一次即兴演讲没能给别人留下什么印象的原因，除了表达不顺畅，临场发挥不好以外，可能更重要的是因为内容缺乏新意。不"新"就无魅力可言。"文似看山不喜平"，即兴演讲也是如此。演讲时，人云亦云，或是翻来覆去地讲一些人们早已熟知的内容，炒剩饭，说废话，缺乏创新，就会令人生厌。谁能创新，讲出新意，就会收到意想不到的效果。而要讲出新东西，就要讲那些别人想说而说不出或者没有想到过的道理；要讲那些大家正在思索，但还没有被正确地提出来的问题；要讲那些人们欲脱口而出，但还没有找到合适语言表达的心声。这样就容易缩短演讲者和听众的距离，使听众产生共鸣并有所获、有所得。当然不能为了材料新颖而走极端，不能为了追"新"而追"新"，说一些偏离主题、哗众取宠之事，这样听众虽然不会觉得厌烦，但这种演讲实际上是没有什么价值的。

（2）立意应深刻。

要使立意深，演讲者确定中心论点的角度就要尽量小而集中，要小中见大。所谓小而集中，是要求演讲者从生活中的平凡现象着眼，由此及彼，以点带面，抓住最本质的一点，触类旁通，引申扩展，上升到理论高度。所谓小中见大，是指要求演讲者善于发掘材料中有价值的、闪光的东西，以小事例阐发大主题。某校长在教育学生时讲道："万事从小事做起。美国太空3号快到月球了，却不能登上去而只得无奈地返回来，为什么？只是因为一节30块钱的小电池坏了，他们这个酝酿很久的航天计划被破坏了，几亿元报废了！天下有大事吗？大家看哪次飞机失事是翅膀和头一齐掉下来的？都是一节油管不通，一个轮胎放不下来才失事的。再如，有几个人是全身完全溃烂死掉的？都是肝坏了或心脏有毛病等等，因一个小器官不正常而死的！"这位校长的这段言论便是挖掘一个个小事例中有价值的东西，从而阐发大主题。

3. 对即兴演讲方法的要求

对即兴演讲方法的要求主要有两点：

（1）构思要迅速。

即兴演讲因为要在事先无任何准备的情况下临时构思发表演讲，所以必定要求构思迅速。要真正做到这点是不容易的，正像诗人陆游所说："汝果欲学诗，功夫在诗外。"凡事"预则立"，对于即兴演讲，这一点尤为重要。在演讲现场要注意两点，一是构思时要先学会观察。观察听众的职业、年龄，再进一步猜想听众的生活阅历和文化教养程度，从而选取他们熟悉的、感兴趣的事物和热门话题，这样才能与听众产生共鸣。二是构思时要选取熟悉的人、事、物、景为话题，因为只有自己熟悉的事物，才能有话可说，才能流露真情实感，构思时也能文思如泉涌，演讲时便能滔滔不绝，言之有物。

（2）语言要简洁、生动，尽量口语化。

即兴演讲本来篇幅简短，而短短的几分钟要给听众留下深刻的印象，就特别要求语言要简洁，句子不能过长，修饰语不宜过多。要使即兴演讲的语言简洁，不能只是单纯地把长句换成短句，而是要锤炼词句。要杜绝一切空话和废话，可说可不说的话一定不要说，可有可无的字眼一律省略。要像写诗一样"推敲"，力图字字珠玑，言有尽而意无穷。即兴演讲的语言也要尽量生动，如果都是干巴巴的教条式地灌输大道理，空话、套话连篇，这样的演讲即使再流畅也没有人愿

123

意听。要想使语言生动，可以适当用一些恰如其分的例子甚至是小笑话、小幽默。即兴演讲的语言要尽量口语化。即兴演讲性质等同于即兴发言，与我们的日常一对一的谈话最大的区别是前者基本上是一个人在讲，一群人在听，而两者不变的共通点即都是讲话，因此演讲语言要口语化，要尽量选择短句或语意浅显易懂的句子。试想，一个演讲者上台来，满口之、乎、者、也，说话文绉绉的生涩难懂，那台下的观众能很好地明白演讲者要表达的意思吗？能不反感这样的演讲者吗？

三、即兴演讲的构思技巧

即兴演讲重在"即兴"二字，但现场是否能发挥顺利，功夫还在现场之外。因此，要做到思维敏捷，要在平时下工夫，多训练自己对事物的敏锐度，多培养自己的分析、归纳、概括能力。此处简单介绍几种构思方法。

（1）"三么"框架构思法。

在即兴演讲前短暂的准备时间里，快速思考三个最基本的问题，即"是什么"、"为什么"、"怎么办"，演讲者要调用自己的知识积累和生活经验，从"三么"的角度来构思。"三么"框架构思法在实际运用中要注意两点：一要注意分辨即兴演讲竞赛题的类别是属于"论点式"还是"论题式"。论点式题目（如"珍惜青春"、"人生的价值在于奉献"）规定了演讲的主题；论题式题目（如"青春使命"、"人生的价值在哪里？"）只规定了演讲的论述范围。二是明确演讲主题的"三么"框架只是演讲前和演讲中的思维模式，而不是口语表达模式，表达时要选准"切入口"，不露"三么"的痕迹。

（2）"三点归纳式"构思法。

"三点"即要点、特点、闪光点。在构思时要归纳好这三点。这种方法的精要是参加各类活动时养成边听边想的习惯，注意用"三点归纳"的方式进行思考。大家可以思考下，如果现在让你讲话，你讲什么、怎么讲，缜密构思后方能"全副武装"，以待临场献艺。

（3）链条形构思法。

又称演讲的"线形结构"，它是延展性思维的体现。特点是先确定演讲的主旨（通常为"开篇首句"），以此为"意核"和导向定势，然后句句紧扣"意核"（首句），单线纵向发展，形成一条环环相扣的链条。

（4）"4W法则"讲话法。

4W，即Where、Who、When、What，具体如下：

Where：在台上时，先考虑清楚自己现在置身于什么场合，联系场合说几句感谢或是点题的话。

Who：再问自己，现场都有什么样的人，你的发言中提到现场的听众，会让大家有亲近感。

When：接着考虑发言多长时间合适，说一些和"时间"有关的概念，以此牵引到发言的主题。

What：最后问自己现场的观众喜欢听什么，这时才是进入了真正的主题，要说一些既符合自己的身份，又适合场合的话。

这个技巧的精妙之处在于，当我们毫无准备，乍一站起来无话可说的时候，围绕着前三个"W"说一些贴近现场的话，既显得从容不迫，又能够让我们争取到理清思路的时间，最终解决最后一个"W"，即说什么的难题。

四、即兴演讲的基本环节

即兴演讲虽然时间仓促，没有时间准备演讲稿，但是，准备的临时性并不意味着演讲者可以在台上想到什么说什么，胡说一通。演讲者应该把握住即兴演讲的基本环节，事先在头脑中有个思路，方能在演讲台上应付自如，滔滔不绝。一次精彩的即兴演讲，离不开吸引人的开场白、充实的主体内容、有力度的结尾，这便是我们进行即兴演讲必须把握的三个环节。

1. 吸引人的开头

"好的开头是成功的一半。"听众往往从开头判断演讲者的优劣，所以演讲的开头应该短小精巧，新颖诱人。美国演说家洛克伍德·桑佩曾说过："在整个讲话过程中，做到轻松地、巧妙地与听众交流思想是困难的，然而，做到这一点的关键，是讲话开头的用词和表达。"即兴演讲尤其如此。由于即兴演讲的时间很短，听众没有过多的时间思考、回味演讲的全部内容，往往把注意力放在演讲者开头的几句话上。开头在通篇演讲中处于特殊的领先位置，能在演讲者和听众之间架起一座沟通双方思想情感的桥梁，为演讲的成功开辟道路。新颖独特的开头，能紧紧抓住听众的心，唤起听众的好奇心和求知欲，对听众产生巨大的吸引力，使听众迫切地想要继续听下去。好的开头，能为全篇演讲定下基调，促成有利于听众接受观点的心理定式。

营销讲师金克言先生在一次有近千名听众参加的演讲会上准备演讲，可台下只响起了稀稀拉拉的掌声，于是他说："从大家的掌声中可以发现两个问题：第一，大家不认识我；第二，大家对我的长相可能不太满意。"几句话缩短了与听众的距离，台下大笑，掌声一片，反应比先前热烈多了。他接着说："大家的掌声再次证明了我的观点！"话音刚落，台下笑得更厉害了，又响起了一阵更为热烈的掌声。这个开场白既活跃了场上气氛，又沟通了演讲者与听众的心灵，一箭双雕，收到了吸引人的效果。

2. 充实的主体内容

即兴演讲的篇幅短小，而要在短小的篇幅内讲出充实的主体内容实属不易。从方法上说，要抓住三点：

（1）注重交代演讲内容与听众之间的利害关系。心理学家多柏雷宁认为，引起人们注意的原因有三种：一是外界刺激；二是人内在的兴趣；三是人们已有的经验。听众听演讲，总是希望能从中听到与自己切身利益有关的内容，企盼从演讲者那里得到某些启示。所以，演讲者在主体部分应该向听众说明听众与演讲内容的关系，点明和阐述发表这个演讲的理由和根据，对演讲与听众之间的利害关系阐述得越明了，演讲的吸引力就越大。

（2）妙用事例。为了使短时间内发表的即兴演讲的内容充实丰富，还需要迅速列举有趣、典型、感人、富有哲理的事例，使论点形象、简洁、生动地印入听众的脑海。用有趣之例，让即兴演讲更有亲和力；用典型之例，让即兴演讲更有震撼力；用感人之例，让即兴演讲更有感染力；用哲理之例，让即兴演讲更有启发力。

用有趣之例，可使演讲更"言之有味"，情趣盎然，引人入胜，紧紧抓住听众的注意力，更可以使场上气氛活跃，拉近演讲者与听众之间的距离，让听众产生亲切感，这样一来你的演讲自然更有亲和力了。

在某对新人的婚礼上，一位前来祝贺的长辈发表了这样的即兴演讲：

看到二位即将走进婚姻的殿堂，让我想起了日本曾举办的一个很有趣的活动"你猜我猜"。日本有个公主坟，它是藤原公主出嫁前按照皇后的要求修建的，民间一直传说那里埋藏着三样东西，但史书上没有明确记载，史学界为此事争论不休。而这次的活动就是让大家猜测这三样东西，猜中者可获得1 000万日元的奖金。

活动一推出，就在世界各地的人群中产生了很大反响，很多人都参与到竞猜活动中。最后，获奖者是一名署名"母亲"的参与者。她说，坟墓里埋藏着三样东西，但这三样东西是看不见的，它们对爱情非常有用但对婚姻非常有害。这位母亲还说，藤原公主是一位多情浪漫的女子，她从公主变成一个普通百姓的妻子，绝对不是一件轻而易举的事。所以，皇后为了让女儿以后能过上幸福的生活，就埋下了她的一些东西。这三样"东西"就是：自己家庭的优越感、做公主时的放荡不羁、热恋时的浪漫情怀。后来，通过科学勘测，公主坟

　　这位长辈没有讲一些祝福新人夫妻恩爱、百年好合之类的话，而是用一个鲜活有趣的事例讲出了婚姻与爱情本质上的不同之处，让大家更深刻地理解了幸福婚姻的真谛。这番生动有趣的演讲不仅赢得了经久不息的掌声，而且引人深思，让新人和在座的听众都受到了很大的启发。

　　看电视时，看到自己喜爱的角色受到伤害时我们会难过，得到幸福时我们会开心，这是因为我们在情感上产生了共鸣。同样的道理，这也适用于即兴演讲。用感人之例，可以使演讲更"言之有情"。我们经常说的"动之以情，晓之以理"也适用于即兴演讲。演讲必须以情感人，情感是演讲的生命线，感人的事例无疑更容易拨动听众的心扉，更容易让演讲者与听众产生情感上的沟通与共鸣。

　　某旅游公司组织大家以"八荣八耻"为题进行即兴演讲。一位年轻的导游走上演讲台，拿出一张照片，开始了她声情并茂的即兴演讲：

　　大家认识这张照片上美丽的女孩吗？也许大家会以为她是位影视明星呢。其实，这位美丽的女孩文花枝和我们一样，也是一名普通的导游，但她又不是一名普通的导游，她用行动为我们诠释了当代青年应有的荣辱观。她年仅22岁，当导游也只有半年，可面对突如其来的特大车祸，她想到的只有游客，当救援人员到她面前时，她用微弱却坚定的声音说道："我是导游，后面是我的游客，请先救游客！"救援人员看她神智清醒，以为她伤势不重，就先对其他游客展开了紧急救援。看到受伤的游客被抬上救护车，忍受着剧痛的她脸上绽开了会心的微笑。疼痛难忍时，她就安慰自己，只要游客能少受点伤痛的折磨，就是让自己再痛，也是值得的啊！救援持续了2个多小时，这期间，她的血在流，伤口在痛，但她却不断用充满激情的话语鼓励着大家："大家坚持住啊……我们一定要活着回去。"当所有受伤的游客被救出后，几乎虚脱的她才被抬上救护车。因为延误了宝贵的救治时间，她的伤口已严重感染，随时会有生命危险。为了避免伤势进一步恶化，专家小组只能为她做了截肢手术……事后，主治大夫痛惜地说，要是能早一些，她的这条腿是完全能够保得住的啊！但与轮椅为伴的她却乐观地说等她安好假肢，还要做导游，还要继续为游客服务……

这段演讲赢得了大家雷鸣般的掌声，这掌声不仅是送给演讲者的，也浸透着大家对舍生忘我的女导游的由衷敬意。这真实感人的事例寓意深刻，深深打动了听众，这样的演讲无疑是有感染力的。

用哲理之例可以使演讲更"言之有理"，哲理之例中包含了更多的人生道理和人生智慧，它可以浓缩演讲中的信息，使演讲的内涵更丰富，让人回味无穷，从而避免了长篇大论的解释和论述，这自然会使演讲更有启发性。

刚经过高考的题海战术，大学新生难免思维僵化，而某班的辅导员没有直接阐述思维僵化、定式思维模式的弊端，而是作了这样的即兴演讲：

> 记得一次开发智力，培养大家发散思维的课上，老师拿出一个瓷质的九连环。老师问我们谁能用最省时、最省力的办法把九连环解开，并且他提示可以用任何方法，但是前提是最省时、最省力。大家都觉得这道题暗含玄机，讨论得很热烈，奇思妙想迭出，老师每次都是笑着说："可以，还有没有更好的办法？"一堂课快结束时，也没人想出更好的办法，老师最后一把抓起九连环，用力摔在讲台上，发出清脆的破裂声。大家先是一愣，然后大笑起来。面对笑得欢快的我们，老师最后说了一句话："当知识成为限制我们思维的负重时，它就不再是动力，而是阻力了。"

面对着大家思维模式的僵化，直接的批评会伤害学生的自尊或自信，而举哲理之例，就显得委婉含蓄、意蕴丰富，他巧妙地寓批评、规劝之意于事例之中，在潜移默化中带给大家启发，使演讲达到了预期的效果。

事例是抓住听众注意力的有效手段，是加强演讲说服力的有力工具。其实，在即兴演讲中，还可以举些幽默之例、对比之例、名人之例、数字之例……有了这些好例子作支撑，再加以精辟的分析、"点睛"的议论，即兴演讲自然会有鲜活的生命力。

（3）要有感而发，情真意切。即兴演讲是即性而起，有感而发，没有感情则会苍白无力。古人云，"感人心者，莫先乎情"。而要做到情真意切，叙事时就要把"感情再生出来"，使听众如临其境；说理时就必须情理相生；抒情时应当情理兼备，要把自己的所思、所感、所爱、所憎传达给听众。要想使演讲语言打动听众，首先要以真挚的感情对待观众。邓朴方同志讲过一句话："一切生命都是伟大的，一切生命都是美丽的，一切生命都是平等的。"一个人有了坚定的事业心、使命感和自信心，他就能在生活与工作中拂去心灵的尘埃，使敏锐的心灵保持热情而不致磨出硬茧。只有保持着这份可贵的敏感，才能在演讲中用具有个性化的语言点燃听众的心灵之火。只有那些热爱事业、有理想的人，才能在现实生活中保持特殊的敏感，并使这种发现美好事物的敏锐性成为一种本能。自己的心灵经常被打动，他的演讲语言才有可能打动听众。演讲不只是知识和技巧问题，更多的是态度问题，一个成功的演讲者应该具有正确的价值观念，并且热情、执著。前面所讲的以"八荣八耻"为题进行即兴演讲的事例，演讲者之所以能取得成功，是因为他对舍生忘我的女导游文花枝有一种发自内心的敬佩之情，并且通过演讲将自己的这种感情、这种当代青年应有的荣辱观传达给听众，在听众中产生了共鸣。

3. 有力度的结尾

即兴演讲最困难的是结尾。因此，在开始演讲之前，即兴演讲者就要考虑好结尾。即兴演讲，既要求有一个新颖巧妙、吸引人的开头，又要求有一个干净有力、漂亮的结尾，这是即兴演讲与讲究结尾"留有余味"、"余音绕梁"的命题演讲的又一个区别。演讲的结尾有许多种，在即兴演讲中用得较多的是号召式、希望式和展望式。因为这几种结尾方式有气魄，能鼓舞人心，令人振奋，给人留下深刻的印象。

即兴演讲的结尾宜言简意赅，新颖含蓄，短小精悍，富有文采，耐人深思。有位同志在主持庆功表彰会时是这样结尾的："听完发言，我想到了一件事：有人问球王贝利哪个球踢得最好？回答是：下一个！有人问导演谢晋哪部戏拍的最好？回答是：下一部！有人问一位名演员哪个角色演得最好？回答是：下一个！看来我们在庆功、表彰时也应牢记：下一个！下一部！散会！"

这个结尾含蓄地指出取得成绩后还应不断进取，思想深刻，与会议的宗旨十分相符，并能鼓舞人心，令人振奋。说到高潮处戛然而止，凸显气魄，让人印象十分深刻。

总之，成功的结尾应该自然得体，收束有力，以出奇制胜的方法和简短精练的语言说出精彩动人之处，犹如撞钟般令人振奋，给人警醒。

【案例回应】

小李演讲时出现的问题是即兴演讲中普遍存在的问题。即兴演讲很容易出现东拉西扯，大讲套话空话，"言之无味"、"言之无物"、"言之无情"、"言之无理"的情况。由于思路不顺畅，会出现很多语气词，甚至很多即兴演讲者讲着讲着就不知道自己讲到哪里了。出现这种情况主要是由于即兴演讲的难度大、要求高、时间短。要想在即兴演讲中取得成功，就需要演讲者加强自身能力的培养。演讲者必须确有真才实学、知识渊博；具有较强的思维能力；具有良好的心理素质。演讲者在选择材料时，材料要新颖，立意要深刻。构思时则要思维敏捷，语言简洁、生动，尽量口语化。演讲者还需要掌握即兴演讲的基本环节。因此，好的即兴演讲是和演讲前下大工夫锻炼息息相关的。小李要想在即兴演讲中有好的表现，就要在上述的各个方面去加强锻炼。

【实战训练】

1. 故事接龙。先由一个学生开始讲故事，教师随时打断，再交由其他人继续接下去。如第一个人这么开始：一只路边的青蛙悠闲地在草丛中养神，突然听到有人叫："老弟，老弟。"它懒洋洋地睁开眼睛，发现是田里的青蛙……此时教师喊停，让第二个学生继续讲下去……

学生最后评出最符合逻辑奖、最生动离奇奖、最开心好笑奖等。

2. 连词成篇。教师任意给出 3 ~ 5 个词语，如阳光、沙滩、汽车、女人、茶，请学生将这些词语用于一段演讲中，要求演讲内容完整、逻辑清晰、语言流畅。

任务 3-5 演讲口才评估

活动一：演讲技能自我评估

请对照问题在选项后打"√"。

序号	选项 问题	非常不同意/非常不符合	不同意/不符合	比较不同意/不很符合	比较同意/比较符合	同意/符合
1	我在整个演讲过程中眼神始终同听众保持接触					
2	我的身体姿态很自然，没有因为紧张而做作					
3	我能运用基本的手势来强调讲话的要点					

130

（续上表）

序号	选项 问题	非常不同意/非常不符合	不同意/不符合	比较不同意/不很符合	比较同意/比较符合	同意/符合
4	我能运用停顿、重复和总结来强调我的观点					
5	我每次演说前都会确定具体的目标					
6	我会对听众的需求、忧虑、态度和立场进行分析					
7	在组织思路时我会先写下几个主要的论点					
8	我会特意准备一个颇具吸引力的开场白					
9	我演讲的结尾会呼应开头，且必要时能要求听众采取行动					
10	我制作的投影片简明扼要，有助于达到演讲目标					
11	我的论点和论据之间有内在逻辑联系，有助于支持我的主张					
12	我会把紧张、焦虑转化为热情和动力					
13	我会清楚地叙述我的观点给听众带来的好处与利益					
14	我会热切而富有激情地讲述我的观点					

序号	选项 问题	非常不同意/非常不符合	不同意/不符合	比较不同意/不很符合	比较同意/比较符合	同意/符合
15	我会事先演练，以免过分地依赖讲稿，而且能集中注意听众的反应					
16	我的演讲稿上只写有关键词，以免照本宣科					
17	我会预测听众可能会提的问题，并且准备相应的回答					
18	我的声音清楚，语速适中，演讲富有感染力					
19	我会有意识地运用音高、语调和语速来表示强调					
20	演讲前我会检查场地及相应的设施					
21	准备演讲时，我会估计可能会遭遇的反对意见					
22	整个演讲过程我充满自信					
23	演讲前我会检查我的衣着打扮是否得体					

【评价标准】

非常不同意/非常不符合：1 分，不同意/不符合：2 分，比较不同意/不很符合：3分，比较同意/比较符合：4分，同意/符合：5分。

【结果分析】

105～115分：你具备了优秀演讲者的素质；

98～104分：你略高于平均水平，有些地方尚需提高；

98分以下：你需要严格地训练你的演说技能。

得出结果后，请选择得分最低的6项，作为学习提高本部分技能的重点。

活动二：团队活动——演讲比赛

一、比赛规则

1. 演讲时间不超过6分钟。
2. 以"我的大学我做主"为题，每小组选派一位同学参加。
3. 一律使用普通话。
4. 仪态自然大方，着装规范。

二、评分细则（满分100分）

评价项目	评价要点
演讲内容 （35分）	1. 思想内容能紧紧围绕主题，观点正确、鲜明，见解独到，内容充实具体，生动感人。（15分）
	2. 材料真实、典型、新颖，事迹感人，实例生动、反映客观事实，具有普遍意义，体现时代精神。（10分）
	3. 讲稿结构严谨，构思巧妙，引人入胜。（5分）
	4. 演说文本简练流畅，具有较强的思想性。（5分）
语言表达 （35分）	1. 演讲者语言规范，吐字清晰，声音洪亮圆润。（10分）
	2. 语言表达准确、流畅、自然。（10分）
	3. 语言技巧处理得当，语速恰当，语气、语调、音量、节奏张弛符合思想感情的起伏变化，能熟练表达所演讲的内容。（15分）
形象风度 （15分）	演讲者精神饱满，能较好地运用姿态、动作、手势、表情，表达自己对演讲稿的理解。
综合印象 （5分）	演讲者着装端庄大方，举止自然得体，有风度，富有艺术感染力。
会场效果 （10分）	演讲具有较强的感染力、吸引力和号召力，能较好地与听众的感情融合在一起，营造良好的演讲效果；演讲时间控制在6分钟之内。

项目四　求职口才

任务 4-1 求职口才理论

> **知识目标**
> ◇掌握自我介绍技巧
> ◇掌握面试应答常见技巧
> **技能目标**
> ◇能灵活地进行自我介绍
> ◇能运用常见应答技巧回答问题

【情景导入】

创智是一家比较大型的 IT 公司，现正要招聘软件工程师。小明是软件专业应届毕业生，面试中与创智的徐总进行了一段对话（摘录）：

问：你在学校的时候都拿了一些什么证书？

答：（对照证书说）计算机等级证、BEC 初级证书等。

问：你在学校的时候有没有学习 C 语言、C++、JAVA 等课程？

答：学了，但是说实话我对这个还不是很感兴趣。

问：你对这些语言都不是很懂，那你今后想要做什么呢？

答：我想当经理。

问：你认为当经理要怎么做呢？

答：我觉得我首先得把管理知识学好，把人际关系搞好，把专业学得更好。

问：那你认为你现在有什么资本可以得到一个能让你升上经理的职位呢？你得要一个工作平台呀！

答：我曾经自己办过英语培训班，做过家教，也在公司里面供过职，而且我的这些工作做得比较好，我相信只要你给我一个机会，我会有这个能力，至少我会努力地去锻炼我的能力。

问：你想不想做报纸方面的工作？

答：想。我比较喜欢写作，而且有一定的工作经验。

问：你个人的长期和短期目标分别是什么？你是如何确定这些目标的？你准

备怎样实现这些目标？

小明一下子丈二和尚摸不着头脑，无言以对。

【问题讨论】

1. 如果你是案例中的小明，你该怎么回答？如何评价小明的回答？
2. 求职面试谈话或演讲中，需要注意哪些问题？

【理论知识】

为了寻找到理想的工作，实现自己的人生价值，每个求职者都孜孜不倦地奔波于各大招聘会、面试间。求职者在进行书写求职信、投递求职简历、了解工作单位等多方面的准备工作后，应对的就是面试环节。

面试是求职者"推销"自己的良机，在这一重要时刻，无论求职者容貌如何端庄，举止多么有礼，服饰怎样合乎标准，如果没有优雅的谈吐，评分便会大大降低。主考人员从求职者的语言中，不仅可以看出其道德、修养，也可以看出其基本素质和业务水平，并由此决定是否录用。因此，求职者掌握面试的语言技巧，对成功求职是大有益处的。

一、面试语言的使用原则

1. 热情礼貌

见面时，可主动向主考官问："××老师（院长、主任），您好！很高兴能参加面试。"问候语表达要亲切自然。在交谈中，如不太明白主考官的问题，应该礼貌地请他重复；有不同看法时，不要过分在意，更不要争执。面试结束时，也不要忘记说声"谢谢"或"再见"，然后再离开。

2. 清晰扼要

清晰地表达意图，语言应流畅自然，内容新颖，独具特色，充满自信。在回答复杂的问题时，宜先提出要点，再分层次地扼要说明，这样能给人一个条理清楚、逻辑性强的好印象；回答专业性问题时，适当运用精确的专业性术语，可以起到暗示你的专业知识扎实、比较懂行的作用。在分析问题时，可以适当引用名人名言、成语典故，为你所讲的内容增色，使人感到你是一个有文学修养和渊博知识的人。

3. 冷静机智

遇到紧张情况时应临阵不乱，应保持细致的心理、理智的语言和正确的思维，用冷静的态度作出恰当的回答。有些问题不宜正面回答，可用委婉的或带有伸缩性的语言来回答。另外，还应注意主考官的反应和情况变化。例如，若主考官倾前聆听，注意力集中，并且不时点头，则表明他可能对你的回答持肯定态度；若身体后仰，似听非听，漫不经心，还不时摇头，就表示他可能对你所说的话有所保留，这时应当见好就收。

4. 语音准确

面试时既要口齿清晰、吐字清晰，还要注意控制说话的速度，以免磕磕绊绊，影响语言的流畅。为了增添语言的魅力，应注意修辞高雅巧妙，忌用口头禅。

5. 语气平和，语调恰当，音量适中

语气是指说话的口气，语调则是指语音的高低轻重。打招呼、问候时宜用上升语调，加重语气并带拖音，以引起对方的注意；自我介绍时，最好多用平缓的陈述语气，不宜使用感叹语气或祈使句。声音过大令人厌烦，声音过小则难以听清。音量的大小要根据面试现场情况而定。两人面谈且距离较近时声音不宜过大，群体面试且场地开阔时声音不宜过小，以每个主考官都能听清你的讲话为原则。

二、自我介绍的语言技巧

几乎所有的面试都要求应试者先作自我介绍，常见的提问方法有："请介绍一下你自己"、"谈谈你的基本情况好吗"、"请谈谈你的主要优缺点"等等。求职中的自我介绍，不同于社交场合中介绍自己的姓名、年龄、工作单位等客观情况，而是面试中针对考官的提问所作的自我推销性的介绍。通过面试者的回答，考官既可以比较全面地了解求职者的工作经历、经验、特长、成绩及优缺点等，又可以了解求职者的语言表达能力、自我评价能力、认识问题与分析问题的能力等。

求职时，个人的学识、能力、资历和成绩固然重要，但在短短的几分钟内将这些信息很好地组织起来，构成扎实而富有新意的自我介绍却更为重要。要恰当地做好自我介绍，必须掌握以下技巧：

1. 介绍要有的放矢

求职者自我介绍可说的内容很多，但究竟该介绍什么、重点介绍什么，并不是随心所欲的，而是要紧紧围绕你所申请的职业岗位对人才的条件要求和招聘单位的用人标准来介绍自己。那些与此无关的特点、长处，则没有必要多介绍。如果你拟应聘教师，就应重点介绍你的职业道德、知识结构、语言表达能力、协调处理人际关系的能力。如果拟应聘推销员，就应重点介绍你的公关能力、口语表

达能力、吃苦耐劳精神、过去的推销经历和业绩等，而写诗、绘画等能力与从事这一职业无多大关系，若过多介绍则无多大意义，还会使介绍显得不着边际，重点不突出。

求职语言禁忌：

吞吞吐吐——自信心不足

前言不对后语——所说内容不可信

话语太长——求职者心不在焉

满口套话——没有实战经验

过分自谦——底气不足或城府太深

此外，每个用人单位都有自己选择录用人才的基本评价标准，这个标准决定着每个应试者的命运。例如，大多数用人单位注重考察求职者专业是否对口，以及现已掌握的专业知识、专业技术能力等，以便一经录用立即上岗，很快产生效益。而也有一些公司却对求职者"专业不限"，注重有无发展潜力。例如，博思管理顾问有限公司的招聘人员说："再优秀的大学生也不能用其在大学期间学到的知识来回答顾客的每个问题。本公司的新员工进入公司后都要事先接受业务培训。如果你有潜能，无论你学什么专业都能在本公司文化的熏陶下成长为咨询业的人才。"香港上海汇丰银行人事部经理也表示，银行招收高层管理人员，求职者的领导决策能力、组织能力、分析处理问题的能力、交际能力等才是关键，至于是金融专业还是管理专业出身并不重要。因此，求职者在自我介绍时，言语内容必须针对性强才能说服对方予以录用。否则，即使介绍时口若悬河、完整无遗，也会因不"对口"而被淘汰。

2. 内容要详略得当

考官一般对自我介绍的时间和内容不做明确的规定，以便更真实地考察应试者组织材料的能力和语言表达能力。因此，求职者应记住：无论你的经历如何丰富，工作或学习的成绩如何优秀，都要简明扼要、详略得当地进行介绍，一般介绍应控制在五分钟以内，除非考官另有要求，否则便会给人说话啰唆、办事不精明能干之感。而且还会影响后面问答的时间，因为面试常常对总时间有规定，特别是集体面试。要在短短的几分钟内详细介绍自己的所有情况是很困难的，也是不必要的，这就需要事先打好草稿。即使时间紧迫，只有一两分钟就要讲完，也应打好腹稿再讲。拟稿时应该对先介绍什么、后介绍什么，哪些重点介绍、哪些简略介绍、哪些不做介绍，介绍中强化什么、弱化什么等有个通盘考虑。否则就会出现重点不突出、详略不分明、东拉西扯、不知所云的现象。

一般来说，对姓名、年龄、专业、学习、工作经历、毕业学校等可先作介绍，而且要简要介绍，不必展开发挥。而对自己的专长、兴趣、能力、获奖等情况则应作详细介绍，因为这是你的闪光点和优势，与求职成功有密切联系。为加深考官的印象和信任，你还应举出具体典型的事例，甚至当场提供证书和实物来加以说明和验证。如果考官已看过你的自荐材料，那些已在材料中反映很清楚的一般性内容可以不再重述，应重点介绍自己的特长、优势以及材料中未作介绍而主考单位又很看重的内容。如果事先未送自荐材料，可当场及时送上一份，请主考人员边看边听，以加深印象。

一家公司在招聘面试时，发现一位应试者在校成绩不太好，主考者问道："你的成绩不太好，是不是不太用功？"应试者回答说："说实在话，有的课我认为脱离实际，就把时间全花在运动上了，所以身体特别好，还练就了一身的好功夫。"主考者很感兴趣，让他表演一下，应试者脱下西装外套，一口气做了一百多个俯卧撑，使主考者大为吃惊，当场录用了他。

求职面试的自我介绍，切忌报流水账——平铺直叙、面面俱到、重点不突出。在"择优录用"的面试考核中，自己的优势应详讲、实讲，以突出强调自己属于"优者"，具备录用条件；而对不可回避的自己的弱势方面，则应略讲、虚讲，以便扬长避短，免得损害自己的利益。

3. 评价要恰如其分

在求职自我介绍时要掌握分寸，首先就是要恰如其分地评价自己，既不妄自尊大，也不妄自菲薄。自我介绍本身就包括了对自己优、缺点的介绍以及对自身的评价。在介绍时要客观地介绍自己的优点，即自己的特长、能力、业绩和经验。当然，适当地抬高自己、用一点溢美之词是必要的，以充分表现自己的才能与自信，战胜竞争对手。但要避免过分炫耀，夸夸其谈，否则会给人以妄自尊大、华而不实的不佳印象。另外，在介绍优点的同时，有时也需适当地、委婉地介绍自己的缺点。毕竟金无足赤，人无完人，一个人不可能没有缺点，有时主动谈及自己的缺点，能使对方感到你是一个诚实可信的人。但介绍缺点也有技巧，一是不能多，以免冲淡优点或伤害自己；二是不能谈影响录用的缺点，因为尽管用人单位欣赏你诚实的态度，但他们总不会喜欢一个有较严重的工作缺陷的人；三是不能自我贬低，以示谦虚和恭敬。对方可能认为你缺乏自信与竞争力。任何单位都想招聘有才干、有能力的人，过分谦虚则显示不出实力，这是成功的大敌。

　　面试自我介绍还要注意留有余地。一般不宜用极端的词来夸耀自己的成绩和长处，不宜将自己说得事事皆能，以免进退维谷。例如，求职者介绍说："我非常熟悉这业务！"如果主考人员刻意刁难："这项业务的最新发展动向是什么？"或"那么请你谈谈对××问题可以采用哪些有效措施？"那恐怕难以自圆其说。社会情况往往是非常具体而复杂的，尤其是对涉世不深又缺乏实践工作经验的学子来说更是难以把握，因而要尽量避免使主考人员刻意为难自己。

　　4. 无声语言要得体

　　无声语言包括形体语言、服饰语言等，它们在交谈中往往起着有声语言无法比拟的效果。比如面部表情的适当微笑，就显现出一个人的乐观、豁达、自信；服饰的大方得体、不俗不妖，能反映出毕业生风华正茂，有知识、有修养，青春活泼、独有魅力，它可以在考官眼中形成一道绚丽的风景，增强求职竞争力。但一个人如果徒有漂亮的外表，没有与之相应的行为举止，再动听的话语也会徒劳无功。说话时目光要直视考官，切忌左顾右盼。对考官的问话要不时点头，以示尊重。表情呆板、大大咧咧，或扭扭捏捏、矫揉造作，都是不适合应聘场合的，属于缺失行为美的表现。

三、面试应答策略

　　1. 有问必答

　　不管是什么问题，都要作出回答，这是最基本的原则。对于考官的问题，有的虽然刁钻，但可能问题的目的是测试你的应变技巧、反应能力，不管你反应能力如何，总得有一个答案，如果干脆拒绝，或者说"这个问题很难回答……"那么，你获胜的机会就可能不大了。

> 面试三大原则：实事求是、随机应变、自圆其说

　　2. 引石攻玉

　　有些问题如果硬要回答则会漏洞百出。比如考官问你："如果把这个职位交给你，你有什么样的工作计划？"如果你有很丰富的相关工作经验或对这个单位状况进行过分析，也许能说出个一二三来，如果没有做完善的准备工作，则最好回答："我只有在接手这个职位后，才能根据实际情况制订相应的工作计划。"这样会给考官留下你是不尚空谈、比较注重实际的稳重型人才的印象。

3. 直言相告

通常情况下，求职应试总是要说恭维话，以引起对方的好感而达到谋职的目的。但一味说好话也未必能打动人，发现对方有错误时，直言相告，指出对方不足之处，且令对方口服心服，常常也能达到求职的目的。南京大学天文学系一名女毕业生在参加宝洁公司主考官最后一轮面试时，大胆指出宝洁公司的不足并列举国外的事例加以佐证，使对方不得不折服，结果她首先被选中。这位大学生之所以能胜过别的求职者，不仅是因为真诚地运用了说话的技巧，由"贴金"转变为说不足，而且表明自己：①已经在关心、研究该单位，并投身于该单位未来发展之路的探索工作中了；②想到这个单位供职的态度是认真的，目标是专一的，而不是抱着"进得了再说，进不了拉倒"的心态来随便试试看的；③所言令人信服，足见研究之深、水平之高。这些都是求职者取胜的重要因素。但必须注意，直言相告必须态度诚恳，着眼于让对方做得更好，具有建设性，具有可行性，且实事求是，说到点子上。

4. 旁敲侧击

有些问题要想正面回答等于是否定自己，因此要设法将可能否定自己的话转化成肯定自己的话。例如，考官问你是否曾在食品厂工作过，然而你却只在酒厂工作过。如果你据实回答这个问题，答案只能是"没有"，但你可以这样说："没在食品厂工作过。但我在酒厂工作多年，我认为酒厂与食品厂在某些工艺上有相似之处，而且企业管理应该是相通的。"这等于变否定为肯定的回答。

5. 大题小做

考官有时会问一些"很大"的题目，比如问"说说你自己"，至于说"你自己"什么，并没有限定，但他要的答案并不是"你自己"事无巨细的全部，因此，你必须将此"大"题"小"做，不要没选择、没目的地说起来。一般来说，"大"题"小"做的技巧是围绕你应聘的职位来谈，以"说说你自己"为例，将话题"小"化为与应聘岗位相关的知识、技能、经验方面即可，考官如果有兴趣再了解你的其他情况，他会继续发问的。这样的问题往往出现在面试开始时，等于考官不问任何问题，而让你先打开话匣子，因此，你必须有意识地把话题拉到你的能力、性格优点、学识、经验等方面来，千万不能错过这样好的展示机会。

6. 反戈一击

有些问题太过刁钻，而且实在无法回答，不妨反戈一击，反问对方，也能起到意想不到的效果。例如：

民国时期，某主考见一位朱姓考生知识渊博，思维敏捷，对各类问题均对答如流，便突发异想，抛开原定题目，出了一道偏题："《总理遗嘱》在每次纪念大会上都要诵读，请你回答一共多少字？"这下可真把朱某考住了。他暗想，主考出此题目未免脱离常规，既然有意刁难，录取必然无望，就不管一切，大胆反问："考官的尊姓大名，您天天目睹手写，也已烂熟，请问共有几笔？"考官想不到应考者竟会如此反问，一时愣住。事后，考官十分赏识朱某的才能和胆识，于是亲自录用其为县长。

7. 主动出击

如果考官问完了问题，又没有立即结束谈话的意思，你可以礼貌地问一句："不知道我说清楚了没有？请问你还有什么需要我介绍的？"这样主考官会认为你是一个反应灵敏、主动性强的有心人，从而对你另眼相看，你成功的机会也就大一些了。

8. 坚持主见

求职应聘不附和、不随俗、不从众，是有主见的表现，也是胜过其他应聘者的长处。

有一家公司招聘办事处人员，老总对每位通过初试者都说了这样一句话："如今像我们这样条件好的单位不多，你运气真好，已经跨进了一只脚。"结果所有赞同此话的应聘者均被淘汰，只有一位持不同意见者反倒入选。她说："其实我并不觉得贵公司条件有多好，只是感到比较适合我的专业，而且我觉得最后能不能入选，关键在实力而不在运气。"老总对此大加赞赏，认为像这样有主见、敢于提出不同看法的表现难能可贵。

四、常见问题准备

面试过程中，面试官会向应聘者发问，而应聘者的回答将成为面试官考虑是否接受他/她的重要依据。本章节对面试中经常出现的一些典型问题进行整理，并给出相应的回答思路和参考答案，以图在课堂教学中引导学生思考、回答、讨论，从而找出最佳回答方案。学生无需过分关注分析的结果，关键是要从这些分析中悟出面试的规律及回答问题的思维方式，达到活学活用的目的。

面试的内容：

仪表风度

专业知识

工作实践经验

口头表达能力

综合分析能力

反应能力与应变能力

人际交往能力

自我控制能力与情绪稳定性

工作态度

上进心、进取心

求职动机

业余兴趣与爱好

1．"请你自我介绍一下。"

思路：①这是面试的必考题目。②介绍内容要与个人简历相一致。③表述方式上尽量口语化。④要切中要害，不谈无关、无用的内容。⑤条理要清晰，层次要分明。最好事先以文字的形式写好背熟。

2．"谈谈你的家庭情况。"

思路：①对于了解应聘者的性格、观念、心态等有一定的作用，这是招聘单位问该问题的主要原因。②简单地罗列家庭人口。③宜强调温馨和睦的家庭氛围。④宜强调父母对自己教育的重视。⑤宜强调各位家庭成员的良好状况。⑥宜强调家庭成员对自己工作的支持。⑦宜强调自己对家庭的责任感。

3．"你有什么业余爱好？"

思路：①业余爱好能在一定程度上反映应聘者的性格、观念、心态，这是招聘单位问该问题的主要原因。②最好不要说自己没有业余爱好。③不要说自己有那些庸俗的、令人感觉不好的爱好。④最好不要说自己的爱好仅限于读书、听音乐、上网，否则可能令面试官怀疑应聘者性格孤僻。⑤最好能有一些户外的业余爱好来"点缀"你的形象。

4．"你最崇拜谁？"

思路：①最崇拜的人能在一定程度上反映应聘者的性格、观念、心态，这是面试官问该问题的主要原因。②不宜说自己谁都不崇拜。③不宜说崇拜自己。④不宜说崇拜一个虚幻的或是不知名的人。⑤不宜说崇拜一个明显为负面形象的人。⑥所崇拜的人最好能与自己所应聘的工作"搭"上关系。⑦最好说出自己所崇拜的人有哪些品质、哪些思想感染着自己、鼓舞着自己。

5. "你的座右铭是什么？"

思路：①座右铭能在一定程度上反映应聘者的性格、观念、心态，这是面试官问这个问题的主要原因。②不宜说那些易引起不好联想的座右铭。③不宜说那些太抽象的座右铭。④不宜说太长的座右铭。⑤座右铭最好能反映出自己某种优秀品质。⑥参考答案——"只为成功找方法，不为失败找借口"。

6. "谈谈你的缺点。"

思路：①不宜说自己没缺点。②不宜把那些明显的优点说成缺点。③不宜说出严重影响所应聘工作的缺点。④不宜说出令人不放心、不舒服的缺点。⑤可以说出一些对于所应聘工作"无关紧要"的缺点，甚至是一些表面上看是缺点，从工作的角度看却是优点的缺点。

7. "你是应届毕业生，缺乏经验，如何能胜任这项工作？"

思路：①如果招聘单位对应届毕业生的应聘者提出这个问题，说明招聘单位并不真正在乎"经验"，关键是看应聘者怎样回答。②对这个问题的回答最好要体现出应聘者的诚恳、机智、果敢及敬业。③参考回答如"作为应届毕业生，在工作经验方面的确会有所欠缺，因此在读书期间我一直利用各种机会在这个行业里做兼职。我也发现，实际工作远比书本知识丰富、复杂。但我有较强的责任心、适应能力和学习能力，而且比较勤奋，所以在兼职中各项工作均能圆满完成，从中获取的经验也令我受益匪浅。请贵公司放心，学校所学的理论知识及兼职的工作经验使我一定能胜任这个职位。"

8. "如果我录用你，你将怎样开展工作？"

思路：①如果应聘者对于应聘的职位缺乏足够的了解，最好不要直接说出自己开展工作的具体办法。②可以尝试采用迂回战术来回答，如"首先听取领导的指示和要求，然后就有关情况进行了解和熟悉，接下来制订一份近期的工作计划并报领导批准，最后根据计划开展工作"。

五、如何过好招聘口试关

作家柳青有句名言："人生的道路虽然漫长，但紧要处常常只有几步，特别是当人年轻的时候。"招聘工作中的笔试、口试（面试），无疑是应聘者人生道路上的紧要一步。所以应试者除了要做好文化及专业知识的准备，还要加强口才的训练，努力过好招聘的口试关。

1. 克服自卑心理，答话要表现出自信与沉着

初涉社会的年轻人都有一种羞怯感。在特定的场合，由于某种原因，羞于启齿是很正常的。然而进入招聘的口试阶段，则应当努力克服羞怯心理。有些平常不太好意思在陌生人、领导、专家面前讲话的考生，不妨在正式面试前，由家长或朋友请一两位有一定相关知识的陌生人来模拟一下面试。这种"热身仗"目的不在于猜题，而是减少一点羞怯感和自卑心理。事实上，在才能和智慧不相上下的人群中，你具有充分的信心、拥有更高的热情，机遇及成功则在更大程度上属于你。

　　广东省财政厅有一次公开招聘副厅长，结果有9名候选人参加竞争，他们都想在更大的舞台上一展抱负。答辩会上主考问7号答辩人："同其他竞争者相比，你有什么优势和劣势？"7号充满自信、踌躇满志地说："我想来想去，觉得自己没什么明显劣势。"在一片笑声中又补充说："缺点在一定条件下也是优点。"他在这次演讲中多次赢得全场掌声，也许正是同事们的鼓励，给了他在省领导面前为自己评功摆好的勇气。

2. 要听清题意，发挥自己的专业特长和优势，靠船下篙地回答问题

口试的题目，有的是考官们预先准备好，有题卡供选择的，也有的是即兴提问的，应试者首先必须听清或看清题意。应试者要针对所问的题目靠船下篙地回答，不要偏离中心，让话语"信天游"。

参加招聘考试的应聘者，有的是专业对口的，有的是与专业相关、相近的，有的是与原来所学的专业南辕北辙的。但多数考生经过"充电"，扩大了知识视野，努力做到一专多能，适应市场经济和人才需求的变化。招聘中，要抓住机会，主动发挥自己的专业特长和优势，调动生活积累。有一家新闻单位招聘记者和编辑，一位应试者的简表上写明自己是南京大学德语专业毕业，毕业后先后在新闻部门、外贸部门工作过，现在又参加另一新闻单位的招聘。有评委在口试中提问：根据你的简历，你具有多方面的素质，那么现在请你谈谈，新闻传播工作如何做到内外有别？这位应试者的回答是妥帖对题，他还举出了一些具体的例子，谈话中显出了他的特长优势和丰富的生活积累。

3. 重视情境设置型题目，事前做一些模拟练习

情境设置题目是活题，这类题目特别重要，应试者回答的时间也相对长一些。作为应试者，有条件了解一下以往招聘口试中这类情境设置型题目会有好处。考试前也可作一些猜想，围绕某些特定的情境做模拟准备。

4. 灵活应答，给评委留下不同一般的印象

许多招聘单位报名者甚多，而评委所提的问题是有限的，也可以说问题的类型和指向是比较集中的，有针对性的。有些职业、职位的口试，是依照次序单独进行的，将同类型的题目问过不同的应答者后，评委就可看出应聘者能力的高低。一般来说，除了有较佳的外在形象、普通话水平比较突出的应答者给评委留下难忘的印象之外，那种能够调动创造性思维机制，灵活应答，产生意外效果的，也可能给评委留下不同一般的印象。

旅馆老板口试甲、乙、丙三位男性应征者。问："假如你无意中推开房门，看见女客正在沐浴，而她看见你了，这时你怎么办？"甲答："说声'对不起'，就关门退出。"乙答："说声'对不起，小姐'，就关门退出。"丙答："说声'对不起，先生'，就关门退出。"结果，丙被录用了。

这里，旅馆老板仅凭这一问题的回答就录用丙，也许是"只见树木，不见森林"。但我们仍然称道丙之回答的灵活，他的故意装错，使春光外泄的女客信以为真，避免了惊吓与嗔怒。

在面试中，非言语交流也同样起着重要的作用，它可以作为口头语言的补充，起到辅助表达、增强力量、加强语气的作用，可以全面反映考生的人际沟通能力，还可以促进考生与考官间的情感交流。得体地使用非言语交流方式，是应试者面试成功的重要手段与技巧。这里简单介绍声音的控制和驾驭技巧，目的是使面试者明晰要在不同的场合使用不同的声音——在面试中使用经过修饰的声音，在语音的清浊、语言的顿挫、语调的抑扬、语感的好坏上下些工夫，塑造一个良好的"声音形象"。一般来说，面试中考生应注意：

- 音调适中，不可过高或过低；
- 声音浑厚，但不混浊；
- 有节奏感，不单调；
- 音调过高，给人以不成熟和情绪易冲动的印象；
- 尾音过长，声音太弱，给人以不肯定的感觉；
- 语速过快，让考官难以深入理解并降低考官们对应试者的重视程度；
- 发出呼吸声，给人不稳重的感觉；
- 粗声粗气或另一个极端——尖锐刺耳，会给人以粗俗之感；
- 语调末尾上升，表明信心不足；
- 声音颤动（有时因呼吸不规律造成），考官会认为你紧张或羞怯；

- 语速过于缓慢，让你显得压抑和毫无生机；
- 语调呆板，声音沙哑，将减弱考生的说服力；
- 用鼻音说话或哼声，会让考官觉得你傲慢、冷漠、缺乏诚意。

【案例回应】

案例中的小明由于没有针对自身情况进行准确的职业定位，在应聘软件工程师的面试中谈个人职业理想，从经理到报纸工作，职业目标游离不定，因而被问得无言以对。"你个人的长期和短期目标分别是什么？你是如何确定这些目标的？你准备怎样实现这些目标？"这是一系列难以回答的问题，因为它其实包含了四个部分，各个部分都需要加以回答。这些问题经常一起出现，问的是你的个人目标而不是职业目标，这一点尤为重要，因为你很可能还会另外被问到职业抱负。如果你不能区分这两者的话，就不得不重复自己的回答。之所以把这个问题放在计划和组织部分，是因为它能反映你在个人生活中的计划和组织能力。

错误回答：我在某个地方读到过，我们是美国历史上"比上一代退步的一代"。这使我很担心，因此我的目标就是确保自己不落伍。这听起来可能有点悲观，但我是一个现实主义者，而且我相信面对现实是十分重要的。

回答这个问题时，关注经济的不利状况是不明智的，除此之外，这种回答在几个方面都有缺陷。首先，它试图把所有问题归结成一个问题。其次，它太过哲理化，因此没有反映出任何计划和组织能力。最后，它表明求职者对自己的未来不太乐观，而且他/她主要关心的是如何克服障碍和生存，而不是繁荣和发展。

正确回答：同所有现实目标一样，我的目标经常改变。不论在长期还是短期，我的个人策略是根据当前目标评价自己所处的位置，然后相应地修改自己的计划。比如，我每五年就制订一项个人计划，这个计划中包含一个总体目标和一系列短期目标。每六个月我就回顾一下自己的进展，然后对计划做必要的修改。很明显，我当前的计划就是实现职业转变，也就是找到更满意的工作。除此之外，我已经实现了近期制定的个人目标。

这个回答反映了求职者的组织能力以及擅长计划的头脑。通过讨论制定个人目标的方式，你可以表现出一种自尊感，还有对管理个人事务之能力的自信。

【实战训练】

举办一次模拟面试会，模拟某化妆品公司招聘推销员的面试情境：公司人事部经理表示，应聘者其他方面条件尚可，但身高比规定标准差了2厘米，不考虑录用。而应聘者认为这并不影响自己成为一名出色的推销员，于是双方各陈理由。请分别扮演经理、应聘者进行交谈，看看交谈的结果会怎样。

任务 4-2　竞聘口才理论

知识目标

◇了解竞聘口才的基本要求

◇理解竞聘口才的基本特点

◇掌握竞聘词的写作方法

技能目标

◇能写符合要求的竞聘词

◇能自信地完成竞聘演讲

【情景导入】

"谢"字里面大有文章

三名演讲者在同一次竞职演讲会上用了不同的结束语：

甲：我的演讲完了，谢谢！

乙：最后，让我再次感谢领导给我这个难得的竞职机会，感谢各位评委和在座的所有听众对我的支持和鼓励！

丙：今天天气这么冷大家还都来捧场，这使我非常感动，无论我竞聘是否成功，我都要向各位领导、评委和在座的朋友们表示深深的谢意（说完给大家深深地鞠了一躬）。

【问题讨论】

你如何评价以上三种结束语？

一、竞聘口才的界定和特点

（一）竞聘口才的界定

竞聘演讲是竞聘者为谋取某一职务而在特定的场合，面对特定的听众所发表的用以阐述竞聘的优势及被聘用后的工作设想和打算的演讲活动。

竞聘口才是竞聘演讲的资本储备，展现竞聘口才的目的，就是要使听众对演讲者有充分的了解和认识，从而鉴别其是否能胜任该职位。演讲稿的撰写，是竞职上岗演讲的一个不可忽视的重要环节，值得每一位竞聘者注意。

（二）竞聘口才的特点

竞聘口才是演讲的一种，因此具有演讲的口语性、群众性、时限性、临场性、交流性等一般特点。但由于它是针对某一竞争目标而进行的，所以，除了这些共性外，它还具有以下个性特点：

1. 目标明确

目标的明确，是竞聘演讲区别于其他演讲的主要特征。这一方面表现在演讲者一上台就要鲜明地亮出自己所要竞聘的目标（或厂长，或校长，或秘书，或经理等）；另一方面，其所选用的一切材料和运用的一切手法也都是为了一个目标——使自己竞聘成功（使听众能投自己一票）。而其他类型的演讲则不同，不管是命题演讲还是即兴演讲，虽然都有一定的目的，但其目标却有一定的模糊性、概括性和不具体性。打个比方说，如果演讲如大海行船，那么一般演讲是要告诉人们如何战胜困难，驶向遥远的彼岸，而竞聘口才则是竞争看谁有条件来当船长。

2. 内容优越

在其他的演讲中，尽管可以包括海阔天空地谈古论今、说长道短的内容，但这些内容一般都不会涉及自己的长处。即使在事迹报告演讲中，也忌讳毫不客气地为自己"评功摆好"。但竞聘口才则不同，它是听众在候选人之间进行比较、筛选的过程，竞聘者如果谦虚，不好意思说自己的长处，则表示自己能力一般，就不能战胜对手。因此演讲者必须"八仙过海，各显其能"，而说白了，"竞争"也就是演讲者无论是讲自身所具备的条件，还是讲自己的施政构想，都要尽最大可能显出"人无我有，人有我强，人强我新"的胜人一筹的"优势"，有时，甚至还要把本来是劣势的东西换一个角度讲成优势。

比如，在一次竞聘厂长的演讲中，一个年轻工人在自我介绍时这样说："我一没有党票，二没有金灿灿的大学文凭，三没有丰富的阅历，我只是一个涉世未深的 25 岁的小伙子。你们有百分之百的理由怀疑我是否能担得起化肥厂厂长的重任。然而，同志们，朋友们，请你们仔细地想想，我们化肥厂长期处于瘫痪的状态，难道是因为历届的厂长没有党票、没有文凭、没有阅历吗？"（掌声）接下来他又讲了听众心中有而口中无的改革措施，最后以较多的票数获胜。

3. 主题集中

所谓主题集中，是指所表达的意思要单一，不枝不蔓，重点突出。这就是说，在表达意思时，必须突出一个重点，围绕一个中心，而不要搞多重点，多中心，不能企图在一篇演讲中解决和说明很多问题。比如，在一次小学校长竞职演讲会上，一位呼声极高的竞聘者由于谈得太面面俱到而让人产生了反感。他是位有经验的老校长，在介绍自己时，不仅详细介绍了自己大半生的经历，而且在说获奖情况时，把在某晚报征文比赛获纪念奖这样的与竞聘条件无关的奖励都说了上去，罗列了不下二十个，说得听众忍俊不禁。在说措施时，又从如何抓学生的智育、体育、德育到如何开办校办工厂，从如何管理教学到如何关心教职工生活，其措施几乎是"全方位"的。结果造成了立意分散，让人听了觉得他好像什么都说了，而又摸不清他到底说了些什么。相比之下，另一位年轻的女教师就围绕"如何把学校教学水平搞上去"这一中心问题，讲得有情有理，头头是道，给人们留下了深刻的印象，最后竞聘成功。因此，在竞职演讲时，一定要"立主脑"，"减头绪"，"镜头高度聚焦"，这样才能在听众心中燃起共鸣之火。

4. 材料实用

材料实用，是指所选材料既符合实际，又对自己的竞争有利，也就是无论讲自己所具备的条件还是谈任职后的构想，都要从自我出发、从实际情况出发。那种发自肺腑讲实际的措施才是最受听众欢迎的。有个工人在竞职演讲中就做到了这一点。他说：

恕我直言，我无力为你们迅速带来财富，提高你们的工资，增加你们的奖金，我能做到的只能是：第一，诚恳地倾听你们的呼声，热忱地采纳和奖励你们的合理建议，我准备成立一个由新老工人和技术人员一起参加的"智囊团"，让大家提出优良的改革方案和科学的管理措施。第二，现在咱厂瘫痪的原因是收不上几百万的外欠款，我要是当了厂长，一方面要用法律手段解决问题，一方面要设立奖励制度，谁能完成任务，就奖励任务额的 20%。当面点清，说话算数。第三，目前当务之急是把积压产品销出去。这就要调动全厂工人的积极性，要把专业推销员和业余的结合起来，按效益提成。第四，在扩大销路的同时，还要扩大生产。在资金短缺的情况下，我们要先拿出点资金让工厂的机器转起来，我先拿出准备给儿子娶媳妇的两万元进行集资入股。第五，在工厂扭亏为盈之前，我先不拿工资。盈利之后，我的工资和奖金也拿全厂平均数。我当厂长只有一个心愿，那就是和全厂工人们一起，让咱们厂起死回生，扭亏为盈！

如果两年之内不能实现这个目标，我就立即自动下台。最后，我还要说，我平生最恨的就是贪污腐败，我要是当了厂长，保证"捧着一颗心来，不带半根草去"，如果发现我有一分钱不干净，大家可以把我家的东西全部拿走。

因为他所讲的都是真诚的、切实可行的办法，所以工人们都投了他的票。

5. 思路清晰

思路，就是演讲者的思维脉络；程序，就是演讲中所讲内容的先后顺序。竞职演讲不像一般演讲那么"自由"，它除了题目和称呼外，一般分为五步：①开门见山地讲自己所竞聘的职务和竞聘的缘由；②简洁地介绍自己的情况，如年龄、政治面貌、学历、现任职务等；③摆出自己优于他人的竞聘条件，如政治素质、业务水平、工作能力等；④提出假设自己任职后的施政措施；⑤用最简洁的话语表明自己的决心和请求。当然，以上几步也只是简单的模式，实践中演讲者还可根据实际需要稍加变化，而并非填表式地逐项遵循。

6. 措施有力

演讲者在讲措施时一定要注意条理清楚、主次分明。不要像漫坡放羊那样，讲到哪儿算哪儿，让人听了如一团乱麻。要把措施讲得有条理，可用列条的方法，如"第一点"、"第二点"或"其一"、"其二"等表示。除此，在每一"步"之间要用过渡语来承上启下。如当自我介绍之后，可以说："我之所以敢来竞聘，是因为我具备以下条件"来引出下文；讲完条件后，可以再搭一个"桥"："以上我说了应聘的条件，那么，假如我真当了校长（或乡长、厂长等），会采取什么措施呢？下面就来谈谈我的初步设想。"这样不仅条理清楚，而且使演讲上下贯通，浑然一体。

7. 语言准确

准确，一般是指要恰如其分地表情达意。但竞职演讲中的准确除此以外还有另外两层意思：一是所谈事实和所用材料、数字都要求真求实，准确无误，比如介绍经历时，是大专毕业就不能说是大学毕业；在谈业绩时，三次获奖就不能虚说"曾多次获奖"（最好把在什么时间什么范围获什么奖项说得清楚明白）；若涉及数字也要尽量具体。二是要注意分寸，因为竞职演讲基本上是以"我"为核心，如果掌握不好分寸，夸大其词，就会让人产生逆反心理，从而使自己的演讲失败。

二、竞聘词的写作方法

（一）标题

竞聘词的标题有三种写法。一种是文种标题法，即只标"竞职演讲词"；一种是公文标题法，由竞聘人和文种，或竞聘职务和文种构成，如《关于竞聘××公司经理的演讲》；还有一种是文章标题法，可用单行标题拟制，也可采用正副标题形式，如《让收音机制造厂腾飞起来——关于竞聘收音机制造厂厂长的演讲》。

（二）称呼

称呼是对招聘单位或招聘人员的称呼，要顶格写在第一行，如"各位领导，各位同志"、"各位评委"、"各位听众"等。

（三）正文

正文是全文的重点、核心，一般包括开头、主体和结束语三部分。

1. 开头

简单叙述竞聘的职务和竞聘的缘由。也可以用开头语言制造友善、和谐的气氛，如以"感谢给我参加答辩这样的机会"、"恳请评委及与会同志指教"等礼节性致谢词导入正题，紧接着阐明自己发表竞职演讲的理由。

2. 主体

这是全文的重点和核心。应围绕以下几个方面展开：

（1）介绍个人简历。可分两个层次：第一层简明介绍竞聘者的自然情况，使评委明了竞聘者的基本条件；第二层紧接第一层，对自己与竞聘岗位有联系的工作经历、资历作出系统、翔实的说明，以便评审者比较与选择。

（2）摆出竞聘条件。竞聘条件包括政治素质、政策水平、管理能力、业务能力以及才学、胆识各方面的条件。竞聘条件是决定竞聘者能否被聘任的重要因素之一，应该重点强调。但切忌夸夸其谈，应用事实说话，"事实胜于雄辩"。可以结合自己前一时期的工作来写，如自己曾做过什么相关的工作，效果如何，以此展露出自己的水平、能力、知识和才华。采取引而不发的办法，摆出各种事实，让评委及听众自然而然地得出肯定的结论。这一部分实际上是要说明为什么要应聘，凭什么应聘的问题。竞聘者在介绍自己的情况时，一定要有针对性，即针对竞聘的岗位来介绍自己的学历、经历、政治素质、业务能力、已有的政绩等。并非要面面俱到，而应根据竞聘职务的职能情况有所取舍。

（3）提出施政目标、施政构想、施政方案。这部分是竞聘者假设已被聘任后，对应聘岗位所提出的目标及实现目标的具体措施。选招、选聘单位除了看竞聘人基本素质条件之外，还要考虑竞招、竞聘的施政目标和施政措施。演讲者应鲜明突出地强调自己的施政目标和施政措施。这些目标和措施既要适应总体形势，又要体现部门特点。基本目标要具有客观性、明确性和先进性。要定性、定量相结合，能量化的尽量量化，以便评委进行比较、评估。提出的目标还应围绕人们对竞聘岗位较为关注的焦点、难点、重点。基本目标必须有切实可行的措施作保证，因此，保证措施十分重要。措施必须针对目标来制定，要明确具体，有可操作性，且密切联系岗位实际，从岗位工作出发。请看某竞聘老干部处副处长职务竞聘人的演讲：

> 总结我自身的情况，我认为我有条件、有能力胜任副处长的工作。如果我能竞聘成功，我将做好以下几项工作。首先，协助处长继续做好老干部工作，解决老干部急需解决的问题，如老干部的政治生活待遇问题，老干部的晚年教育问题。其次，积极组织老干部开展积极健康的文化和健身活动，使他们老有所乐。再次，积极开展家访工作，特别是要加强对孤寡老人的服务工作，安排工作人员与他们结成"帮助对子"，使他们感受到组织的温暖。最后，设立一个处意见箱，了解老人的思想状况，了解他们的需求，并将了解到的情况及时向局领导汇报，以及时解决问题。

3. 结束语

一般表明决心、信心和请求，以自信的姿态表达希望获得机会的意愿。这部分是主体内容的自然延伸，一般用以表明竞聘者的态度（竞聘成功或不成功的态度）、希望听众支持自己以及向听众致谢等。这部分要写得简明扼要，自然贴切，意尽言止，如"以上发言，请领导与同事批评指正"，或"我的话完了，请指教，谢谢"。

（四）尾部

在正文右下方写上竞聘者的姓名与竞聘日期，日期要求年、月、日俱全。

三、竞聘词写作法宝——创造出新颖的结尾

对于竞争性极强的竞职演讲来说，结束语是演讲者走向成功的关键一步。结

尾好就如乐曲结束时的强音动人心魄，结尾不好则犹如吃花生米时到嘴里的最后一粒是坏的，又苦又涩，一股霉气。失败的收尾会使整个演讲失去原有的效用。那么，怎样结尾才能给听众留下更深更好的印象呢？

1. 卒章言志表真诚

这是竞职演讲常用的一种结尾方法，主要是指演讲者表明自己"上任"后的抱负和决心。在竞聘村委会主任的演讲会上，一位刚从管理学院毕业的小伙子在演讲结束时这样说：

> 我虽然没有当官的经验，但我有为官一任、造福一村的热情，如果选我当村委会主任，我保证两年之内实现以上规划，让咱村改变面貌，让大家人人抱上金饭碗，说到做到，决不放空炮，如不兑现，我甘愿下台受罚，不仅我这一百多斤要交给大家，我还要把我家的楼房和几万元存折都押上。

他明明白白地表达了自己的信心和决心，使听众很快由怀疑和惊奇变为信任和亲近。于是话音刚落，台上台下便掌声一片。他的真诚深深感动了乡亲们，不少人投了他的票。

2. 发出号召表真心

有的演讲者在结尾时直接向听众提出希望，发出号召，但这种"号召"大大不同于一般演讲的"号召"，它是以竞职成功为直接目的的，说白了就是号召听众投自己的票。例如，在某企业竞聘副经理演讲时，一位演讲者在演讲结束时直截了当地对听众说："同志们、朋友们，请大家助我一'笔'之力，投我一票吧，因为选我就等于选了你们自己。"他的这一号召很奏效，言语不多，却亲切感人，如同一根魔棒触动了听众的心灵，使大家的心和他紧紧连在了一起，取得了很好的效果。

3. 巧借东风表决心

这是一种借他人结尾作为自己结尾的一种方法，它包括两种情况：一是顺手牵羊，用别人演讲中结尾的原话来表明自己的志向；二是简单汇总他人的"意思"为己用。如许立华在竞聘厂长的演讲结束时这样说："刚才刘勇同志说的完全代表了我的心，那就是无论能不能获得这个职位，我都要发愤图强，为咱厂迅速创造新的辉煌贡献自己的力量。"他巧妙借他人之言表达自己的决心，看似重复却又新鲜，不仅没有拾人牙慧之嫌，还能让人在重复之中看出演讲者不凡的智慧。在竞聘校长的会议上，李连山是最后一个出场演讲的，当他听到前边每个人最后都是以希望和决心作结以后，便没有再讲自己的决心，而是灵机一动，说：

"朋友们，至于决心在这里我也就不表了，因为前边每位竞聘者的心声就是我的心声，他们的决心就是我的决心。"他的话音刚落，会场上就响起了热烈的掌声。

4. 借景抒情显水平

在竞职演讲结尾时，如能巧妙地借用当时的景物来抒情表志，也可助自己一臂之力。一次，县委在县大会议室举行副局级干部竞职演讲会。那天天气很阴沉，当诸葛洪钢竞聘教育局副局长的演讲就要到尾声的时候，外面突然电闪雷鸣，几乎淹没了他的声音。他稍停顿了一下，指着窗外说：

> 同志们，听着窗外响起的阵阵春雷，我的心中不由得一震，是啊，我们的屋内不也是春雷滚滚吗！干部聘任制度改革的春雷正在我们这块天空上震响，在这场竞争中也许我只是一个过客，但我要张开双臂，为春雷春雨的到来而欢呼！

他巧借突如其来的天气变化来抒发自己的情感，比起那些"背稿"的演讲者来显然棋高一招，所以他的讲话激起了如雷鸣般的掌声，会后人们还对他的机智赞不绝口。

5. 问句收束增语气

在竞职演讲结尾时，通过设问自问自答的形式，既可以重申自己的观点，又可以收到良好的现场效果。

> 同志们，当听完我的构想以后，也许你会想，你的想法倒挺好，可实现得了吗？说实话，我只是一个平凡的人，不是神，我就是浑身是铁也打不了几个钉，要是光靠我自己，甭说是三年，就是三十年也实现不了。可古语说得好，人心齐，泰山移。如果在座的各位都光着膀子和我一起干，我敢肯定，不久的将来，梦想定会变成现实。

以上一段竞聘词，竞聘者在讲完自己的实施方案后，先抓住听众的心理来了一个设问，但他并不急着回答，而是故意用否定的话"荡秋千"之后再进行肯定，话语不多但含义颇深。其一，他表明了有自知之明的态度；其二，说明在一定条件下自己的构想并非是"吹牛"，从而激发出大家对自己的信任感；其三，还含蓄表达了对全体听众的信任和自己的决心。

有时为了表"情"的需要，还可以用反问句作结。如一位年轻人在竞聘乡

156

长演讲收束时说道：

> 　　大家知道，我是一名孤儿，是在党和乡亲们的关怀培养下长大的，如果不当好人们的公仆，不把乡里的事办好，能对得起培养我的党吗，能对得起各位父老乡亲吗？

　　他的反问加强了语气，他要当好乡长的志气犹如一股强劲的风，吹动了听众的心，于是博得全场掌声一片。

　　6. 欲说还休耐寻味

　　这是一种欲言又止的含蓄结尾法。美国一位演讲家说过："演讲最好在听众兴趣到高潮时果断收束，未尽时戛然而止。"他的话是有道理的，因为演讲在处于高潮的时候，听众大脑皮层高度兴奋，情绪和能力都达到了最佳状态。如果在这种状态中突然收束，那么保留在听众大脑中的印象就特别深刻持久。如一位中年妇女在竞聘居委会主任时用了这样的结尾："最后，我也不想再表白什么了，天地之间有杆秤，那秤砣就是老百姓，我相信大家的眼睛，谢谢！"她在讲完构想之后既没有表决心，也未发号召，而是以虚代实，用一两句话突然刹住话头，如快刀斩乱麻，干脆利落，情绪和节奏之快让听众始料不及，心里不由一震，顿觉此演说耐人寻味，于是一个良好的印象就在大家心里定格了。

　　7. 名言作结添文采

　　竞聘演说的结尾也可引用名言警句。一位竞聘医院院长的年轻护士长在演讲结束时这样说：

> 　　同志们，现在大家都在看《钢铁是怎样炼成的》这部电视剧，在这里只想用保尔的那段名言结束我的演讲："人最宝贵的是生命，生命属于我们的只有一次，一个人的生命应该这样度过，当他回首往事时，不因虚度年华而悔恨，也不因碌碌无为而羞耻，这样在他临死的时候就能够说，我已把整个生命和全部精力都献给了最壮丽的事业——为人类的解放而斗争！"

　　由于大家都熟悉这段话，所以当她开了头以后，大家都跟着一起含蓄而深沉、优美而有力地朗诵起来，此举不仅巧妙地表达了自己的心迹，且有余音绕梁之效。

　　以上只介绍了常用的几种方式，值得注意的是，这些方式在使用时并不都是孤立的，有时还可以两三种方式并用。只要我们敢于创新，不拘一格，细心体会他人成功的经验，就会创造出精彩！

【案例回应】

案例中是三名演讲者在同一次竞职演讲会上的结束语，虽都是言"谢"，但第一个人的有客套话之嫌，座下回应一般。第二个人的"再次感谢"比第一个人的要显得真诚，因此获得的掌声较热烈、反响也较强烈。给听众印象最深的还是第三个人的结尾，他字字含真情，句句发肺腑，所以在他下场之后，人们还在为他鼓掌。由此看来，"谢"字里面也大有文章。

【实战训练】

假设你要应聘公司的销售经理职位，写好演讲词并进行竞聘演讲。

任务4-3　竞聘口才评估

活动一：面试自我评估

结合选择答案与分析提示，认真思考下列问题：

1. 谈谈你个人最大的特色。

A. 我人缘极佳，连续三年被选举为班级和学生会干部。

B. 我的坚持度很高，事情没有做到满意决不罢手。

C. 我非常守时，学习、工作以来从来没有迟到过。

D. 我的个性很随和，是大家公认的好好先生（小姐）。

提示：人事主管的选择往往是 B。A、C、D 虽然都表示出应征者性格上的优点，但是 B 的回答是最能与工作契合的。能够与工作表现或岗位要求相结合的优点和特长，才是招聘者比较满意的回答。

2. 你为什么想来我们公司工作？

A. 主要是这份工作的内容很吸引我。

B. 贵公司在行业内颇为出名，听说管理也很人性化。

C. 我的大学同学在贵公司会计部工作，是他建议我来应聘的。

D. 贵公司在业界的声誉及这项工作的性质都很吸引我。

提示：最理想的回答是 D，A 居次。D 的回答是比较完备的，显示应征者是经过事前的考察才作出综合评估。谨慎的招聘者都希望录用能够深思熟虑的人选，唯有双方都认为是"适合"的合作，才能走得长久。A 的回答也没错，但就完整性及其背后所显现的意义来说是略逊于 D 的。

3. 你对我们单位了解吗？

A. 贵公司在去年长达八个月的时间里都高居股王的宝座。

B. 贵公司连续三年被 ABC 杂志评选为"求职者最想进入的企业"第一名。

C. 不是很清楚，能否请您作些介绍。

D. 我最欣赏贵公司有意改变策略，加强与国外大厂的 OEM（代工生产）合作，自有品牌的部分通过海外经销商扩大了销售的作为和举措。

提示：D 为最佳选项，求职者对于要前往面试的公司一定得有所准备，多加了解。应征者如能多搜集到更深入详细的背景资料，在言谈间，招聘方很快就能够感受出其应聘的决心与诚意，事前所投注的心血会使应聘者的回答言之有物，而且能明显地与其他应聘者区别开来。

4. 你找工作考虑的最主要因素是什么？

A. 公司的远景及产品的竞争力。

B. 公司对员工职业生涯规划的重视及人性化的管理。

C. 工作的性质是否能让我发挥所长并不断成长。

D. 合理的待遇及主管的管理风格。

提示：人事主管往往选择 C。找工作时当然应该有个全面的评估与考虑，不过最根本的因素还是取决于工作本身，如果工作内容无法满足个人期望，则公司的前景再乐观，待遇福利再优厚，终究是留不住人才的。企业固然希望以好的名声及优良的企业文化吸引人才，但是它要选择的首先还是工作表现好、能够真正有所贡献、可以将公司推向更高境界的人员，而不是纯粹慕名求利而来的人。

5. 你的期望待遇是多少？

A. 是否可以先让我了解一下贵公司的薪资及福利制度？

B. 我希望至少要高过我目前的薪水，再有，依我的职等每年可分配多少股票呢？

C. 我目前是 3 000 元，但下个月要调薪，所以我希望至少 4 000 元。

D. 月薪 3 000 ~ 4 000 元之间，不知道这是否在贵公司的预算范围之内？

提示：人事主管选 A 的最多，其次是 D。A 显示了求职者态度上的谨慎，是对求职者最有利的一种回答方式。

6. 你什么时候可以开始上班？

A. 再等一个半月，拿到上年度的分红之后。

B. 原则上我可以尽量配合，但我必须与我目前的老板讨论交接的日期。

C. 是否可以给我两个星期的时间考虑并与家人讨论一下。

D. 我的好朋友下个月在美国结婚，我必须参加，是否可以等我从美国回来。

提示：人事主管一般选 B。公司总希望尽快将缺位补齐，以免影响日常工作。回答时应记得交代对于前一份工作的责任，收尾也要收得干净漂亮，而不是丢下一个烂摊子一走了之。招聘者会顺便由此观察求职者工作的责任感。

7. 你为什么想离开目前的职务？

A. 别的同事认为我是老板的红人，所以处处排挤我。

B. 调薪的结果令我十分失望，完全与我的付出不成正比。

C. 老板不愿授权，工作处处受限。

D. 公司运营状况不佳，大家人心惶惶。

提示：超过半数的人事主管选 C，其次是 D。C 表明希望被赋予更多的职责之意，显示应征者的雄心壮志和非凡的能力。

8. 谈谈你在前一份工作中的最大贡献。

A. 因事前准备得宜，使得产品在去年的交易展会上大出风头。

B. 据理力争，为同事争来了年度免费健康检查的福利。

C. 重新设计生产线，使得生产周期缩短了 30%，每季出货量增加了 35%。

D. 以一份长达 20 页的评估报告建议公司必须尽快投入电子商务。

提示：最理想的回答是 C。你所提出的成就必须与现在所应征的工作岗位或职能相互关联，并且尽量予以数字化的具体表现，以显示自己能转移或沿用经验的能力。

9. 如果我们雇佣你，你准备为我们工作多长时间？

A. 这个问题可能要等我工作一段时间后，才能比较具体地回答。

B. 一份工作至少要做个三五年才能学习到其精华的部分。

C. 这问题蛮难回答的，可能要看当时的情形。

D. 至少两年，两年后我计划再出国深造。

提示：选择 B 的最多，A 次之。这是个分量很重的问题，不要流露出把该单位的工作作为暂时性的过渡之意。虽然人们无法预测将来，但这时的意向要积极肯定。

10. 除了我们公司，你还应征了其他哪些公司？

A. 我还应征了 ABC 饮料公司、DEF 软件设计公司及 XYZ 化工公司。

B. 因为是通过人才网站应聘的，所以有很多公司与我联络，不胜枚举。

C. 我只对计算机类的公司感兴趣，除贵公司外，我还应征了 OPQ 及 RST 两家 IT 公司。

D. 我不是很积极地想换工作，这半年多来陆陆续续寄了一些履历表，公司名字不太记得。

提示：最理想的回答是 C。A 给人病急乱投医，根本不清楚自己的职业发展方向之感。但如果求职者是从事人力资源、会计、行政、秘书等性质的工作，则可以接受 A 的回答。

11. 你希望五年后达到什么成就？

A. "做一天和尚撞一天钟"，尽人事，听天命，顺其自然。

B. 凭我的机灵及才干，晋升至部门经理是我的中期目标。

C. 自己独当一面开公司。

D. "全力以赴"是我的座右铭，希望能随着经验的增加被赋予更多的职责与挑战。

提示：最理想的回答是 D。应征者回答的重点一定要放在希冀从工作本身获得自我提升及成长这一方面，这样所显现出来的自然是积极进取的工作态度。

12. 你认为你在哪方面最应该得到改进？

A. 时间管理。

B. 人际关系。

C. 有些迷糊的状态。

D. 以高标准要求部属和同事。

提示：最理想的回答是 D。

13. 如果你离开现在的职务，你认为你的老板会有什么反应？

A. 很震惊，因为老板对我很器重也很信赖，我就如同他的左右手一样。

B. 还好吧，他大概心里也有数，反正公司现在也不忙。

C. 他大概习惯了，反正他早已习惯手下的人来来去去。

D. 我想他一定会生气地破口大骂，他是一个相当情绪化的人。

提示：理想回答是 A。招聘者想了解你在前任工作上与主管相处的情况以及你在主管心目中的地位如何。

14. 知道我们为什么录用你吗？

A. 因为我比别人优秀。

B. 因为我有很强的事业心，想要与贵公司共同成长。

C. 您可以由我过去的工作表现所呈现的客观数据，明显地看出我全力以赴的工作态度。

D. 我在这个行业已耕耘了八年，丰厚的人脉是我最大的资产。

提示：理想回答是 C。再美妙的描述形容也不如展现明确的业绩数据、具体的工作成果而令人感受强烈、印象深刻。

15. 你有什么问题要问吗？

A. 通常在这个职务上工作多久才能有升迁的机会？

B. 目前工作上常用的设计软件包括哪些？

C. 我想不出有什么好问的。

D. 以我的职等而言，平均可以分到多少股票？

提示：最理想的回答是 B。

活动二：模拟面试训练

假设你是某面包公司的业务员。现在公司派你去偏远地区销毁一卡车的过期面包（不会导致健康问题的）。在行进的途中，你刚好遇到一群饥饿的难民堵住了去路，因为他们坚信你所坐的卡车里有食物。这时报道难民动向的记者也刚好赶来。对于难民来说，他们肯定要解决饥饿问题；对于记者来说，他要报道现况事实；对于业务员来说，你要销毁面包。现在要求你既要解决难民的饥饿问题，让他们吃到这些过期的面包以便完成销毁任务，又不能让记者报道面包过期的这一事实。请问你将如何处理？（说明：①面包不会导致健康问题；②不能贿赂记者；③不能损害公司形象）

操作要求：

（1）要求被测试者扮演某一角色并进入角色情景中，去处理各种问题和矛盾。考官对考生在情景中所表现出来的行为进行观察和记录，以测评其素质潜能，或看其是否能适应或胜任工作。

（2）此任务具体的难点是：①过期食品的发放会给记者以口舌；②不合理的操作手段会影响企业信誉；③从人道主义的角度来说，解决难民的生存问题是每个人最起码的人道主义体现；④从个人的角度来说，对临时突发事件良好的处理能力是职业生涯的重要砝码。

（3）具体思路是利用此契机，化不利因素为有利因素，树立企业形象，增加企业的美誉度。

项目五　论辩口才

任务5-1 了解论辩

知识目标

◇了解论辩的类型和要素

◇理解论辩的语言特点

◇掌握论辩的规律

技能目标

◇能运用论辩规则进行简单论辩

【情景导入】

朱总理巧对记者

记者："请问总理先生，无论下一届总理是谁，您认为他哪些方面应该向您学习？"

朱总理："关于我本人，除了埋头苦干外，没有什么优点。我不希望别人学习我。前不久香港某家报纸说我的本事就是拍桌子、捶板凳、瞪眼睛，那就更不要学习我了。但是，这家报纸说得不对，桌子是拍过，眼睛也瞪过，不瞪眼睛不就成植物人了吗？板凳是绝对没捶过，那捶起来是很疼的。至于说我这样做是为了吓唬老百姓，我想，很少有人会相信这种说法。拍桌子只吓唬那些贪官污吏。"

【问题讨论】

如何评价朱总理的回答？

【理论知识】

论辩作为人类文化的一种传播活动，广泛存在于社会的各个层面、各个角落。只要人们所探讨的事物的真假、是非、善恶、美丑、优劣、大小等问题存在认识上的差异，就会产生可辩点，就有论辩的可能。

164

一、论辩的含义和作用

论辩，也叫辩论，是人们针对某一个有争议的话题，以公开对立的立场对对方的观点进行驳斥和否定，同时确立和强化本方观点的一种对白话体演说形式。

论辩的作用有三点：一是人们交流思想、探求真理、摒弃谬误的重要途径；二是人们沟通思想感情与表明态度立场的常用方式；三是人们维护自己权益名誉的有效武器。

二、论辩语言的特点

从一般意义上来看，论辩显然表现为"舌战"，但它的目的仍是说服，即通过合乎逻辑的立论来阐明真理，分清是非，使对方信服。论辩的崇高目的性对辩论语言提出了很高的要求，符合论辩要求的语言才能有效地说服对方。从语言、思维、言语环境来看，论辩语言的特征有以下四点：

1. 论辩语言的征服性

辩论者应具有多种良好的心理素质。应相信是最重要的一种。辩论时，应相信我方必胜，对方必败。有战胜对方的勇气，才能用语言的力量征服对方，达到自己的目的，辩明真理。

我国学者彭倚云，是世界著名的行为治疗专家阿加尔教授的博士研究生，这个令人羡慕的学位正是彭倚云借助语言的力量取得的。在面试时，师生激烈争论了两个小时，阿加尔教授咆哮如雷："……你认为你可以说服我吗？""当然不一定，因为我还没有出生时，您已经是心理医生了。"彭倚云毫不示弱，响亮地继续答道："只有实验本身能说服您或者我，但是如果没有人来做这些实验，那就永远不会有人知道我与您谁对谁错。"教授气急败坏地说："就凭你那个实验方案？我马上可以指出它不下十处的错误！"到这时，双方的争论火药味十足，看来是很难继续下去了。这时，彭倚云接着说："这只能表明实验方案还不成熟。要是您接受我当您的学生，您便可以把这个方案改得尽善尽美。"教授说："你想让我指导一个反对我的理论的研究生吗？""我是这样想的，"彭倚云笑了起来："可是经过这两个小时的争吵，我知道牛津大学是不会录取我了。""最后我问你，"阿加尔教授在倔强而自信的中国小姐面前渐渐让步了："为什么你要选择行为治疗这一科目？为什么要选择我做你的导师？"彭

项目五　论辩口才

165

倚云理直气壮地说："因为您在那本书里曾写道：'行为治疗的目的是给予在心灵上备受痛苦的人一个能回到正常生活的机会，从而享受正常人应有的幸福和权利。'老实说，您书里的其他话我不一定赞成，可这句话我能给予全心全意的赞同。"教授问："为什么？""因为我知道不能做正常人的痛苦，也曾看见许多人失去了正常生活的权利而痛不欲生。我觉得行为治疗能让心理畸形的人重新做正常的人，不再忍受精神折磨。在这一方面，我完全赞同您的看法，也许咱们的分歧只在于怎样才能更好地进行这种治疗。"彭倚云坚定地回答。最后，这位45年才收一名研究生的教授被彭倚云的自信、雄辩征服了，而彭倚云正是靠着自己的见解和辩才做了阿加尔的学生。

从这个例子中我们看到，双方都试图压倒对方，辩论气氛紧张，彭倚云凭借自己出色的口才、坚强的自信，以及不屈不挠的精神，令倔强暴躁的阿加尔教授接受了自己。

2. 论辩语言的逻辑性

辩论语言是极富灵活性的口语形式，理由充足、富有逻辑力量的辩论语言才能使对方心悦诚服。说服性只有建立在逻辑性的基础上才能有说服力。论辩的语言要符合逻辑，就应避免语无伦次、似是而非、矛盾百出等现象出现。《三国演义》中，诸葛亮就是巧借富于逻辑性的雄辩力量"舌战群儒"，说服了孙权。诸葛亮先用刘备"博望烧屯，白河用水，使夏侯惇、曹仁之辈心惊胆裂"的战绩作反驳论据，驳斥了江南"第一谋士"张昭所谓"曹兵一出，弃甲抛戈"的虚假论据；接着列举汉高祖刘邦出身卑微，然而击败了秦国许多名将，围歼了楚霸王项羽，"终有天下"的事例，驳倒了儒生陆绩的"织席贩履之夫"刘备不足与相国后裔曹操抗衡的论题；最后，诸葛亮用"必有一假"的矛盾律，指出了"匡扶宇宙之才必按经典办事"论题的虚伪性，使得那些主降的"江东英俊"或是"默默无语"，或是"满面惭愧"，或是"低头丧气而不能对"，从而揭开了"赤壁大战"的序幕。最终大败曹操，确定了天下三分的局面。

3. 论辩语言的目的性

辩论是一种一定要辩明是非曲直的激烈角逐，针对对方的漏洞、谬误，有的放矢地驾驭有声语言，力争击败对方，使己方论点得以确立。

在一次全国人民代表大会会议上，一位女代表说："上一届我也是代表，每年开会都是听领导讲，总是觉得国家的大政方针咱不懂，应该好好学习，回去好贯彻执行，这一次开会，大家你说我说，我脑子都乱了。"一位男代表提

166

出异议："我认为国家意志应是人民意志的最高体现，人民代表如果不主动反映他所代表的那个社会阶层民众的意见和呼声，那么国家意志的形成就缺了一个重要环节。"女代表有自己的观点："可是你所代表的只是小部分，国家是代表绝大多数的。我认为自己不比国家高明。"男代表立即回答道："人民代表不是一个人的概念，我承认我的代表性还不足以反映我所代表的那个社会各阶层群众的意愿，但每个人大代表都认为自己只是'自己'，放弃代表人民的权利，那么，国家何以代表大多数？"

这场发生在休息厅里的争论，针对性强，民主气氛浓厚，谁胜谁负，不言自明。男代表谈话中具有明显的针对性，虽只有短短几句，却有的放矢地阐明了正确的观点。

4. 论辩语言的健康性

辩论是一种有益的、理智的口头交流活动，而不是庸俗无聊的"斗嘴"。鲁迅曾说过："辱骂和恐吓绝不是战斗。"可是，有些人在论辩中容易冲动，出言不逊，甚至开口骂人，污言秽语不堪入耳。因此，遵守健康性的语言原则显得尤为重要，脱离了健康性的论辩只会流于粗俗的人身攻击。

罗蒙诺索夫是18世纪俄罗斯博学多才的伟大学者，有一次，他和宫廷贵族舒瓦洛夫伯爵为一个问题争论起来："你简直是个大傻瓜！"舒瓦洛夫伯爵理屈词穷，气急败坏地嚷着。"阁下，有人说，在俄国大臣下面当一个傻瓜是最荣幸的，即便是这样，我也不愿意。"罗蒙诺索夫平静地笑道。"我要把你开除出科学院！"伯爵大人叫得更凶了。罗蒙诺索夫神情坦然地说道："请原谅，任你怎么说，也无法把科学从我身上开除出去！"

在这场激烈的辩论中，罗蒙诺索夫始终保持着学者的风度，在风度和口才上都更胜舒底洛夫一筹。

论辩中，我们应掌握辩论语言的压服性、逻辑性、目的性和健康性，只有这样才能体会到"一人之辩，重于九鼎之宝；三寸之舌，强于百万之师"的深刻含义，又能在辩论中既能善辩明理，又能展示风度翩翩的形象。

三、论辩必须遵守的逻辑规律

1. 论辩必须遵守同一律

同一律的含义是，在同一思维过程中，每一思想必须有确定性，不能改变为其他不同的概念或判断。如果偷换思想，就是违反了同一律。违反同一律，就会犯混淆概念或偷换概念、转移论题或偷换论题的错误。

两千多年前，古希腊著名学者普洛太哥拉斯招收了一名叫爱瓦梯尔的学生，传授法律知识，两人签订了一份合同：爱瓦梯尔分两次交付学费，第一次是在入学时交付一半，第二次则须在爱瓦梯尔结业后第一次出庭胜诉时交付另一半。可是爱瓦梯尔结业后老是拖延，不肯交付另一半学费。普洛太哥拉斯一气之下，要到法院去告爱瓦梯尔。他先去警告爱瓦梯尔："只要我一告到法院，你就一定要把学费付给我。因为如果我胜诉了，按照法院的判决，你必须付学费给我；如果你胜诉了，那么按照我们的合同规定，你也应该付学费给我。所以，我无论是胜诉还是败诉，你都得把学费付给我。"爱瓦梯尔听后，想了想，回答说："只要你到法院告我。我就可以不付给你学费了。因为如果我胜诉了，按照法院判决，我就不会付给你钱了；如果我败诉了，那么按照我们的合同规定，我也不该付学费给你了。"

这桩两千多年前的悬案，一直无法裁决，问题出在哪里呢？问题出在他们二人都违反了同一律：普洛太哥拉斯没有坚持同一个标准，提出胜诉时以法院判决为依据，而败诉时以合同规定为依据；爱瓦梯尔也同样依据不同的标准，胜诉时以合同规定为依据，而败诉时以法院判决为依据。他们两人都没有保持标准的同一，因而陷入了诡辩的泥潭。

2. 论辩必须遵守矛盾律

矛盾律，又叫不矛盾律，它的含义是：在同一思维过程中，两个互相反对或互相矛盾的判断不能同时都是真的，其中至少有一个是假的。违反这一要求，就必然犯自相矛盾的错误，这在论辩中是最忌讳的。例如：

有一个年轻人想到发明家爱迪生的实验室工作，爱迪生接见了他。年轻人满怀信心地说："我想发明一种万能溶液，它能够溶解一切物品。"爱迪生听罢，惊奇地问："那你想用什么容器来装你要发明的那种万能溶液呢？它不是能够溶解一切物品吗？"年轻人被问得哑口无言了。

3. 论辩必须遵守排中律

所谓排中律，是指在同一思维过程中，两个互相矛盾的判断中必须有一个是真的。即二者必有一真，排斥中间的可能性，故曰排中律。如一个学校举行学生辩论赛，论题为"逆境比顺境容易出人才"，那么反方的观点就应该是"顺境比逆境更容易出人才"。可是出题者却把反方的观点定为"逆境不一定比顺境容易出人才"，结果闹了个大笑话，辩论根本无法进行下去，因为不管对方怎么论证，反方都可以说："我们的观点是'不一定'嘛。"因为出题的人违反了排中律，所以无"辩"可言。

4. 辩论必须遵守充足理由律

充足理由律的内容是：在任何议论中，一个判断被确定为真，必须有充足理由。充足理由律对辩论的要求有二：一是理由必须真实；二是理由与推断之间有逻辑联系，从理由必然能够推出一个判断。例如，有人说："你的普通话说得这么好，你一定是个北京人。"这里，"你的普通话说得这么好"是理由，可这个理由无法必然地推出"你一定是个北京人"这个判断，因为并非"凡是普通话说得好的都是北京人"，这句话本身违反了充足理由律，理由不充分，不能说服人。

四、辩论要素及类型

一般说来，按照论辩的过程，论辩包括四个基本要素：

①主体—辩论行为的实施者；

②客体—辩论行为实施的对象；

③媒介—辩论行为实施的条件；

④受体—辩论行为实施的接受者。

辩论的类型有许多，以下从形式的角度分为三类：

①对话式：社会生活中常见此种形式，如日常琐事争执、经济纠纷、工作上的谈判、邻里矛盾、交通事故协调等，此类论辩以说服对方接受自己的观点为目的。

②答辩式：具体发生场合为毕业论文答辩、法庭辩论、决策辩论、外交辩论、答记者问等。

③竞赛式：有组织、有计划地围绕辩题展开的辩论。

【案例回应】

记者的提问企图让朱总理对自己的政绩及缺点作一番评价，朱总理回答得十分巧妙，他举香港一家报纸对自己的评论，用幽默的语言否定了"捶板凳"之谣言，赢得了众多记者的掌声。朱总理的这段答记者问，真是口舌生风、妙趣横生，被誉为辩论口才的"红色经典"。朱总理的答记者问，实际上是一个辩论过程。这个过程中，我们可以领会到辩论四要素、辩论特征以及辩论类型的内涵。

【实战训练】

阅读下列材料，说说它们能证明一个什么观点。

（1）魏源力主"去伪、去饰、去畏难"，渴望一个"风气日升、智慧日出"的新社会出现在华夏大地上。

（2）敞开双眼看世界，向西方国家探求治国的道理，达到"报国、御敌"的目的。

（3）龚自珍冲破埋头考据、不论实际的局面，开创了"今文经学"与"经世致用"相统一的局面，对社会的变革起了积极的作用。

（4）青年马克思为研究革命真理在大英博物馆孜孜不倦地学习。

（5）少年莎士比亚为学习戏剧进剧院做勤杂工。

（6）屈原投江自尽。

（7）陶渊明不为五斗米折腰。

（8）林则徐虎门销烟。

（9）深圳由一个小渔村发展成为今天的现代化城市。

任务 5-2　立论技巧

知识目标

◇掌握立论的常用技巧

技能目标

◇会灵活运用常用立论技巧进行论辩

迂回曲折打官司——林肯为烈士遗孀作辩护

有一天，一位老态龙钟的妇人来找林肯，哭诉自己被欺侮的经过。这位老妇人原是独立战争时期一位烈士的遗孀，每月靠抚恤金来维持晚年生活。前不久，出纳员要她先交一笔手续费才能领钱，而这笔手续费竟高达抚恤金的一半，这分明是敲诈勒索。素有修养的林肯听完老妇人的倾诉后，怒不可遏，他安慰老人，答应一定帮助她打这个没有实物证据的官司（因为那个出纳员是用口头勒索的）。法庭开庭后，因证据不足，被告矢口否认原告的指控，情况显然不妙。轮到林肯发言时，几百双眼睛盯着他，看他有无办法扭转局势。林肯没有陈述案情和老人的不幸，而是先用抑扬顿挫的嗓音，把听众引入对美国独立战争的回忆中，他两眼噙满泪花，用真挚的感情述说革命前美国人民所遭受的深重的苦难，述说革命志士在冰天雪地里战斗，为浇灌"自由之树"而流尽最后一滴血。突然间，他情绪开始激动，言词夹枪带剑，直指那位企图勒索烈士遗孀的出纳员。最后，他以巧妙的设问，作出令人怦然心动的结论："现在，事实已成了陈迹。1776年的英雄早已长眠于地下，可是，他们衰老而可怜的遗孀还在我们面前要求代她申诉。不消说，这位老夫人从前也是一位美丽的少女，曾经有过幸福愉快的家庭生活，但是，她牺牲了一切，却变得贫困无依，不得不向享受着革命先烈争取来的自由的我们请求援助和保护。试问，我们能熟视无睹吗？"一个设问，戛然而止，在场的人眼圈泛红，为老夫人泣下一掬同情之泪；有的甚至跺脚捶胸，扑过去要撕扯被告；有的当场解囊捐款。在听众的一致要求下，法庭通过了保护烈士遗孀不受勒索的判决。

【问题讨论】

上述案例中，林肯的辩词巧妙之处在哪？用了什么技巧？

【理论知识】

辩论是由立论（辩护）和反驳两个基本环节构成的，其中立论是为了证明己方的基本立场，它是反驳的基础和必要的阶梯。辩论中如果没有必要的立论，反驳就会显得强词夺理，苍白无力，而且，如果自己的立论不稳，辩论中自然会被对方攻击得千疮百孔，招架不住，更谈不上攻击对方了。可见，立论的好坏，直接关系到辩论的成败。下面简单介绍几种立论技巧：

项目五 论辩口才

一、分析辩题，立论严密

论辩双方必须认真分析辩题，找出论辩双方的焦点，进行周密的准备，如"万家乐杯"电视辩论大赛上，北京大学队与国际关系学院队的辩论题目是"我国现阶段应该鼓励私人购买轿车"。这一题目的关键是"轿车"、"鼓励"和"我国现阶段"这三个词。找准这三者之间的逻辑关系，并以此形成一个强有力的立论思路，就能构建起严密的攻防体系。正方的北大队根据其内在的逻辑联系推导出了这样的思路：第一，现阶段发展轿车工业是我国工业发展的主导方向之一。由于轿车工业"三高一快"的特点，轿车工业被证明是经济起飞最有力的助推器，轿车的质量和产量也是衡量一个国家发展水平的标志。我国也不例外，要想促进工业发展，必须发展轿车工业。第二，轿车工业要发展，关键在市场。如何扩大轿车市场，最便捷的办法是使轿车"飞入寻常百姓家"，所以，轿车工业同鼓励私人购买就存在着必然的联系。在此基础上，他们再依据其必然的逻辑联系充分论证了"鼓励购买"的现实可能性和必要性，并充分考虑了对方在立论中可能会提出的问题（即我国公路交通的拥挤情况，致使轿车的私人消费会成为一种奢华的超前消费倾向），并一一对此作了周密合理的论述准备。由于北大队在立论中充分运用严密的逻辑思维来确立自己的论证体系，确保了论辩的严整周密，所以他们的立论在实践中既立得起，又防得住，收到了较好的效果。

二、避实就虚，绕道而行

避实就虚，绕道而行，就是根据辩题从另一个角度引入一个新概念与对方周旋，从而确保己方立论中的某些关键概念隐藏在后，不受对方的直接攻击。"李代桃僵"这一战术的活用就在于此。比如，"艾滋病是医学问题，不是社会问题"这一辩题甚难辩解，因为艾滋病既是医学问题，又是社会问题，从常识上是很难把这两个问题截然分开的。复旦大学辩论队在处理这个问题时，首先做了以下设想：如果让他们去辩正方的话，他们就会引入"社会影响"这一新概念，从而肯定艾滋病有一定的"社会影响"，但不是"社会问题"，并严格地确定"社会影响"的含义，这样对方就很难攻进来。后来在辩论时他们却抽到了反方的签，要阐述"艾滋病是社会问题，不是医学问题"，在这种情况下，如果完全否认艾滋病是医学问题有悖常理，因此，他们在辩论中引入了"医学途径"这一概念，强调要用"社会系统工程"的方法去解决艾滋病，而在这一工程中，"医学途径"是必要的部分之一。辩论中，他们的立论是：艾滋病是社会问题，而绝不单纯是医学问题；然后提出艾滋病是一个需要综合治理的社会问题，需要依靠政治、经济、道德、法律、医学、教育等多种力量来综合治理，医学仅仅是其中的一种手段。这样立论，就把原来的辩题中对立的社会问题和医学问题巧妙地统一到一个外延更加宽泛的社会问题之中，使己方的立论具有严密的逻辑性，显得无懈可击，他们的周旋余地便极大地扩展了，对方得花很大气力纠缠在他们提出的概念上，其攻击力只能大大地弱化。

三、避免定性，留有余地

在立论（辩护）中，我们时常会遇到一个无法回避的事实，即给概念下定义，通过定性明确我方基本观点，澄清我方基本立场。但要特别注意的是，如果我们在辩论中热衷于对每一个概念都赋予定性表达，很可能因此给对方提供许多意想不到的突破口；而且，把辩题和概念交代得太清楚了，辩论中也就没有了回旋的余地。因此，有时候要避免定性，留有余地。比如"温饱"这个概念，如果把它定义为"社会的大部分人都无衣食之困"的状态，那么对方马上就可以追问："你的'社会'概念的内涵是什么？它指一个团体、一个民族，还是一个国家？"也可以问："你的'大部分人'的含义是什么？是人口的60％、70％还是80％？"对这些问题，如果你继续回答，就可能会暴露出许多新问题，从而完全陷入被动应对的局面。因此，在解释概念时，既要表露出一些东西，又必须隐藏某些信息，即采用描述的方法来搪塞。所谓"描述"，就是不揭示概念的本质含义，只是从现象上对概念进行描述，甚至是同义反复的描述。如对"什么是温饱"的问题，复旦大学队是这样回答的："温饱，就是饱食暖衣。"这个回答实际上是同义反复，没有提供任何新的东西，但它给人的感觉是，他们已清楚地阐释了这个概念，而对方又抓不住任何把柄实施攻击。这样，在后面的辩论过程中，当复旦大学队对"温饱"这一概念作出新的补充和说明时，他们就显得比较灵活、自由，不至于被对方抓住什么矛盾的漏洞。

总的来说，在辩论中要注意恰当使用描述和定义的方法，两者不可偏废。但要尽量多用描述，从而达到既讲清某些问题，又隐蔽另一些问题的境界，使对方不能迅速地进行判断并抓住己方观点中根本性的东西来施行攻击。

【案例回应】

"情景导入"中，林肯为烈士遗孀所作的这段辩护词，没有罗列有关出纳员勒索老夫人的证据，也没有纠缠在案情的枝节问题上，而是用独立战争之前美国人民所经历的深重苦难和独立战争中革命志士流血牺牲、历尽磨难的史实，叩开人们的心扉。最后，以强烈对比的手法描述了战士的牺牲与遗孀的孤苦、美丽的少女与无助的老妪这种不忍熟睹的现状，极大地震撼了听众的心灵。不仅博得了人们的同情，还赢得了辩护的胜利——法庭通过了保护烈士遗孀不受勒索的判决。

【实战训练】

以"金钱是万能的"、"金钱不是万能的"为正反方的辩题，分组讨论如何进行立论。

任务 5 – 3　反驳技巧

知识目标
　　◇掌握反驳的常用技巧
　　◇认识诡辩的基本方法
技能目标
　　◇会灵活运用常用的反驳技巧进行论辩
　　◇能识破诡辩，并能有力回击

【情景导入】

以牙还牙——冯玉祥怒斥洋人

爱国将领冯玉祥任陕西督军时，一次得知外国人安德斯和高士林擅自闯入终南山打猎，捕获两头珍贵的野牛，冯将军马上把他们召到西安责问："你们到终南山打猎，曾和谁打过招呼？领到许可证没有？"这两位外国人耸耸肩，狡辩说："我们打的是无主野牛，所以用不着通知任何人。"冯将军一听非常气愤，严厉地说："终南山是陕西的辖地，野牛是中国领土内的东西，怎么会是无主的呢？你们不经批准私自打猎，就是犯法行为。"这两个外国人振振有词："我们这次到陕西，贵国外交部发的护照上不是写着准许携带猎枪吗？可见我们行猎已得到贵国政府的准许，怎么是私自行猎呢？"冯将军马上反问："准许你们携带猎枪，就是准许你们任意行猎吗？若是准许你们携带手枪，难道你们就可以在中国境内随意杀人吗?"

高士林还继续狡辩:"我在中国 15 年,所到的地方从来没有不准打猎的,再说,中国的法律也没有不准外国人在境内打猎的条文。"冯将军又据理驳斥:"中国的法律上没有不准许外国人打猎的条文,难道有准许外国人打猎的条文吗?你 15 年没有遭到官府的禁令,那是他们睡着了。现在身为陕西地方官的我,却没有睡着。我负有国家和人民交托的保土卫权之责,我就非禁止不可!"

【问题讨论】
上述案例中,冯玉祥将军三次反驳的特点和技巧是什么?效果如何?

【理论知识】
反驳是根据已知为真的事实或理论来确定某一论断的虚假性或指出对某一论断的证明不能成立的一种逻辑方法。它是驳斥谬论、揭露诡辩、维护真理的重要手段。由于论证是由论题、论据和论证过程三个要素有机构成的,因此,反驳可以从三个方面入手:反驳论题、反驳论据和反驳论证。在一个反驳过程中,既可以从三个方面的任何一个着手进行反驳,也可以同时从结合三个方面任意一个或几个着手进行反驳。

反驳可以按照不同的依据分为直接反驳和间接反驳、演绎反驳和归纳反驳、简单反驳和复杂反驳。从形式上看,反驳是论证的一种特殊形式,因而同论证一样,需要遵守论证的规则。在论辩中,反驳的前提是对方的论题虚假或论证过程出现了纰漏,这就需要我们认真分析对方的论证,发现其破绽,继而根据情形的需要,灵活运用各种反驳手段,驳倒对方。

一、反驳技法

1. 针锋相对法

针锋相对法是正面反驳的一种方法。辩论中,对于实质性的问题,双方往往各不相让,有时措辞激烈,甚至达到白热化程度,因此人们常用"唇枪舌剑"来形容辩论。如果在辩论中不能给对方以尖锐有力的驳斥,则势必使自己处于极其被动的地位。所谓"针锋相对法",就是指对对方的观点予以直接、尖锐的回击,此法重点在于突出"尖锐性",而这种"尖锐"并非是拍桌子、瞪眼睛、大喊大叫,而是注重论辩的逻辑性。例如:

在一次国际性会议中，一位西方外交家挑衅我国代表说："如果你们不向美国保证不用武力解决台湾问题，那么显然就是没有和平解决的诚意。"我国代表立刻给予还击："台湾问题是中国内政，采取什么方式解决是中国人民自己的事，无须向他国作保证。请问，难道你们竞选总统也需要向我们做什么保证吗？"言简意赅的两句话，顿时使对方哑口无言。于是这位西方外交家将话题一转："阁下这次在西方逗留一段时间，不知是否对西方有一点开明的认识？"言外之意是挖苦我国代表闭塞。而我国代表笑了笑说："41年前我就在巴黎接受高等教育，我对西方的了解比你少不了多少，遗憾的是你对东方的了解可真是太少了。"这段话与对方针锋相对，反驳干脆有力，使对方无言以对，自讨没趣。

2. 揭悖反驳法

揭悖反驳法也是一种正面反驳的方法。即直接揭露对方论点、论据、推理过程或者概念等的错误，向对方的薄弱环节发起进攻。运用这种方法，要注意准确及时地抓住对方的要害，置其于窘境。

有位李律师到主管部门申请律师事务所的办公经费，主管部门有位领导却振振有词地说："你们律师专为犯罪分子说话，又会敲竹杠，有的是钱！"李律师很生气，他反驳道："在民事和刑事案件中被控告的人，有的犯了法，有犯罪行为，理应受惩罚，但也有并没犯法，而是因某些假象被冤枉的。执法要以事实为根据，以法律为准绳，而为了弄清事实，正确运用法律，维护被告人的合法权益，就需要律师辩护。在您看来，被告往往是罪犯，是罪犯就不应为其辩护，对吗？"这位领导随便应付："好好好，你说得对，你用不着给我上法律课！"因为是性质问题，所以李律师继续追问："那么请问，您说我们律师事务所'会敲竹杠，有的是钱'，有何事实根据？""哎呀呀，何必大惊小怪呢？言者无罪，闻者足戒嘛！"这位领导仍不以为然地说。"尊敬的领导同志，您是抓司法的，这样说未免不妥吧！'言者无罪'，应该具体情况具体分析，要看'言'什么，抱着什么目的去'言'。如果是善意地指出别人的错误，进行同志式的批评，真诚地帮助同志，不但无罪，反而有功；如果无中生有，恶意诬陷，诽谤好人，挑拨离间，打击先进，非要置他人于死地而后快，这样的'言'能无罪吗？"李律师辩护道。领导这才承认自己是乱说："哎、哎、哎，李律师呀李律师，名律师，'铁嘴'名律师，果然名不虚传，在你面前是不能随便乱说的呀！"

这场辩论李律师为什么能节节取胜呢？除了他运用步步为营的论辩方法外，最重要的是他善于抓住对方语句上的缺陷，即概念的内涵和外延上的错误进行反驳。首先他明确"被告"与"罪犯"的内涵，并把"被告"的外延分为有罪的和无罪的，而那位领导所指的"被告"的外延则缩小到全部"有罪"，这显然是于公理不符的。然后他又把"言者"的外延分为善意的和恶意的，驳斥了那位领导认为"言者"都抱善意的错误观点，从而步步紧逼，不给那位乱说的领导下台阶的机会。

3. 引申归谬法

引申归谬法是间接证明的一种方法。当对方说出观点时，先不直接反驳，而是假定它是对的，在这个基础上，或是做出合理的逻辑延伸，或仿照这个观点提出新的、具有明显错误的论点，从而暴露其荒谬性，以达到揭露反驳的目的。例如：

> 诸葛亮有个侄子，名叫诸葛恪，自幼聪明伶俐，擅长辩论，不满 20 岁就被孙权任命为骑都尉。有一天，一群白头鸟栖息在吴国官殿前的大树上。孙权问："这是什么鸟？""这是白头翁。"诸葛恪答道。当时在场的文武百官中数张昭的年纪最大，而且满头银丝。他听了诸葛恪的答话，满腹狐疑，以为诸葛恪存心借鸟来讥笑他老了，于是就说："诸葛恪欺骗陛下。我活了一大把年纪，从没听说过有'白头翁'的鸟，能不能请他再找一种叫'白头母'的鸟来？"诸葛恪毫不示弱，立即说："有一种鸟，名叫'鹦母'，按照辅吴将军（即张昭）的说法，是不是应请他找一种名叫'鹦父'的鸟来呢！"张昭被驳得无言对答，满座官员都大笑起来，惊叹诸葛恪年少辩才高。

这个故事源于"言者无心，听者有意"的误会，听者不仅有意来还进而用心攻击——"诸葛恪欺骗陛下"，论据是和白头翁配对的白头母找不出来。面对张昭咄咄逼人的攻势，机智的诸葛恪用类推归谬的方式予以反驳，张昭的论据中包含了一个大前提，即凡是称为"××翁"的鸟一定有与其配对的曰"××母"的鸟了。诸葛恪假定这个论题为真，提出另外一种鸟"鹦母"，反过来请张昭找出叫"鹦父"的鸟来。叫"鹦父"的找不来，也就无须找叫"白头母"的鸟，其大前提的荒谬性立即暴露出来，而"欺骗陛下"之说也就不能成立。言语交锋之中刀光剑影清晰可见。可见，巧用归谬的反驳往往比正面反驳效果要好得多。

4. 反证驳斥法

反证驳斥法是指由与辩题确实相互矛盾的判断来确定己方论题之真的证明方法。具体说，是先确定一个论题，此论题与原来的论题是相互矛盾的。借证明假定的论题是假的，来证实与之相对的原论题是真的。

《艺文类聚》中有个故事：晋文公吃烤肉时发现肉上有毛发。文公大怒，唤来烤肉的厨子质问。厨子连忙认罪说："臣该死！臣的罪有三条：其一，我切肉的刀锋利如宝剑干将一样，肉被切断，可是竟然没有切断肉上的毛发；其二，我用铁锤穿起肉来烤，反复翻动，却没有发现毛发；其三，肉被烤得赤红，最后被烤熟，可肉上的毛发却不焦。"文公听后，猛然醒悟，后来发现是有人陷害厨子。

厨子运用的就是反证驳斥法，既否定了文公的看法，又证明了自己无罪，同时又没有冲撞文公，真可谓一举多得。

5. 釜底抽薪法

釜底抽薪法是驳其论据的方法，即找出支撑论点的论据的破绽，继而驳倒论据，达到驳倒对方论点的目的。俗语云："根基不正，其影必斜。"错误的观点往往是由虚假的论据支撑的，若能揭露其论据不真实，其论点自然不攻而破。例如：

某校学生以"武将是否需要文才"为题展开论辩。反方认为武将不要文才也可以，理由是：武将只要能指挥打仗就行，学文是避长扬短。对此，正方用了釜底抽薪法反驳："在知识的海洋里，每一门学科、每一种知识和技能都不是孤立的。武才和文才也是这样，武才靠文才来总结、交流、提高，文才靠武才来提供内容，鉴别真伪。一位高级指挥员曾列举了武将学文的种种益处：一是可以把练兵或打仗的实践上升为理论，便于学术交流和供后人学习借鉴；二是迫使自己不断进取，防止经验主义；三是培养深入、严谨、细致的作风，避免粗枝大叶；四是在学文过程中加强思想修养，养成勤于思考的习惯；五是丰富业余生活，使文武互为补充，工作有张有弛。这确是经验之谈。"

通过这段反驳，武将学文是避长扬短这一论据就被驳倒了，从而"武将不需要文才"的论题也无法成立。

论点是建立在论据基础上的，论据虚假则论点谬误。所以在辩论中，只要揭露对方论据虚假，就如同釜底抽薪、根蚀树倒，对方所持论点就会被驳倒。采用釜底抽薪法，首先要识"薪"，才能"抽"倒对方。要做到这一点，就要善于从对方的种种论据中分析其要害所在。

6. 捕捉漏洞法

论辩场上，双方你来我往，唇枪舌剑，时而侃侃而谈，如行云流水；时而一语中的，似霹雳惊雷。凭借着高超的论辩技巧、丰富的知识积累、深厚的理论功底以及严密的逻辑思维，不断掀起一个又一个高潮。然而，在这种短兵相接的紧张场合，论辩者情绪激动，来不及斟酌，也难免会出现失误。"言多必失"，再优秀的辩手，即使在场上占尽优势，也会有漏洞。在辩论中，我们一方面要守住阵地，稳扎稳打，不贪图一时之利口不择言；另一方面，对手出现失误是我们反击的最好时机，从对手细微的失误入手，穷追猛打，使其"千里之堤，溃于蚁穴"。例如：

> 在一次"东方文化作用大于西方文化"的辩论中，反方说："东方文化是碗，西方文化是饭，请问是碗重要，还是饭重要？"正方立即捕捉住其漏洞，反击说："难道我的碗里非要盛你的饭不可吗？就不能盛我们自己种的粮食吗？"反方又说："东方文化好比书中的文字，而西方文化则是精神，文字和精神哪个重要？"正方抓住其失误又反击："没有文字，精神哪里看得见呢？"

反方的两个例子看似锐不可当，实则漏洞百出，正方沉着冷静，仔细聆听，抓住机会就会迅速发动反击，令对方无法招架，使论辩高潮迭起。

7. 二难反驳法

二难反驳法即论辩的一方提出有两种可能的假言选言判断，又由这两种可能引申出使对方难以接受的两种可能的结论，而这两种结论非此即彼，在逻辑上不允许存在第三种结论，从而使对方处于进退维谷的困境。

> 隋文帝杨坚在驳斥"风水之说"不可信时说："我家墓地，若云不吉，我当不得贵为天子（当时杨坚已当上皇帝）；若云吉，我弟不当死（其时杨坚的弟弟已战死沙场）。"

8. 出其不意法

"出其不意，攻其不备"，原指作战时在对方料想不到时进行袭击。应用于辩论，则指辩论者面对对方刁钻古怪的提问或发难时，不急于直接给予辩驳，而是有意"岔开"话题，以扰乱对方的注意力或思绪，然后乘其不备，话锋突然逆转，使对方始料不及，无言以对。

> 刘绍棠到南开大学讲"文学创作要坚持党性原则"时说："每一个阶级的作家都有所为有所不为……即使是真实的东西，也是有所写有所不写的，无产阶级的文学更是如此。"这时台下有位女生递上一张纸条，上面写着："刘老师，您说作家要有所为有所不为，我觉得不应该这样。既然是真实的，就是存在的。存在的，就应该给予表现，就可以写。"为了证明这女生的看法是不对的，刘绍棠没有直接反驳，他有意"岔开"话题，要求看这女生的学生证上是否贴着长疮的照片。这女生说："我为什么要把长疮的照片贴在学生证上啊？长疮时谁拍照片啊，怪难看的！"听到这里，刘绍棠话锋突然逆转，回到正题，顺着女生的观点来进行说理："你不在长疮时拍照片，更不会把长疮的照片贴在学生证上，这说明你对自己是看本质的。因为你是漂亮的，长疮时的不漂亮是暂时的，它不是你最真实的面目，所以你不想照相留念，更不想把这样的照片贴在学生证上。共产党的某些缺点是需要批评的，但有些事情是有其特殊原因的，是涉及许多方面问题的，应由党内采取措施去改正。可你非要把它揭露出来，这岂不是要共产党把长疮的照片贴在工作证上吗？为什么你对自己是那样的公正，对共产党却这样的不公正呢？"女生信服地点点头，全场响起一阵热烈的掌声。

刘绍棠出其不意地提出照片问题来讨论，然后顺势说理，有力地驳斥了对方的观点，从而进一步证明了自己观点的正确性。

9. 断后聚歼法

这种方法在论辩中表现为有时已洞察对方的谬误与破绽，但是论辩者不当即戳穿，而是故意设问，令其重申并进一步肯定谬误，以绝其退路，使其不致改口逃脱。待其退路已绝，再去戳穿，一鼓作气聚歼之。例如：

> 伪证人福尔逊一口咬定被告用枪击毙死者，并发誓说其于 10 月 18 日晚亲眼所见。林肯在法庭上问他："你在草堆后面，被告在大树下，相距二三十米，你能看清楚吗？"福尔逊答："看得很清楚，因为月光很明亮，我看清了他的脸。"林肯又问："具体时间也能肯定吗？"福尔逊说："完全可以肯定，那是

十一点一刻。"发问完毕，林肯转身向法官和听众说："我不能不告诉大家，这个证人是个彻头彻尾的骗子！"接着他又说："请大家想一想，10月18日那天是上弦月，十一点钟时月亮已经下山了，哪里会有月光？退一步说，时间就是提前一些，月亮还没有下山，那也只能从西向东照。草堆在东，大树在西，而被告面向草堆，脸上是照不到月光的。证人怎么能从二三十米远的草堆后面看清楚被告的脸呢？"证人无言以答，只好承认做了伪证，于是冤案得以昭雪。

这里林肯两次发问，是为了让做伪证者在大庭广众之下重申谎言，绝其退路；当其退路已绝，再来"关门打狗"，便显得十分有力。断后聚歼实际上有两个步骤：一是"关门"，通过巧妙设问，引诱对手当众重申谬论谎言，以断逃路；二是"打狗"，即揭露对方答话与行为、答话与公理之间的矛盾，彻底否定其谬误。

10. 戏谑调侃法

戏谑调侃法是指论辩者在反驳中，以轻松幽默的方式表情达意，以笑制怒，以柔克刚，借以逃脱逆境，含蓄地戏弄、嘲笑对方的反驳方法。例如：

唐玄宗的宠臣杨国忠嫉恨李白之才，总想奚落他一番。一日，杨国忠想了个办法，约李白去对三步句。李白一进门杨国忠便道："两猿截木山中，问猴儿如何对锯？""锯"谐音"句"，"猴儿"暗指李白。李白听了，微微一笑，说："请宰相起步，三步内对不上，算我输。"杨国忠连忙起身准备走三步，但刚跨出一步，李白便指着他的脚说道："匹马陷身泥里，看畜生怎样出蹄？""蹄"谐音"题"，"畜生"暗指杨国忠，与上句对得很工整。

杨国忠本想占便宜，却反被李白羞辱了一通，刚抬脚就被讥讽为"畜生出蹄"，弄得自己十分尴尬。李白这里讥讽多于幽默，反驳得非常有力；杨国忠是搬石头砸自己的脚。不过，在朋友之间的辩驳中，就不必如此尖刻了。

二、诡辩的驳斥

（一）识别诡辩

雄辩不同于诡辩。雄辩表现为言之有理，言之有据。如果强词夺理，吹毛求疵，胡搅蛮缠，无理也要"辩"三分，这就成了诡辩。有位医生讲了一个真实的故事，听了令人啼笑皆非：

某日，该医生接待了一个病人。他客气地说："请坐！"病人说："为什么要我坐呢？难道你要剥夺我不坐的权利吗？"医生没有办法，便给他倒了一杯水，说："请喝水吧！"病人说："这样谈问题是片面的，因而是荒谬的，并不是所有的水都能喝。例如，你如果在水里掺上氰化钾，就绝对不能喝。"医生说："我这里并没有放毒药嘛，你放心！"病人说："谁说你放了毒药呢？难道我诬告你放了毒药？难道我在检察院起诉书上说你放了毒药？你这才是放了比毒药还毒的毒药！"医生毫无办法，叹了一口气，换了个话题说："今天天气不错。"病人说："纯粹胡说八道！你这里天气不错，并不等于今天全世界都是好天气。例如北极，今天天气就很坏，刮着大风，漫漫长夜，冰山正在互相撞击……"医生哭笑不得，忍不住反驳道："我们这里并不是北极嘛。"病人说："但你不应该否认北极的存在。你否认北极的存在，就是歪曲事实真相，就是别有用心。"医生只得说："你走吧！"病人说："你无权命令我走，这是医院，你不可能逮捕我，你不可能枪毙我。"

这种胡搅蛮缠、无理取闹就是诡辩。它是用似是而非的论证进行狡辩，形式上好似运用正确的推理手段，实际上是违背真理，将无理硬说成有理的狡辩，是"能胜人之口，不能服人之心"的强辩。诡辩的常用伎俩主要有以下几种：

1. 偷换概念

偷换概念，就是故意违反同一律的原则，将这一概念偷换成另一概念。

在一家旅馆的房间里，4个旅客在打牌。他们又是笑又是叫的，一直闹到深夜12点多还不停歇，附近几个房间的旅客都无法休息。有一位老同志去劝阻打牌的人："12点多了，你们也得休息了吧！""你睡你的，管不着我们。"一个打牌者说。"你们这样大声吵闹，影响别人休息。"老同志继续劝说。"影响别人，又没影响你。""这是公共场所，应该遵守公共秩序。"老同志还是耐心地劝说着。"这是公共场所，又不是你的家，你管得着吗？"打牌的几个人越闹越凶了。老同志说不过他们，只好回房去生闷气了。

看起来，那几个打牌的人好像很有道理，但实际上都是一些歪理，是一种强词夺理的诡辩。他们玩弄的就是偷换概念的把戏，是违背社会公德的。

2. 转移论题

转移论题，就是在论辩中不正面回答别人提出的问题，而是从对方所提的问题中引出另外的问题来讨论，这种伎俩故意违反同一律的原则，擅自将既定论题转换成了另一论题。

> 在公共汽车上，两个青年争吵不休。甲说："你踩了别人的脚，倒有理了！"乙则反唇相讥："你嫌挤吗？去坐小轿车呀！"
>
> 有人患了感冒，医生给他开了 3 天病假证明，他把"3"字改成"8"字，结果被领导知道了，领导批评他弄虚作假，他却反驳道："难道我患感冒是假的吗？"

上两例便是转移论题的诡辩，这也是不可取的。

3. 虚假理由

就是有意捏造论据，或者有意地用一些不能成立的道理作为论据进行论证。这是违反充足理由律的诡辩。

> 一些电器产品在使用中被发现质量不合格，用户要求调换或维修。有的营业员嫌麻烦，不但不予调换或维修，反而振振有词地说："我们出售的电器产品都是经过生产厂家检验合格之后才出厂的，你看，你买的这台也有检验合格证嘛！这就证明它是合格的。不合格就不会出厂了，我们也不会出售给你了。产品出毛病不是产品质量不合格，而是使用不当造成的。"

这个营业员的谈话，有两处是虚假理由的诡辩：一是"只要产品上有检验合格证的，就证明该产品的质量是合格的"；二是"产品出毛病都是使用不当造成的"。显而易见，这两条理由都是不能成立的，用它们作为论据来论证电器产品的质量合格，是站不住脚的。应该承认，电器出毛病，有的是由于使用不当造成的，但有的的确是因为产品质量未过关造成的；一件产品的质量合不合格，固然要看出厂检验是否合格，但更重要的还要看它在使用中的情况如何，在使用过程中接受检验。像上述营业员那样一概而论，认为"只要有检验合格证书，就证明它是合格的"、"产品出毛病都是使用不当造成的"，都是以偏概全的诡辩，因而是不能成立的。

4. 强词夺理

强词夺理，就是把没有因果关系的两个判断硬拉到一块，由此判断推出彼判断的诡辩方法。这种诡辩，所列举的论据不一定都是假的，但由于这些论据与推断之间没有必然的联系，因而是不成立的。硬要说它对，就属于强词夺理的诡辩了。

1970 年 2 月的一天，官明华在日记中写下了这么一句话："金黄色的太阳仍挂在防风林的上空，放射出金色的光彩。"就因为这句话，官明华成了"攻击毛主席"的"现行反革命"，因而银铛入狱。在狱中，审判员提审官明华："你写金黄色的太阳是什么意思？""因为我看到傍晚的太阳是金黄色的。""反动！毛主席明明是最红最红的红太阳，你竟敢用金黄色的太阳来影射毛主席！挂在防风林上空是什么意思？""我看到快要落山的太阳是挂在防风林上空的。""反动透顶！毛主席明明是永远不落的红太阳，你却用快要落山来攻击毛主席！"于是，官明华的头上就被戴上了一顶"攻击毛主席"的"反革命分子"的帽子，真是"欲加之罪，何患无辞"啊！

在这个例子中，审判员所用的论据是真实的，但他据此所作出的推断却是荒谬的，因为"金黄色的太阳挂在防风林上空"与"攻击毛主席"这二者之间没有必然的联系，因而审判员所说的属于强词夺理的诡辩。在我们日常生活中，用这种诡辩术为自己的行为辩护的现象也时有所见：

有一个学生的学习成绩下降，父亲批评他听课不专心，课后不刻苦，他却埋怨起父母来："都怪你们，你看我的脑袋这么小，装不了多少知识，这说明学习不好的原因就在这倒霉的长相上。"

这个学生的"脑袋小"、"长相不好"可能是事实，但这与"学习成绩不好"没有必然的联系，所以这也是强词夺理的诡辩。

5. 人身攻击

人身攻击，就是抛开应该论证或反驳的论题，而代之以侮辱性的语言来谩骂、攻击对方。

在农贸市场上，有一位顾客对卖蛋的女商贩说了一句："哎呀，你这蛋怎么有点臭呀?"那个女商贩便冒火了,连珠炮似的骂道:"什么,我的蛋是臭的?我看你才臭哩!你比臭狗屎还臭!"

那个女商贩抛开"这蛋臭还是不臭"这个论题不去反驳和论证,而是对对方进行谩骂。这种人身攻击是诡辩术中最卑鄙、最低劣的伎俩。

(二)诡辩的辩驳技巧

1. 攻其概念,以谬制谬

这种方法就是抓住对方概念的错误,以同样的错误方法反驳对方。

某高职院校禁止学生在教室里穿拖鞋。一天下午,该校某专业的一名叫梁勇的学生又啪嗒啪嗒地穿着一双拖鞋进了教室,班主任王老师发现后让他从座位上站起来,"我三令五申禁止穿拖鞋,你为什么还穿进教室?"王老师皱着眉头问。"对不起,我没穿拖鞋。"梁勇大声回答。"什么?你脚上穿的不是拖鞋?"王老师提高了嗓音。"不是拖鞋,是凉鞋。"梁勇语气坚定,还有意低下头望着自己脚上的鞋子。全班同学的目光都移到了梁勇的鞋子上,这双鞋子原来是一双普通的塑料凉鞋,不过现在鞋后跟全被剪掉了,实际上变成了拖鞋。"鞋后跟全剪掉了,难道还是凉鞋?"王老师恼火地问。"当然是凉鞋!这就像一个人的腿断了,他还是人,而不是狗!"梁勇昂起了头,大声反驳。班上绝大多数同学都为王老师捏了一把汗,担心他下不了台。王老师先是一愣,但很快镇定下来。他双眼盯着梁勇,不紧不慢地说:"你的话好像很有理。不过照你的说法,一张饭桌,去掉了桌面,仅有四条腿光光地立在地上,它还是一张饭桌啰?"梁勇顿时像泄了气的皮球,低下了头。

在这里,梁勇的诡辩在逻辑推理上明显是错误的,因为人断了腿固然是人,但无法据此推出凉鞋断了鞋后跟还是凉鞋。王老师思维敏捷地洞察到这个错误的逻辑,立即把思路从人腿的问题移到桌子和桌腿的问题,构设了一个同样逻辑形式的诡辩,以谬制谬。

2. 攻其判断,反唇相讥

这种方法是抓住对方逻辑的错误,进行迅速反击。

老张和老刘在公园辩论。老张问:"在金钱和道德之间,你选哪一个?"老刘不假思索地答:"当然选道德。难道你选金钱?"老张诡秘地说:"我是选择金钱，因为我缺钱；你选择道德，那是因为你缺德。"老刘听了老张不友好的言语，立即反驳说："你的话只讲对了一半。十分的道德，我已有九分，还缺少一分，所以我要选道德；万贯的家财，你已有九千贯，还缺少一千贯，所以你要选金钱。因此，准确地说，我选择道德是因为我崇尚道德，你选择金钱是因为你贪图金钱。"

老刘抓住了老张缺钱才选择钱、缺德才选择德的错误判断，成功地反击了他的诡辩。

3. 攻其类比，以毒攻毒

这种方法是先掌握对方的逻辑过程，继而找出其论点与论据的不足。

某乡有几个地痞，经常偷鸡摸狗，欺压乡邻，但派出所对这些人一直采取纵容态度，致使他们的气焰日益嚣张。群众忍无可忍，集体向乡党委书记反映了这一情况。书记找来派出所所长，对他说："那几个地痞胡作非为，你这个所长知道不知道？"所长说："知道。"书记又问："既然知道，那为什么至今未对他们采取行动？"所长回答："采取行动只是个时间问题，这就像喂猪一样，如果还没等到猪肥就杀了，那怪可惜的，不合算。这些地痞就像猪一样，现在还是'瘦瘦的'，没喂'肥'，处罚起来没分量。所以这是个策略问题，群众不理解，我们可以理解。"书记灵机一动说："你的'肥猪论'太玄虚了，群众怎么会理解？猪是人们心甘情愿喂养的，而这些地痞，群众会甘愿喂养吗？还是听听我的'肥鼠论'吧。如果有个人养了一只猫，指望它捉老鼠，可这只猫却放任老鼠在家里吃谷子，结果主人家老鼠成灾。主人找猫来问罪，可猫却振振有词地对主人辩解：'家里老鼠太瘦了，等到喂肥了再抓不迟。'你猜主人对猫会有什么看法？"所长结结巴巴地说："这……书记的'肥鼠论'更有道理，我是一时糊涂，我马上就把那几只'老鼠'抓起来。"

在这个事例中，所长企图用"肥猪论"为自己工作失职辩解，但书记一语道破了"肥猪论"类比上的荒谬，即猪是人们自愿喂养的，而地痞则相反，两者不能类比。书记以"肥鼠论"，形象生动地说明了地痞横行枉法、派出所放任不管、群众遭殃受害的事实，含蓄地指责了所长的荒唐心理以及工作的失职。所长在这种情况下，再不表态自己确实失职，其利害关系就不言而喻了。

4. 巧用归谬，以退为进

这种方法的具体策略是，为了驳倒对方，先假定其是对的，然后按照对方的逻辑推导出一个显然荒谬的结论来，用荒谬的结论证明其错误。《古今谭概》中记载了一个 11 岁的少年运用归谬法反驳诡辩论的故事：

南昌有一个 11 岁的少年叫徐稚，有天他到太原郭林宗家玩。郭林宗家的庭院里有一棵树。郭林宗迷信思想严重，有一天，他忽然想到要把这棵树砍掉，他说："住宅犹如方口，宅中有树，正如口中有木，成了不吉利的'困'字。"徐稚听了，不以为然地说："如果宅中不能有树的话，那么宅中更不能住人了，因为口中有木成'困'字，口中有人就成了'囚'字。'困'字不吉利，'囚'字更不吉利。如果因为'困'字不吉利而要砍掉庭中之树的话，那么由于'囚'字更不吉利，也就不能让宅中之人活了。"一席话说得郭林宗无言以对，叹服不已。

5. 发现漏洞，以毒攻毒

就是用对方所讲道理或所用方法去回敬对方，即"以其人之道，还治其人之身"，以达到驳斥诡辩论的目的。

欧布利德是古希腊一个著名的诡辩家，有一天他向邻居借了一笔钱，约定一个月后归还。期限到了，邻居要他还钱，他故作惊讶地说："我没有借你的钱呀！"邻居说："你忘了吗？是上月向我借的。"欧布利德辩解道："啊，上个月我借了你的钱。不过你应该知道，哲学家说：'一切皆变。'现在的我已经不是上个月向你借钱的我了，你怎么能要现在的我为过去的我还钱呢？"邻居被欧布利德的诡辩气得一时说不出话来。回家以后，他想了好久，终于想出一个对付欧布利德的办法：他拿了一根木棍，跑到隔壁把欧布利德狠狠地痛打了一顿。"好，你打人啦！等着瞧吧，我要到法院去控告你！"欧布利德气急败坏地叫道。邻居却笑嘻嘻地说："你去控告谁呢？你不是说'一切皆变'吗？现在的我已经不是刚才打你的我了。你要告，就告刚才打你的那个我吧！"欧布利德无话可说了，只好自认倒霉，并把所借的钱如数还给了邻居。

由此可见，以毒攻毒确实是对付诡辩论的有力武器。

【案例回应】

"情景导入"是一场针锋相对，事关祖国权益、民族尊严的辩论。冯将军先发制人，一开始就通过质问亮出自己的观点：不经中国政府允许，私自行猎是违法的。外国人对冯将军的斥责进行了三次反驳，但每一次都遭到冯将军迎头痛击。第一次他们提出：我们打的是无主野牛，用不着通知任何人。冯将军立刻抓住"无主"二字，指出：野牛是中国领土内的动物，不能说是无主。第二次他们提出：护照上写着准许携带猎枪，因此就是准许打猎。冯将军用类比的方法反诘道：若是准许携带手枪，就准许杀人吗？第三次他们提出：中国法律没有不准外国人在境内打猎的条文，因此就得准许他们打猎。冯将军紧紧抓住他们推理上的错误，据理驳斥说中国也没有准许外国人在境内打猎的条文！冯将军机智灵敏、言辞犀利，针对对方的强词夺理，以牙还牙，终于驳倒了对方的无理狡辩，伸张了正义，维护了国家权力和民族尊严。

【实战训练】

以"金钱是万能的"、"金钱不是万能的"为辩题的正、反方，分组讨论如何进行驳论。

任务 5-4　队式论辩

知识目标

◇掌握队式论辩的基本技巧

◇理解队式论辩忌讳的做法

技能目标

◇能完成队式论辩

【情景导入】

愚公应该移山还是应该搬家

反方：我们要请教对方辩友，愚公搬家解决了困难，保护了资源，节省了人力、财力，这究竟有什么不应该？

正方：愚公搬家不失为一种解决问题的好办法，可愚公所住的地方连门都难出去，家又怎么搬？可见，搬家姑且可以考虑，但也得在移完山之后再搬呀！

正方运用了哪种辩论技巧？

【理论知识】
队式论辩是论辩中的一种特殊形式，它既是为真理而辩，又是"游戏"之辩，它有一定的"游戏"规则，是一种集知识性和技巧性为一体的复杂的语言活动。它涉及逻辑学、修辞学、哲学、交际学等多种学科。与个体的论辩相比，队式论辩常运用以下技巧：

一、高度重视，认真准备

所谓认真准备，是指参赛队员在赛前对"论辩赛"的性质和特点要有所认识。我们知道，属于口头论辩的大致有三类：一类是专门场合下进行的有特定议题的论辩，如谈判论辩、法庭论辩；一类是由日常生活中、工作中的矛盾引起的人与人之间的争辩，如邻里争辩、同事间争辩、上下级争辩；再一类就是各种形式的论辩赛。前两种论辩，论辩双方各自有明确的立场和主张，辩论的目的是说服对方接受自己的观点或争取第三者支持自己的观点，与此同时，自己也要有被对方说服或作出妥协的心理准备。论辩赛则不同，论辩赛是作为比赛项目来进行的模拟论辩（即论辩演习）。这种论辩往往不在乎论辩者本人真实的立场和主张，而侧重于人们的论辩技巧。比赛双方都不是为了说服对方或被对方说服，而是以驳倒对方、争取评委的支持和听众的反响为目的的，所以必须做好充分准备。一般可以从以下几方面进行准备：

（一）析题立论

析题就是对辩题进行分析判断，找出题目的关键点——题眼，以及辩题的攻击点——能最有效地突破对方的立论的关键点。例如，"发展旅游业利多于弊"，其关键点不在旅游业本身的利多利少上，而主要在于"发展"上，正反方必须首先对"发展"作出有利于己方的界定与解释。"错误面前人人平等"，关键点在于对"平等"一词怎么解释。找出这些关键点就可以破题立论了，在理论和逻辑的基础上，将这些"题眼"作用于有利于己方的解释中，确立一个最利于己方的总论点。但析题的目的不止于找出关键点，更重要的是选择攻击点，即找到可以攻击对方立论的突破口。而攻击点的选择，一般都要遵循以下三个原则：

1. 关键点必须攻击并占领

关键点是双方必争的战略要地，必须列为本方重点攻击目标之一，但攻击点不仅仅是关键点，它还应该出其不意，攻击对方比较薄弱的或容易疏忽的地方。首先要把解释关键词的主动权掌握过来，才谈得上进一步取得优势。例如，对"高消费对中国市场经济的发展利大于弊"的辩题，正方析题后，决定选择"高消费"这个关键词作为重点攻击目标，利用己方率先发言的有利形势，抢先对"高消费"作有利于己方的界定，将之解释为"高质量、高档次、高品位"的消费，而非仅仅是价格高的消费类型，其立论令对手感到出其不意，从而一举掌握了主动权。

2. 攻击点避免将论证难度加大

譬如"错误面前人人平等"的辩题，反方可以立论为"错误面前人人平等"，也可以立论为"错误面前并非人人平等"，而选择前者就会增加自己论证的难度，选择后者对自己就较为有利。再加"儒家文化能够抵御西方歪风"这一辩题，反方除了选择"抵御"这个词进行攻击外，还可选择"儒家文化"本身进行攻击，但这样一来，论证就变得复杂化，并且难度加大了，因此最好不要选择"儒家文化"为攻击点。

3. 攻击点不应过多

一般来说，只选择一个关键点作为攻击点稍显单薄，因为双方都会关注关键点，因而不会被对方轻易占领。但攻击点过多，东一枪、西一炮，结果不但平均化了攻击力量，达不到预期效果，而且还可能引起攻击中的前后不一致。例如，反方选择"错误面前并非人人平等"来攻击正方，如果再拿"错误面前人人平等"来攻击，就会给人一种立意混乱的感觉。所以一般选择两个攻击点比较适宜，当然第二个攻击点的选择要尽量不使己方的论证过程复杂化。

总之，析题立论要利攻易守，立意新颖，起到先发制人的作用。例如，前文提过的"艾滋病是医学问题，不是社会问题"就很难辩，因为它将两个问题对立起来了，其实艾滋病既是医学问题，又是社会问题，而如果反方复旦大学队全盘否认艾滋病是医学问题，会与理相悖。因此复旦大学队大胆提出了"社会系统工程"的概念：判断一个问题属于什么性质有三个标准，即这个问题是怎样产生的，又是通过什么途径传播的，最后这个问题的根本解决要通过什么途径。根据这三个标准，可以认为艾滋病是在社会问题，而不是医学问题。在整个社会系统工程解决艾滋病过程的方法策略中，包含了医学这一途径，但这并不能说明它是一个医学问题。这样就等于在肯定艾滋病是在社会问题的前提下谈医学问题。复旦大学队居高临下地包容了对方的立场，扩大了可供回旋的余地，而对方不得不花大力气纠缠在复旦大学队提出的新概念上，其攻击力就大大地弱化了。

（二）试辩准备

如同其他比赛一样，论辩队要想在赛中获胜，一定要在赛前进行尝试性的演练，以检验自己的赛前准备是否经得起实践考验。为了达到检验的效果，试辩条件和气氛要尽量逼真些，这就需要在正式参赛队员进入准备阶段的同时，有一支与之实力相当的"假设对手"也进入准备阶段，并且双方都应处于"保密"状态。不过，为了增加难度，正式队员应故意泄露些立论方面的要点，来吸引"假设对手"作有针对性的进攻准备，用于在试辩中检验参赛一方的立论和战略战术是否奏效。试辩的另一个意图，是让参赛队员进入角色。论辩赛的最大特点就是辩题观点不一定与论辩者本人最初的观点相一致，就像某些演员本身的性格与剧中扮演的角色的性格不一致，需要深入生活、深入实践才能进入角色。论辩赛在比赛过程中不仅有理论上的正面交锋，还有辩论风度、表达情态等方面的表演。试辩往往能促使参赛队员在理论和情感上完全站在所持的辩题观念上，以便逼真地表现出理直气壮、慷慨激昂、义正词严而又通情达理地维护真理的论辩风貌。对于初赛者来说，试辩是锻炼上场的胆量，培养临场经验的快捷途径。

试辩一般宜在正式比赛前一两天举行，这类似于赛前的热身赛，能使参赛队员保持最佳竞技状态。试辩的程序应严格按照正式比赛的程序进行，不管正式比赛是否设有赛后听众提问，试辩赛最好都要有听众提问。这个道理很简单，不管假设的对手准备得如何充分，总比不上众多听众耳聪目明，能给正式参赛队员更多的参考。

二、合理分工，精诚合作

1. 合理分工

辩论比赛一般是以组队的形式进行的，参赛队员不是自己一个，那么就像集体体育运动项目一样，只有充分发挥每个成员的能力，讲究配合方能获胜。有时候，组合的队伍需要经过长时间的磨合才能默契配合，从而形成整体的作战能力。可以看到，如果一支球队只拥有零星几个出色的球星而没有整体有效的合作，或者虽然整体配合得很好，但缺乏天才的射手，都一样不能取得比赛的胜利。同一支有前锋、前卫、后卫、守门员的球队一样，一支辩论队的几个辩手之间也应各司其职。在新加坡举行的辩论赛中，首届国际大专辩论会的冠军得主复旦大学队曾经按照中国古代八股文写作的程序确立了一套经典的辩手定位，即起、承、转、合的顺序，或者说采用逻辑、理论、事实、价值的分工，并以此取得了巨大成功。以复旦大学队为例，当时的一辩姜丰是一个很甜美的女孩，她在场上的风格是亲切可人的大家闺秀型；二辩季翔的风格是情绪稳定，说理透彻；三辩严嘉的热情、活泼与机智给观众留下了深刻的印象；而四辩蒋昌建的高屋建瓴，善于将辩题价值升华则直逼人性深处，将辩论赛推向了高潮，他的一句

"黑夜给了我黑色的眼睛，我却注定要用它寻找光明"，曾经震撼过多少人的心灵！充分考虑每个辩手的长处，安排于合适的位置，以利于各自特长的发挥，给辩手提供一个广阔的发挥空间，这样会使辩论更加精彩。以复旦大学队的严嘉为例，在选拔赛第三场辩论中，作为"第三世界经济发展不可避免环境污染问题"中持正方观点的严嘉，因为陈述了因汽车而造成的公害，被对方攻击说，是不是要用毛驴来代替汽车呢？严嘉一本正经地说："难道毛驴就没有污染了吗?"全场哄堂大笑，掌声不绝，幽默效果奇佳。

2. 精诚合作

在赛场上，任何一个辩手的发言质量都会影响全队的水平。人们平常说的"牵一发而动全身"也就是这个道理。因此，对辩手们最起码的要求就是既要勇于挑大梁，又不能缺乏团队精神。所谓团队精神，就是在辩论赛中一切从整体利益出发，也就是从己方观点出发，立论、论证要统筹一盘棋，一个辩手被攻，别的辩手要想方法"救"，这类似典故中的围魏救赵。讲求团队精神，并不是要求几个辩手都以同一面目出现，事实上，志趣相投的人未必能组成一支最好的辩论队。往往是由不同风格、不同性格特点、不同性别、不同年龄、不同经历、不同专业特长的人组成的队伍方能在辩论中大放异彩，而这就更要求队员把张扬个性与发扬团队精神结合起来。相互尊重，取长补短，求同存异，才能形成整体的战斗力。要做到这一点，需要注意如下要点：一是要根据具体情况具体分析，如果本方队实力较为平均，辩论就要以团队为主；二是如果本方有一位实力特别突出的选手，就要以这位选手为主，其他人紧密配合；三是要注意团队与个人之间的有机配合，这个"有机"就是时机，即要善于根据时机的变化灵活转换。

三、攻防兼备，以攻为主

高明的辩手，不仅要做到论据充分，论证深刻有力，使自己的立论站得住脚，不留漏洞给对方，而且要能够及时发现对方的漏洞，特别是抓住对方的要害，展开猛烈的进攻，给对方的立论以致命的打击。也就是说，在辩论中，必须既注意防御，又要加以进攻，用复旦大学辩论队领队兼教练俞吾金教授的话来说："这就像踢球一样，光是防守，至多对方进不了球，但球永远不可能滚进对方的球门。"因此，我们在辩论中应当攻防兼备，以攻为主。

我们来回顾一下先前提到的"艾滋病是医学问题，不是社会问题"的辩论现场。

在首届国际（华语）大专辩论会的第二场半决赛上，交战双方是中国复旦大学队和澳大利亚悉尼大学队，辩题是"艾滋病是医学问题，不是社会问题"。通过抽签确定了正方悉尼队的立场为"艾滋病是医学问题，不是社会问题"，反方复旦队的立场为"艾滋病是社会问题，不是医学问题"。

实际上，艾滋病既是社会问题，又是医学问题，这就决定了正反双方的辩论都有一定的难度。在这种情况下，如何构建自己的攻防机制就具有决定性的意义了。反方复旦队首先肯定艾滋病是社会问题，而绝不单纯是医学问题；然后提出艾滋病是一个需要综合治理的社会问题，需要依靠政治、经济、道德、法律、医学、教育等多种力量来综合治理，医学仅仅是其中的一种手段。这样立论，就把原来的辩题中对立的社会问题和医学问题巧妙地统一到一个外延更加宽泛的社会问题之中，使己方的立论有了严密的逻辑性，显得无懈可击。而正方悉尼队则仍然将艾滋病当做单纯的医学问题去论证，这就势必留下很大的漏洞。所以在后来的舌战中，悉尼队的进攻乏力，防御又显得捉襟见肘。反方复旦大学四辩蒋昌建在总结陈词时，一针见血地指出对方在防御上的弱点："第一是逻辑问题，把医学参与的活动说成是医学问题，把社会应当承担的责任推到医学身上去；第二是理论上的问题，他们缺乏有效的判断标准，理论上不清，概念上混乱，说艾滋病是一个影响。我想请问，艾滋病是好的影响还是坏的影响？如果是坏的影响的话，难道还不是个社会问题吗？第三个是事实上的问题，对方习惯把大事化小，小事化了，但始终没有解决为什么化来化去，却从5个患者化成了250万个；第四个是价值判断的问题，对方视艾滋病对人类社会的总体威胁而不见，认为医学所谓治标而不治本的方法不会给社会的文明带来巨大的威胁，我不知道对方是怎么展望我们将来的未来世纪的。今天离世界'艾滋病日'只有126天了，它的口号就是'时不我待，行动起来'，这难道是社会对医学界的一个独门偈语吗？"

这一连串的问题，犹如排炮一般，一一击中悉尼队的要害，使他们只有招架之功，而无还手之力。这一场辩论，复旦队之所以能够战胜悉尼队，根本原因就在于复旦队能够攻防兼备，以攻为主。

四、高屋建瓴，结辩陈词

结辩陈词使论辩进入最高潮，结辩成功与否关系到整场论辩的最终胜负。

（一）结辩的任务

结辩的目的之一是对己方观点作最后总结。如果说前面的定时论辩与自由论辩恰似为盖一座亭子建好了基座和柱石，那么结辩陈词就是加盖高居顶端的那个巍峨的冠盖。也就是将己方所持有的观点放在一个新的高度加以概括，去除论辩中为维护自己观点处处设防的主干之外又生出的枝蔓观点，使中心论点的逻辑关系简洁而有力，让人在"剧终"时对己方的论辩一目了然，留下深刻印象。任务之二是了结论辩中的遗留问题。论辩中受对方攻击时，己方辩手可能因问题太复杂而一时难以说清，也可能因对方提出令人尴尬的问题而一时语塞，那么经过一定的思考，就可以在结辩中巧妙地修正、补充、强化本方的观点，剔除旁生枝节，对一些关键问题做出较圆满的回答或说明，尽可能使己方中心论点系统而完善。任务之三是向对方进行致命的攻诘。本着"攘外先安内"的原则，在保全了自己之后，就要向对方进行致命的攻诘，否则只守不攻，便会置己方于消极被动、笨拙挨打的地位。虽然在前面的论辩中也向对方展开进攻，但那常是零散和不系统的，而结辩时已对对方的弱点有了较全面的了解，而且经过了一定的思考，这时就要对其观点进行总体反驳，尖锐、透彻地反击对方。对其防守坚固之处可用四两拨千斤之术一语带过，对其要害破绽则应拉开大决战的架势，集中火力从根本上将其立论体系动摇、瓦解，这样才能大获全胜。

（二）结辩的内容及形式

1. 结辩的内容

与立论阶段不同的是，结辩中对己方观点不再作深入的论证，也不用再去探究一个理由的前因后果、来龙去脉，而只是点到为止，但一定注意不要有所遗漏。"全面"当是结辩所追求的首要品质，"深刻"倒在其次，至于"具体"，那就不是此时所应探求的境界了。

结辩中使用的语言，非一般论证的语言。它既要各处都点到，又要求以寥寥数语抓住问题最本质和最核心的方面，而不是纠缠于细枝末节。结论要有宏观的全局意识，结论的观点应忠实于立论阶段本方的阐述，不应有所遗漏或有所添加，以免节外生枝。语言上注意将众多小点连接得自然妥帖，不露拼凑痕迹。用语忌生硬，尽量将观点融会在富于感情和文采的语句中，令人在语言美中震撼和陶醉，从而引起共鸣，意犹未尽。

2. 结辩的形式

结辩的形式一般包括开场白、结论、驳论和结束语四个部分，有时驳论也可放在结论前，或融入结论中，从而变成三部分。总之万变不离其宗，要根据具体情况灵活运用。

最后要指出的是，论辩是为探索、发现、发展真理而以思想和语言形式进行的交锋，因而切忌以下做法：

（1）忌以势压人。论辩双方应遵循"在真理面前人人平等"的原则，心平气和，以理服人。特别是长晚辈间、上下级间，更应该持平等态度，决不可声高气粗地教训别人，理亏时更不能发脾气、要性子。

（2）忌歪曲事实。任何论辩都应以事实为根据。事实是不以人们的意志为转移的客观存在，凡是不尊重事实，企图以主观臆断肢解事实、歪曲事实、制造假象等进行论辩，都是不道德的行为，也往往以失败而告终。

（3）忌揭人之短。论辩中应尊重对方的人格。不论双方观点如何尖锐对立，论辩多么激烈，都不能揭人之短，进行人身攻击，特别不能揭人隐私或嘲笑论敌的生理缺陷。只有尊重别人，才能获得别人对自己的尊重。否则便会损害自己的形象，不仅会失去听众的信赖，也会使自己的论辩变得庸俗而无战斗力。

（4）忌争吵不休。古人云："大辩不争。"一个人的修养和气度，在论辩中能充分地显示出来。论辩时能否沉着、冷静，直接关系到论题阐述的好坏。感情用事，无谓地争吵不休，这是非理智的行为，已经超出论辩的界限。

（5）忌转移论题。在特定的论辩场合下，辩题一般只有一个，论辩必须围绕这个中心和本旨进行，不可有意无意地转移论题。如发现对方在理屈词穷以后故意偷换论题，这就表明其已自觉失败，应立即指明，以免浪费口舌。

（6）忌强词夺理。论辩中必须坚持真理，服从真理。无论正方还是反方，也无论是为己方观点辩护，还是反驳对方观点，目的都在于辩深论透，求得正确的认识。当对方说出事物真理时，就应停止反驳，而主动转入另一个问题，切不可固执己见，拒不承认。

（7）忌独占论坛。论辩中，既要让对方陈述己见，又要让本方其他成员都有发言机会，要依靠大家的智慧和合作博取论辩的胜利，切记"整体的力量大于部分之和"的道理，发挥"整体作战"的作用。任何辩手都不应逞强好胜，独占论坛，以避免孤军深入，给对方以可乘之机，导致全线崩溃。

（8）忌前后矛盾。论辩中要尽量避免事实、数据、观点等前后抵触，甚至自相矛盾的现象。任何论据以及逻辑推理的漏洞或矛盾，都会授对方以把柄，导致己方的被动甚至失败。

（9）忌重复啰唆。论辩语言要简洁精练，切中要害，生动活泼，引人入胜。论辩时一个人前后不可重复，一个团队辩手发言也不能相互重复。重复不仅浪费时间，使辩驳无力，而且令人感到理屈词穷、啰唆生厌。

（10）忌结论过多。论辩必须有明确的结论。但正确而有力的结论应是在摆事实、讲道理、分清是非的基础上得出的。过多地讲结论或只讲结论而无实质性的说理和证明过程，不但不能令人信服，反而会使人越听越不耐烦。

【案例回应】

从前面的辩词来看，反方就事论事，理据充分，根基扎实。然而，正方也不示弱，先顺势肯定"搬家不失为一种解决问题的好办法"，既而提出"愚公所住的地方连门都难出去"这一条件，自然而然地导出"家又怎么搬"的诘问，最后水到渠成，得出"先移山，后搬家"的结论。如此一系列辩词环环相扣，节节贯穿，以势不可当的攻击力把对方的就事论事打得落花流水，真可谓精彩绝伦。

这种表面上认同对方观点，顺应对方的逻辑进行推导，并在推导中根据我方需要，设置某些符合情理的障碍，使对方观点在所增设的条件下不能成立，或得出与对方观点截然相反的结论所使用的技巧就是"顺水推舟"。

【实战训练】

正方："金钱是万能的"。

反方："金钱不是万能的"。

以此辩题设定，组成正反方进行队式辩论。

任务 5-5 辩论口才评估

活动一：个人训练

择业是当前社会的热门话题，特别是大学生就业的问题，这是大学生辩论的绝佳议题，具有很重要的意义与价值。同时，还可以引起大学生对于人生的深入思考。对于就业观点的讨论，符合大学生的价值判断与选择，为走向社会的第一步——择业打下基础。另外，还可以引入当前人类对于物质与精神的需求的探讨。请为下面的正方和反方各提炼五个论点，并考虑辩论技巧。

正方：职业的选择以兴趣为标准

反方：职业的选择不以兴趣为标准

活动二：辩论赛

金钱是不是万能的

正方：金钱是万能的　　　　　　反方：金钱不是万能的

具体程序如下：

1. 陈述发言

由正方一辩和反方一辩完成，各 3 分钟。首先，正方一辩在开始后 3 分钟内陈述自己的观点；主持人申明后由反方一辩发言，时间同样为 3 分钟；陈词字数最多 1 000 字，即 20 行以内。（共 6 分钟）

2. 攻辩阶段

由正反方二、三辩完成。①正方二辩向反方二辩或三辩提问，被正方要求回答问题的反方必须回答正方提出的每一个问题，时间为 3 分钟（如果在一个问题提出后的 1 分钟内没有做出回答，视为对该问题弃权，由提问方继续提问）；②反方二辩向正方二辩或三辩提问，规则同上，时间为 3 分钟；③正方三辩和反方三辩完成同样的程序。回答问题的字数最多 300 字。（共 12 分钟）

3. 自由辩论阶段

由参加此辩论的八位参赛者共同完成。正反方交替完成，由正方先发言（到时主持人提示），然后由反方发言。注意：同方的两个及两个以上的人不能连续发言，除非主持人申明对方的自由辩论时间已经用完，而本方还有剩余时间。每方的自由辩论时间为 10 分钟。（共 20 分钟）

4. 结辩阶段

①主持人申明"结辩阶段开始，由反方先进行"，总结陈词由每方的四辩进行，每方的时间为 3 分钟。

②由反方先进行结辩。结辩双方应针对辩论会整体态势总结陈词，字数最多 1 000 字。

5. 观众提问阶段

没有参加此次辩论的观众可以随意向参赛者提有关此辩论的任何问题，参赛者必须做出相应的回答，时间为 10 分钟。

6. 主持人总结、评委点评阶段

主持人总结，评委点评，时间为 10 分钟。

项目六　谈判口才

任务6-1 了解谈判

知识目标
   ◇理解谈判的性质和特征
   ◇掌握谈判的基本原则
技能目标
   ◇能灵活运用谈判的基本原则

【情景导入】
　　广东一玻璃厂与美国某玻璃公司谈判设备引进工程时，在全套引进还是部分引进这个问题上卡住了。我方玻璃厂主谈判手为使谈判达到"部分引进"的既定目标，略加思索后，以一种轻松的语气微笑着转换话题："贵公司的技术、设备和工程师均居世界一流。你方投设备投技术合作，要想做得好只能用最好的东西，这样我们才能成为全国第一。这不单对我方有利，而且对你方更有利。"美方主谈判手听后很感兴趣，现场气氛稍为轻松。我方见此又乘势一转话锋："我厂的外汇确实很有限，国内能生产的就不打算进口。现在你们也知道，法国、日本和比利时都在同我国北方的厂搞合作，如你方不尽快跟我们达成协议，不投最先进的设备、技术，那你方就会失掉中国的市场，别人也会笑话贵公司的无能。"——最后僵局缓解，协议达成。

【问题讨论】
1. 上述案例体现了谈判的什么特征？
2. 双方谈判最终取得成功的关键是什么？

【理论知识】

自从有了人类，谈判就存在了。在当代社会，谈判是一种协调人们行为的基本手段。大到解决国际争端，小到协调人际关系，都离不开谈判。哈佛大学教授、美国语言学家约克·肯说："生存，就是与社会、自然进行的一场长期谈判，要获取你自己的利益，得到你应有的最大利益，这就看你怎么把它说出来，看你怎么说服对方了。"随着中国加入 WTO，中国经济贸易发展跃上更高台阶，市场经济得到了更好的发展，这促使行业的竞争与合作越发激烈和密切。竞争是为了利润，合作则是为了互利。许多社会组织和行业部门都在谋求共同发展，积极促进与外界的合作与竞争，而谈判可以为之提供便捷的途径。

一、谈判的性质和特征

（一）谈判的性质

美国著名的谈判专家荷伯·科恩说过："现实世界是一张巨大的谈判桌，每个人都有可能成为谈判者。"这种对谈判的界定，或者是直接感觉，或者是自古流传下来的简单、朴素认识，已无法透彻反映现代谈判的本质要义。谈判不是为了战胜对方，而是为了达成某种协议。双方受惠的谈判，显示了人类社会文明的进步，现代科技的更新发展和人际交往沟通的频繁，使谈判在社会生活中无处不在。那么，什么是谈判呢？谈判是两方或两方以上的个人和组织，为了消除意见分歧，改善彼此关系，谋求共同利益或契合利益而进行的交换看法、磋商协议的交往活动。

（二）谈判的特性

1. 谈判建立在人们的需要基础之上

谈判的双方首先有某种可以用来交换的需要，但要达成一致，从对手那里取得自己想得到的那部分"需要"，则是要付出代价的，而这个代价正是对方的需要。可以说，是需要把谈判的双方连接在一起，通过不断的商谈，相互满足对方的需要，最终达成一致，于是谈判就成功了。如果双方没有交换的需要，那么谈判也就无从谈起。所以，谈判建立在人们彼此需要的基础之上。大到国际争端的解决，小到买一双皮鞋，莫不如此。

例如，发展中国家与发达国家谈判建立一家合资企业，由发展中国家提供生产场地，发达国家提供先进技术。建立这样一家合资企业，发达国家方面的目的和需要可能是：利用技术上的优势，通过举办合资企业的形式，绕过直接贸易的障碍，开拓发展中国家广阔的市场或扩大原有市场份额，以期获得长期丰厚的利润。而发展中国家方面的目的和需要可能是：利用先进技术，提高本国的生产力水平，获得丰厚利润，进而积极争取出口，开拓国际市场。显然，如果双方都要达到各自的目的，就必须通过建立合资企业来实现。对发展中国家来讲，是以市场换技术，对发达国家来讲，则是以技术换市场，这是谈判双方的不同需要。谈判则是双方实现目的、满足各自需要的最好形式。

2. 谈判是一种协调行为的过程

需要是谈判双方进行谈判的基础和前提。但是谈判双方都代表着不同主体，都有不同的利益和立场，这些因素有些是共享的，有些甚至是对立的。虽然在谈判前，我们都会预计到双方都会调整或放弃一些他们在公开声明中要求或索取的东西，但是，在谈判开始阶段，没有人会无缘无故、毫无代价地主动放弃自己的立场，割舍本方的利益。大家都会为实现本方利益完整或最大化，采取各种谈判策略，进行激烈的争论并迫使对方让步。在双方都僵持不下，不肯放弃或让步的时候，就需要做进一步的协调。只要双方利益不是完全对立、不可退让的，或者双方都有通过谈判以最终达成协议的诚意，那么就存在协调的可能性。通过协调、妥协和退让，双方都努力调整自身的定位并向对方的目标靠近，最终在一个恰当的契合点上达成协议。从这个意义上说，谈判就是一个不断协调双方利益差异的过程。当然，谈判中的协调是一个艰难、漫长甚至很痛苦的过程。中国加入WTO的谈判持续了整整28年，以致前总理朱镕基描述这场谈判时说"黑发人都谈成了白发人"，由此可见谈判协调过程之艰辛。

3. 谈判具有艺术性

谈判的艺术性是由沟通交流与语言表达的艺术性决定的。谈判既是语言交流的过程，也是沟通的过程，而语言表达和沟通均具有很强的艺术性。

在谈判的过程中，常常会出现双方在某一问题上僵持的情况。而对僵局的处理效果的好坏直接体现了一个谈判者综合素质的高低。高明的谈判者往往会把解决问题的思路与方案，在平时积累经验的基础上，以"灵感"的方式突然迸发出来，像黑夜中突然出现一道闪电，照亮黑暗的夜空，创造性地解决出现的问题，使谈判在"山重水复疑无路"的关头，呈现"柳暗花明又一村"的景象。这和艺术家们在苦苦思索了许久之后醍醐灌顶、灵感乍现，有异曲同工之妙。一场双赢的谈判，就是一件完美的艺术品。历史上著名的谈判，像一件件艺术品，闪耀着智慧与艺术的光辉，留存在人类历史的长河中，供后人鉴赏。因此，从这个意义上说，谈判者和艺术家一样，在思维中应该体现出更多的创造性和艺术性。

4. 谈判具有科学技术性

在长期的实践中，谈判逐步形成了某些规范化的操作程序，成为人们在谈判中共同遵守的标准和规则。在谈判的具体操作过程中，谈判者必须掌握必要的谈判技术。例如调查研究的方法，统计学的基本方法，语言表达的基本技巧，谈判过程中待人接物的礼仪规范，与谈判内容相关的法律、经济、心理学等方面的知识，对整个谈判过程中节奏的掌握以及最后双方签约的文字功夫等等，都是谈判中最基本的技术。如果缺乏对这些基本技术的自觉掌握、灵活运用和创造性的应变，就难免会在谈判中失去主动，损失利益，最终签下一个"下下签"。

二、谈判的模式及种类

1. 谈判的模式

一般来说，谈判的模式有：输—赢独惠型、赢—赢互利型、输—输失望型三种。

（1）输—赢独惠型谈判。谈判的结果是一方获胜和另一方失败。在洽谈中，一方为实现谈判的最终目的而尽量深入全面地考虑谈判的每一步骤，使洽谈的每一条款尽可能有利自己一方，并设法迫使对方作出让步，最后对方以妥协的方式达成协议。衡量这类谈判成功的标准，是看己方的终极目标是否实现，是否使己方获得了尽可能多的利益和实惠。当然，如果双方均不妥协让步，谈判将变成输—输失望型。

（2）赢—赢互利型。谈判双方都从谈判中获得一定的利益。这种谈判结果，最能体现现代成功谈判的宗旨，是实力相当的谈判双方为满足各自所求而希望得到的结果。双方首先认定自身的利益和双方的利益，然后与对方共同探讨满足双方需要的各种可行途径，最后决定是否接纳其中一个或几个途径。衡量这种谈判是否成功的标准，是看双方原先意想的谈判条件与利益需要是否能够圆满实现。

（3）输—输失望型。即谈判双方在本来可以得益的谈判中却都没有获得任何收益，双方都坚持自己的立场不肯让步或只肯作微小的让步，结果导致未能达成协议或是达成了一个双方都不十分情愿接受的协议。有不少实际谈判都归属于这种类型。

现代谈判研究认为，赢—赢互利型，即双赢（Win－Win）的结果是谈判的最高境界。要求谈判双方在谈判中要兼顾双方立场，使相关方都能通过谈判获得利益。在谈判实践中，双方都应该把实现双赢作为最高目标去追求。

2. 谈判的种类

现代社会的谈判可按不同性质作如下分类：

从谈判的根本目的区分，可分为两类：一是为更好地树立本组织的良好形象，争取公众的信任与合作，或者为了消除组织与公众之间的误解、纠纷而进行的谈判；二是受组织委托，与其他组织进行的某些交易谈判。

从谈判的操作模式区分，可分为正式谈判和非正式谈判。正式谈判是指在正式场合下，谈判双方均能按照事前拟下的意见条目，在约定的时间地点里逐步交换沟通意见，谋求双方更多的合作和互惠，最终达成协议。操作时具有严肃性、完整性、规范性，如国际谈判、贸易谈判等。非正式的谈判多是指非正式场合下，即随时随地为某一争执问题展开的讨论、磋商而达成的某项专门协议。其操办带有较大的随意性，谈判的方式较为灵活，如相互间的协商、交涉等。

从应用范围和对象区分，可分为涉外谈判、商务谈判（国际商务谈判）、贸易协商谈判等。

三、谈判的原则

1. 平等互利原则

遵循平等互利的原则，要求谈判双方在法律地位上享有的权利、义务应一律平等。不论组织规模大小、实力强弱都要坚持平等原则，使谈判双方都能获得利益。既要避免你赢我输或你输我赢、一方侵占另一方利益的结局；又要避免你输我输，双方你争我夺、两败俱伤情况的发生。谈判双方应该追求你赢我胜、互惠互利的结果。

2. 友好协商原则

在谈判中，谈判双方应在平等互利的基础上，经过相互充分协商，最后达成一致。但在实际谈判中，由于利益关系经常出现争议，有时谈判一方甚至采取强制、要挟、欺骗等手段，把己方意志强加于对方，这是不足取的。正确的做法是友好协商。无论对方有无诚意，还是条款存在争议，只要有一线希望，就应该遵循友好协商的原则来努力促使谈判得到令人满意的结局。谈判往往是在冲突中实现各自目标的，因此切忌草率中止。

3. 依法办事原则

很多谈判不仅关系到谈判双方的利益，还涉及国家与集体的利益。遵纪守法，当事人的权益才能受到保护。在谈判及合同签订的过程中，必须遵守国家的法律、法规及政策。对于谈判，还应遵循国际法则及尊重对方国家的有关法规。与法律相抵触的谈判，即使出于双方自愿，并且双方达成的意见一致，也是不允许的。

4. 时效性原则

所谓时效性原则，就是要保证谈判效率和谈判效益的统一。公关谈判要在高效益中进行，不搞马拉松式的谈判。但这并非意味着谈判进行得越快越好，而是要尽量避免不必要的拖延，在谈判中抓住一切有利的机会，迅速达成协议。

5. 最低目标原则

在谈判中，遵循最低目标原则是谈判获得成功的基本前提。也就是说，谈判双方在不违背总体经济利益的原则下，按照双方的意愿各自可作适当的让步。从心理学角度看，初次接触与合作，人们最忌讳的是过高的要求和苛刻的条件。只有在相互交往、加深了解之后，信任程度才会逐步加深，才能引发出诱人的合作前景。所以，谈判只要达到了最低目标就是成功的。

【案例回应】

"情景导入"的案例体现了谈判的四大特征。该案例中，中方通过盛赞对方技术条件是世界第一，缓和了僵持局势，拉近了中美双方的感情距离。而后，我方通过摆出当前国际同行的竞争合作状况，陈述合作的利害关系，并通过坦率的述说表达出热诚的期盼，还作出了令人信服的得失分析，从而使我方如愿省下大笔外汇，美企也因帮助该厂成为全国同行产值最高、能耗最低的生产部门而名声大噪，赢得了很高的声誉。这个案例是典型的退中求胜、启发诱导的范例。

【实战训练】

A 公司为生产电脑的日本厂家，B 公司为其客户，A 公司与 B 公司已签订合同，合同款项为 20 万元，但由于物价上涨，成本升高，A 公司需将合同总价提高为 25 万元才能保证不亏本。作为 B 公司一个经理，你将采用哪些谈判模式和原则同 A 公司经理谈判呢？

任务 6－2　　谈判语言策略

> **知识目标**
> ◇了解谈判常用的语言形式及要求
> ◇掌握谈判的技巧和策略
>
> **技能目标**
> ◇能根据具体的情景要求，灵活运用各种谈判的技巧，提高自己应对不同情境的谈判能力，最终赢得谈判的胜利

【情景导入】

晏子使楚

晏子是春秋时期齐国的相国，著名的外交家。一次他受命出使楚国，楚王见他身材矮小，其貌不扬，便心存鄙视，有意刁难他。于是让人关闭宫中大门，让他从一旁小门进宫，以此羞辱他。晏子一见就对来迎接的官员说："这是狗门，如果到狗国去自然就该走狗门了，我现在是到楚国来，不该从狗门走吧！"楚人听后只好打开大门，让晏子从容地进去。楚王又生二计，一见面就故意侮辱晏子说："齐国没人了吗？怎么派你来呢？"晏子非常认真地回敬："我们齐国派遣使者有一个规矩，贤才出使上等国，不才出使下等国；大人出使大国，小人出使小国。我晏婴不才，又是小人，故让我出使楚国。"楚王一听尴尬极了，暗叹自己本想要戏弄他，反被他耍笑了。此后他再也不敢怠慢、轻视晏子了。

【问题讨论】

1. 上述案例中晏子制胜的法宝是什么？
2. 楚王为什么"尴尬极了"？

一、谈判的语言形式及使用要求

谈判是人类的一种语言活动，其常用的语言形式有三种：一是有声语言；二是书面语言；三是无声语言（体态语）。

1. 有声语言

有声语言多指以听说为交流方式的语言。其主要形式有交谈式、独白式两种。谈判用得最多的是交谈式，即用有问有答、有听有说的交谈来沟通情感，传递信息。

实践中根据运用语言的风格与内容，有声语言可分为外交性语言、专业性语言、法律性语言、文学性语言、军事性语言。具体的使用要求有：①外交性语言交谈婉转巧妙，策略性地留有余地。如以"很抱歉，关于这个问题请允许我再考虑一下"表示分歧意见，以"你方的精明使我佩服，但我方无法满足贵方的愿望"表示发生争执等。②专业性语言要求用语准确专一、简练明确、严谨通用。如物价、磋商、发盘、递盘等等。其特定的含义与范围可适用世界各国。③法律性语言要求用语准确严谨、清晰规范，讲求使用范围的普遍性与通用性。其中多数用语已在《国际贸易术语解释通则》、《关税与贸易总协定》、《国际法原则宣言》等文件中有严格限定。④文学性语言要求恰当运用修辞及文史掌故，表达生动鲜明、深刻委婉，饱含修饰性、包容性、想象力、感染力，以助僵局化解和谈判顺利进行。⑤军事性语言要求简练干脆，坚毅自信，带强烈的鼓动力和浓重的对立色彩。如侦察摸底、声东击西、以守为攻等。军事语言是最早使用的谈判语言。

2. 书面语言

书面语言是对有声语言的补充，是有声语言的符号形式。可以通过它来收集整理谈判的信息资料，制定谈判计划，拟订谈判方案，记录谈判内容、形式和契约，或者进行信函谈判。具有程序讲究、文字简练、叙述平实、真实可信等特点。

3. 无声语言

以人的形体、表情、姿态等形式表情达意的无声语言，又叫行为语言，多以默语、体语、哑语等形式配合有声语言发挥作用。其中体语是一种广泛运用的重要沟通方式，如以点头语、摇头语等首语来表示肯定与否定（首语也因文化习俗的差异在表意上有所区别，在保加利亚和印度的某些地方，就是"点头不算摇头算"）；以握手、招手、摇手或手指构成手势语，并以此表示欢迎、同意等（但也因文化差异导致含义不同，如很多人将食指伸出向下弯勾以此表示"9"，但日本人则表示"偷窃"，再如用拇指与食指合成圆圈，在大多数国家表示赞许、承诺、OK之意，但在法国一些地方却表示"毫无价值"）；用由谈判人员落座的位置与距离构成的界域语，营造谈判双方的友好气氛；还用目光语、微笑语、姿势语等表示其他谈判的意愿等。

另外，在谈判中可用言辞、话语间的长短不等的停顿和书面语中的省略号构成默语使用，用语言节奏的轻重缓急以及语气、语调构成哑语、无语来传达语言信息。

二、谈判的策略和技巧

参加谈判的人员都必须具有一定实力，否则很难应付个别意想不到的情况。谈判实力除了谈判者的声誉、影响、市场环境、竞争条件和社会地位、权利等以外，口才也是一个重要的因素。它是谈判双方获得信息的一个重要手段，可以使双方更好地沟通和交流，并说服对方，以达到最佳谈判效果。

（一）倾听的技巧

谈判就是需要更多倾听的交际活动之一。"多听少说"是一个谈判者应具备的素质和修养。听，可以发掘材料，获得信息，了解对方的动机、意图并预测对方的行动意向。从某种意义上讲，"听"比"说"的重要性更大。请看下面的案例：

三位日本商人代表日本航空公司和美国一家公司谈判。谈判从早上8点开始，进行了两个半小时。美国代表以压倒性数量的准备资料淹没了日方代表，他们用图表解说、电脑计算、屏幕显示以及各式的数据资料来回应日方提出的报价。而在整个过程中，日方代表只是静静地坐在一旁，一句话也没说。终于，美方的负责人关掉了机器，重新扭亮了灯光，充满信心地问日方代表："意下如何？"一位日方代表斯文有礼、面带微笑地说："我们看不懂。"美方代表的脸色忽地阴云密布："你说看不懂是什么意思？什么地方看不懂？"另一位日方代表也面带微笑地说："都不懂。"第三位日方代表以同样的方式慢慢答道："当你将会议室的灯关了之后。"美方代表松开了领带，斜倚在墙边，喘着粗气问："你们希望怎么做？"日方代表同声回答："请你再重复一遍。"美方代表彻底地失去了信心。谁有可能将秩序混乱而又长达两个半小时的介绍重新来过？美方终于不惜代价，只求达成协议。

这里有两点值得注意：

第一，在倾听时，不要抢话和急着反驳，这样不仅会打乱别人的思路，还会耽误自己倾听。即使要反驳对方的某些观点，也应在听完对方阐述之后，对别人讲话的全貌和动机尚未全面了解就急着反驳，不仅会使自己显得浅薄，而且往往会使己方陷于被动。其次，要学会忍耐。当对方说出你不愿意听甚至冒犯你的话时，只要对方未表示已经说完，都应当倾听下去，切不可打断说话甚至反击或离席，以免掉入对方为你设下的"陷阱"。再次，要适当地作记录。尤其是在长时间的及比较复杂的谈判中，谈判者应当对所获得的重要信息作适当的记录，作为后续谈判的参考，不要过分相信自己的理解力和记忆力。最后，还应结合其他渠道获得的信息，理解所听到的信息。把从不同途径、不同方法获得的信息综合起来进行全面理解，判断对方的真实意图。

第二，给自己创造倾听的机会。一般人往往以为在谈判中，讲话多的一方占上风，最后一定会取得谈判的成功。其实不然，如果谈判中有一方说话滔滔不绝，垄断了大部分时间，那也就没有什么谈判可言了。因而应适当地给自己创造倾听的机会，尽量多给对方说话的机会。通常在简明地表达自己的意见以后，加上一句："我很想听听贵方的高见。"或："请问您的意见如何？"从而把发言的机会让给对方。

> 爱迪生在某公司做电气技师时，他的某项发明取得了专利。一天，公司经理突然派人把爱迪生叫到经理室，表示愿意购买爱迪生的发明专利，并让爱迪生先报价。爱迪生想了想，回答道："我的发明对公司有怎样的价值，我是不知道的，请你先开个价吧。""那好吧，我出40万，怎么样？"经理爽快地先报了价，谈判顺利结束了。事后，爱迪生这样说："我原来只想把专利卖5 000美元，因为在实验上还要用很多钱，所以，再便宜些我也肯卖的。"

总之，倾听不仅可以了解对方真实的需要，感知对方的心理状态，而且可以改善谈判双方的关系，促进谈判的进程和双方的合作。倾听是谈判语言的一个重要形式，善于倾听则是谈判者必须具备的一个素养。

（二）善问的技巧

问话首先要有一定的目的，然后通过一定的方式表达出来。为了获得良好的提问效果，需掌握以下发问要诀：

1. 提问的时机

提问的时机必须把握好，既不能太早，又不能太晚。太早容易过早地将谈判意图暴露给对方，太晚又会影响谈判的进程。在对方发言时，如果我们脑中闪现出疑问，千万不要中止倾听对方的谈话而急于提问题。这时我们可先把问题记录下来，等待对方讲完后，在合适的时机再提出问题。通过总结倾听到的对方的发言，可以了解对方的心态，掌握对方的背景，这样发问才有针对性。此外，不要在对某一话题的讨论兴致正浓时提出新的问题，而要先转移话题的方向，然后再提出新的问题，这样做有利于对方集中精力构思答案。

2. 抛"无疑之问"

适当的时候，我们可以将一个已经发生，并且知道答案的问题提出来，验证一下对方的诚实程度及其处理事物的态度。同时，这样做也可给对方一个暗示，即我们对整个交易的行情是了解的，有关对方的情况我们也是掌握得很充分的。这样做可以帮助我们进入下一步的合作决策。

有一次，华盛顿家里丢了一匹马，他获悉是一位邻居偷走了，就同一位警官去索要。但邻居声称那是他自己家的马，华盛顿灵机一动，走上前去，用双手捂住马的眼睛，然后对邻居说："告诉我，你的马哪只眼睛瞎了？""右眼。"邻居答道。华盛顿放开蒙右眼的手，马的右眼并不瞎。"我说错了，马的左眼才是瞎的。"邻居急着争辩道。华盛顿放开蒙左眼的手，马的左眼也不瞎。"我又说错了……"邻居还想狡辩。"是的，你错了。"警官说："已经证明马不是你的了，你必须把它还给华盛顿先生。"

有一点要注意的是：要以诚恳的态度提出问题。这有利于谈判者彼此感情上的沟通，有利于谈判的顺利进行。

（三）回答的技巧

1. 回答问题之前，要给自己留有思考时间

为了使回答问题的结果对自己更有利，在回答对方的问题前要做好准备，以便构思好问题的答案。回答的准备工作包括三项内容：一是心理准备。即在对方提问后，要利用喝水、翻笔记本等动作来延缓时间，以稳定情绪，而不是急于回答。二是了解问题。即要弄清对方所提问题的真实含义，以免把不该回答的问题也答出来。三是准备答案。答案应只包括那些该回答的部分。

2. 部分回答

谈判中有一种"投石问路"的策略，即谈判方借助一连串的发问来获得己方所需要的信息和资料，此时不应对其所有问题都进行回答，以免泄露我方许多重要的情报而使我方谈判处于不利地位。这时可只作针对局部的答复，使对方摸

不清我方的底牌。

3. "答非所问"

当有些问题不好回答时，回避正面答复的方法之一是"答非所问"，即似乎在回答该问题，而实际上并未对这个问题表态。

4. 拖延答复

谈判中有时在表态时机未到的情况下可采取拖延答复的方式。你可用"记不得了"或"资料不全"来拖延答复。有时还可以让对方寻找答案，亦即让对方自己澄清他所提出的问题。例如可以这样说："在回答你的问题之前，我想先听一听你的意见。"

5. 启发诱导式转移话题

洽谈中对问题不答、部分回答或转向回答等，都需要凭借启发诱导式转移话题实现。启发诱导式回答务求做到刚柔相济、情理交融，切忌激动地据理力争或将话题扯远。启发诱导式的好处是避免穷追猛打、各不相让的局面出现，避免谈判陷入僵局。转换话题可以退中求胜，也可以退为防守。

某公司为购买农业加工机械与日商谈判，在谈判价格时陷入了僵局，气氛紧张。这时日方主谈判手推说要方便一下，于是站起来离开了。当他再次进入谈判室时，满脸笑容地对他的副手说："查一查我们的价格是何时定的。"他的副手心领神会，忙说："这是以前定的价格。"主谈判手笑着说："国际市场上价格变化很快啊，我们价格定得早，时间一长可能有变化，请允许我请示一下后再作答复。"

这位日商在谈判陷入尴尬时先行离开，使室内气氛缓和，使自己的情绪得以调整，然后撇开让价问题，转谈价格制定的时间问题，为自己的让步找了个很好的台阶。

6. 反问

其特点是在倾听完对方的问题后，通过抓住关键的问题向对方反问以掌握主动。例如，买方说："请谈一下贵方价格比去年上涨 10% 的原因。"卖方回答："物价上涨与成本提高的关系是密不可分的。当然如果你对这个提价幅度感到不满意的话，我很乐意就你觉得不妥的某些具体问题予以解释澄清，请问哪些方面使你觉得不妥？"

总之，回答问题的要诀在于知道该说什么，不该说什么，回答到什么程度，不必过多考虑所回答的是否对题。谈判毕竟不是做题，很少有"对"或"错"

211

那么确定而简单的答案。在答复时，若对方打岔，则让他这样做下去，不要干涉他，这会为你以后的答复提供有用的信息。

（四）说服的技巧

在说服艺术中，运用历史经验或事实去说服别人，无疑比那种直截了当地说一番大道理要有效得多。善于劝说的谈判者懂得人们做事、处理问题都是受个人的具体经验影响的，抽象地讲大道理的说服远远比不上运用经验和例证去进行劝说。请看萨克斯是怎样说服罗斯福总统接受制造原子弹的建议的：

　　第二次世界大战期间，一些美国科学家试图说服罗斯福总统重视原子弹的研制，以遏制法西斯德国的全球扩张战略。他们委托总统的私人顾问、经济学家萨克斯出面说服总统。但是，不论是爱因斯坦的长信，还是萨克斯的陈述，总统一概不感兴趣。为了表示歉意，总统邀请萨克斯次日共进早餐。第二天早上一见面，罗斯福就以攻为守地说："今天不许再谈爱因斯坦的信，一句也不谈，明白吗？"萨克斯说："英法战争期间，在欧洲大陆上不可一世的拿破仑在海上屡战屡败。这时，一位年轻的美国发明家富尔顿来到了这位法国皇帝面前，建议把法国战船的桅杆砍掉，撤去风帆，装上蒸汽机，把木板换成钢板。拿破仑却想：船没有帆就不能行走，木板换成钢板就会沉没。于是，他二话没说就把富尔顿轰了出去。历史学家们在评论这段历史时认为，如果拿破仑采纳了富尔顿的建议，19 世纪的欧洲史就得重写。"萨克斯说完，目光深沉地望着总统。罗斯福总统默默沉思了几分钟，然后取出一瓶拿破仑时代的法国白兰地，斟满了一杯，递给萨克斯，轻缓地说："你胜利了。"萨克斯顿时热泪盈眶，他终于成功地运用实例说服总统作出了美国历史上一项重要的决策。

（五）拒绝的技巧

拒绝是一门艺术，如果没有学会婉转地拒绝，我们就必然会在谈判中得罪许多朋友，失去很多合作的机会。

试想，当人家满腔热忱地找上门来向你招揽业务时，你若态度粗暴生硬，那还有什么贸易精神可言呢？俗话说，生意不成人情在。即使这笔生意你不想做，也用不着去得罪人家，让人家乘兴而来，败兴而去。更何况，往往有这样的情形，即此时你还不具备条件去做或还不打算做的这笔生意，说不定某一时条件起了变化，你又动了心思打算做时，却已在先前将客户得罪了，这样你就少了一个生意伙伴，断了一条后路。这样的傻事只有最愚蠢的人才会去干。

另一方面，我们又大有必要对这种温和的语言保持高度警惕。因为当对方用极温和的语言打发你时，他的真实意图往往是隐藏着的。如果你是位保险公司的保险推销员，当你与客户洽商时，对方神情愉悦且态度和蔼，你就应当心中有数，这表明他心中可能有某种想隐瞒你的企图，也许他虽对自己的健康感到不安，但不想把财产留给别人……总之，态度和善并不表示他接受你的意见，而大有可能是内心有所隐藏的一种表现。

一家保险公司的业务员曾总结说，当对方对你特别客气、特别温和地听你说话时，这笔生意注定没门。因为对方往往会非常客气地说："让我考虑两三天再给你答复好吗？"人家这样客气，你自然会忙不迭地说："没关系，我等你的好消息！"可你是等不到对方的好消息的，第二天你便有可能接到对方拒绝的电话。

因此，如果你以为对方温和地对你说话，事情就必定有眉目，那就大错特错了。

（六）讨价还价的技巧

一种常见的情形是，买主通常会利用吹毛求疵的战术来与卖主讨价还价。买主先是再三挑剔，接着提出一大堆问题和要求。这些问题有的是事实，有的却只是无中生有。买主之所以要这么做，乃是为了达到下面四个目的：

其一，使卖主把卖价标准降低；

其二，让买方有讨价还价的前提；

其三，告诉卖方，买方是很精明的，不会轻易上当；

其四，即使以低价卖出时，售货员仍有借口向老板交代。

这些方法普遍被商界人士认为是一种行之有效的方法。商业谈判者都明白，要求得越多，则所得到的也就越多。

针对上述情况，卖方可采用以下对策：

其一，必须有耐心，让那些虚张声势的问题及要求逐渐露出马脚来，从而失去影响力；

其二，遇到实际问题，要开门见山、直攻腹地地和买主私下商谈；

其三，对于某些问题和要求，要能避重就轻或视若无睹地一笔带过；

其四，当对方在浪费时间、节外生枝或作无谓的挑剔及提出无理要求时，必须及时提出抗议；

其五，向买主建议一个具体且彻底的解决办法，从而避开那些与此无关的问题。

此外，当你明白对方在虚张声势时，你也可如法炮制某些虚张声势的问题来加强自己价格的力量。

【案例回应】

"晏子使楚"这个故事，说明了"出色的言谈可以弥补或掩饰其他条件的欠缺"的道理。一位出色的外交家，他不仅要风度翩翩、气质高雅、举止儒雅，更重要的是具备先进的思想水平与渊博的知识涵养。晏子样貌不才，但道行独到。晏子初见楚王，因身材矮小和其貌不扬而遭刁难，幸而晏子以其出色的谈判技巧和伶牙俐齿反击，不仅弥补、掩饰了他的先天短缺，而且凭着能言善道、八面玲珑，以及富有魅力、稳操胜券的言谈，提升了他整体的人格魅力，从而赢得了他人的理解、信赖和尊敬。相反，谈判者尽管拥有优雅的风度、英俊的外貌、潇洒的举止，但如果表达语无伦次、唐突可笑，终将不会给人以美感，不会受人欢迎，甚至招致别人反感。

【实战训练】

在任务6-1"实战训练"的基础上，作为经理的你，将采取哪些策略同A公司进行谈判，小组内讨论，并向全班汇报。

任务6-3　涉外谈判口才

知识目标

◇了解涉外商务谈判与国内商务谈判的区别

◇掌握涉外商务谈判的口才技巧

技能目标

◇通过案例分析及理论学习，加强对涉外商务谈判的认识

◇能灵活运用各种涉外商务谈判的策略和技巧，在涉外谈判中取得优势，赢得成功

【情景导入】

1992年上海甲公司引进外墙防水涂料生产技术，日本乙公司与香港丙公司报价分别为22万美元和18万美元。经调查了解，两家公司技术与服务条件大致

相当，甲有意与丙公司成交。在终局谈判中，甲公司安排总经理与总工程师同乙公司谈判，而全权委托技术科长与丙公司谈判。丙公司得知此消息后，主动大幅度降价至 10 万美元与甲签约。

【问题讨论】

1. 如何评论甲公司安排谈判人员的做法？
2. 如何评论丙公司大幅度降价的做法？

【理论知识】

涉外商务谈判在国际商务活动中不仅占据相当大的比重，而且具有相当重要的地位。谈判的成功与否，直接关系到整个国际商务活动的效果，关系到企业能否在一个新的海外市场建立必要的销售网络、获得理想的合作伙伴、获得进入市场的良好途径等。涉外商务谈判在表现出其重要性的同时，也不断向人们展示出其复杂性。一个国内谈判高手并不一定是一个成功的涉外商务谈判专家。要想在涉外商务谈判中取得满意的效果，必须充分理解国际商务谈判的特点和要求。这不仅对那些以国际市场为舞台的企业经营者来说是必要的，而且对所有参与国际商务活动，希望取得理想效果的人们来说也是必要的。在本任务中，我们将在前面阐述谈判基本原理及一般谈判策略技巧的基础上，对国际商务谈判的特点和要求作进一步的阐述，然后分析介绍一些典型国家和地区人们的谈判特点和风格。

一、涉外商务谈判的概念及特点

涉外商务谈判，即跨越国界的、分属于不同国家的商务活动主体为实现各自的目的而在相互之间所进行的磋商。

国内商务谈判和涉外商务谈判都是商务活动的必要组成部分，它们是企业发展国内市场与国际市场业务的重要手段。国际商务活动是国内商务活动的延伸，涉外商务谈判则可以视为国内商务谈判的延伸与发展。国内商务谈判和涉外商务谈判之间既存在着十分明显的区别，也存在着十分密切的联系和许多共性。

（一）涉外商务谈判与国内商务谈判的共性特征

1. 为特定目的与特定对手的磋商

国内商务谈判和涉外商务谈判同样是商务活动主体为实现其特定的目的而与特定对手之间进行的磋商。作为谈判，其过程都是一种双方或多方之间进行的信息交流，"取"与"予"是兼而有之的过程，谈判过程中所适用的多数技巧并没有质的差异。

2. 谈判的基本模式是一致的

与国内商务谈判相比，涉外商务谈判中必须考虑到各种各样的差异，但谈判的基本模式仍是一致的。事实上，由于文化背景、政治经济制度等多方面的差异，谈判过程中信息沟通的方式、需要讨论的问题等都会有很大的不同，但与国内商务谈判一样，涉外商务谈判也同样遵循从寻找谈判对象开始，到建立相应关系、提出交易条件、讨价还价、达成协议，直至履行协议结束这一基本模式。

3. 国内、国际市场经营活动的协调

国内商务谈判和涉外商务谈判是经济活动主体从事或参与国际经营活动的两个不可分割的组成部分。尽管国内谈判同涉外谈判可能由不同的人员负责进行，但由于企业必须保持其国内商务活动和涉外商务活动的衔接，国内谈判与涉外商务谈判之间就存在着密不可分的联系。在了解国际谈判时，必须考虑到相关的国内谈判的结果或可能出现的状况，反之亦然。

（二）涉外商务谈判与国内商务谈判的区别

在把握国际谈判与国内谈判的共性特征的同时，还要认识到这两种谈判之间的区别，并针对区别进而采取有效措施，方能取得涉外商务谈判的成功。

涉外商务谈判是跨越国界的谈判，谈判的根本区别源于谈判者成长和生活的环境及谈判活动与谈判协议履行的环境的差异。国内商务谈判双方通常拥有共同的背景，生活于共同的政治、法律、经济、文化和社会环境之中。在谈判中，谈判者主要应考虑的是双方公司及谈判者个人之间的某些差异。而在涉外商务谈判中，谈判双方来自不同的国家，拥有不同的背景，生活于不同的政治、法律、经济、文化和社会背景之中，这种差异不仅形成了人们在谈判过程中的谈判行为的差异，而且会对未来谈判协议的履行产生十分重大的影响。比较而言，由于上述背景的差异，在涉外商务谈判中，谈判者面临着若干在国内谈判中极少出现的问题。

1. 语言差异

国内谈判中，谈判双方通常不存在语言差异（谈判者通常都认同并能使用共同的官方语言），从而也就不存在由于使用不同语言而可能导致的相互信息沟通上的障碍。但在涉外商务谈判中，语言问题及由此而引起的其他问题始终值得谈判者注意。即便是在使用相同语言的国家，如使用英语的美国、英国，在某些表达上仍存在着一定的差异。语言差异，特别是在两种语言中都有类似的表达但含义却有很大差别时，以及某种表达只在一种语言中存在时，极易引起沟通上的混淆。如在中国，政府管理企业的方法之一是根据企业经营管理状况及企业规模等评定企业的等级，如"国家级企业"、"国家二级企业"等。在美国则没有这

种概念。简单地将"一级企业"、"二级企业"解释为 first class enterprise 和 second class enterprise，很难让对方理解这种表达的含义，起不到在国内谈判中同样表达所能起到的效果，并且有可能使对方产生误解，如将"二级企业"误解为"二流企业"。在拟定谈判协议时，语言差异问题更值得予以深入的分析和研究。

2. 沟通方式差异

不同文化背景的人群有其所偏好和习惯的沟通方式。涉外商务谈判中的双方通常属于不同的文化圈，有各自习惯的沟通方式。习惯于不同沟通方式的双方之间要进行较为深入的沟通，往往就会产生各种各样的问题。有些国家如中国、日本等，人们的表达通常较为委婉、间接；而有些国家直截了当的表达则较为常见。表达通常较委婉、间接的谈判者比较注重发现和理解对方没有通过口头表达出的意思，而表达较为直接的谈判者则偏爱较多地运用口头表达，直接发出或接受明确的信息。来自这两种不同文化圈的谈判者在进行谈判时，一方可能认为对方过于鲁莽，而另一方则可能认为对方缺乏谈判的诚意，或将对方的沉默误解为对其所提条件的认可。沟通的差异不仅表现为表达方式的直接或间接，还表现为不同国家或地区的人们在表达过程中动作语言（肢体语言）运用上的巨大差异。有些国家或地区的人在进行口头表达的同时，伴随着大量的动作语言；而有些国家或地区的人则不习惯在较为正式的场合运用幅度较大的动作语言。值得注意的是，与口头语言和书面语言一样，动作语言同样也表现出一定的地域性，同样的动作在不同的国家或地区所示的意义可能完全不同，甚至截然相反。对动作语言认识和运用的差异，同样会给谈判中的沟通带来许多问题。

3. 时间和空间概念上的差异

大量研究表明，在不同国家或地区，人们的时间观念有着明显的差异。就谈判而言，有些国家或地区的谈判者时间观念很强，将严格遵守时间约定视为"一种起码的行为准则，是尊重他人的表现"。如在美国，人们将遵守时间约定看成是商业活动及日常生活的基本准则之一，比预定时间提早到达经常被视为急于成交的表示，而迟到则会被看成是不尊重对方，至少是不急于成交的表示。但在拉丁美洲或阿拉伯国家，如果这样去理解对方在谈判桌上的行为，则很难达成任何交易，这些地区或国家的谈判者有着完全不同的时间概念。

空间概念是与时间概念完全不同的问题。在不同的文化环境中，人们形成了不同的心理安全距离。在与一般人的交往中，如果突破这种距离，就会使另一方产生心理不适。有关研究表明，在法国等某些国家，正常情况下人们相互之间的心理安全距离较短，而一般来说，美国人的心理安全距离则较法国人更长。如果谈判者对这一点缺乏足够的认识，所言所行就可能使双方感到不适。

4. 决策结构差异

谈判的重要准则之一是要同拥有相当决策权限的人谈判，至少是与能够积极影响有关决策的人员谈判。这就需要谈判者了解对方企业的决策结构，了解能够对对方决策产生影响的各种因素。由于不同国家的政治经济体制和法律制度等存在着很大的差异，企业的所有制形式存在着很大不同，商务活动中的决策结构也有着很大不同。以在国内商务活动中一贯的眼光去评判对手，可能会犯各种各样的错误。如有些国家，企业本身对有关事务拥有最终决策权，而另一些国家，最终决策权则可能属于政府有关主管部门，对方企业的认可并不意味着合同一定能合法履行。而同样是在企业拥有决策权的情况下，企业内部的决策权在不同的国家或地区也会有很大的差异。

在注意到不同国家企业决策结构差异的同时，尤其值得注意的是政府介入国际商务活动的程度和方式。政府对国际商务活动的干预包括通过制定一定的政策，或通过政府部门的直接参与，来鼓励或限制某些商务活动的开展。在通常情况下，社会主义国家政府对国际和国内商务活动的介入程度较高，但这并不等于说资本主义国家的政府不介入企业的国际和国内商务活动。在工业化程度较高的意大利、西班牙及法国，某些重要的经济部门就是为政府所有的。当商务活动涉及国家的政治利益时，政府介入的程度就可能更高。20世纪80年代初跨越西伯利亚的输油管道的建设问题就充分说明了这一点。当时某美国公司的欧洲附属公司与苏联签订了设备供应合同，但美国公司及其欧洲附属公司在美国和欧洲国家的政府分别介入的情况下，处于十分被动的局面。美国政府不允许美国公司的附属公司提供建设输油管道的设备与技术，而欧洲国家的政府则要求公司尊重并履行供应合约。争议最终通过外交途径才得以解决。由于涉外商务活动中可能面临决策结构差异和不同程度的政府介入，因而涉外商务谈判可行性研究中的对手分析远比国内商务谈判中的有关分析复杂，在某些情况下，谈判者不仅要有与对方企业谈判的安排，而且要做好与对方政府谈判的准备。

5. 法律制度差异

基于社会哲学及社会发展轨迹的差异，不同国家的法律制度往往存在着很大区别。要保证谈判活动的正常进行，保证谈判协议能够得以顺利实施，正确认识法律制度的差异是不可忽视的。与此同时，一个值得注意的现象是，不仅不同国家的法律制度存在着明显的不同，不同国家法律制度得以遵照执行的程度也有很大不同。在涉外商务谈判中，谈判者需要遵守那些自己并不熟悉的法律制度，同时还必须充分理解有关的法律制度，了解其执行情况，否则就很难使自身的利益得到切实的保护。

6. 谈判认识差异

不同文化中人们对参与谈判的目的及所达成的合同的认识也有很大差异。如在美国，人们通常认为，谈判的首要目的也是最重要的目的是与对方达成协议，人们将双方达成协议视为一项交易的结束，至少是有关这一交易的磋商的结束。而在东方文化中，如在日本，人们则将与对方达成协议和签署合同视为正式开始了双方之间的合作关系。对达成协议的这种理解上的差异直接关系到人们对待未来合同履行过程中所出现的各种变化的态度。根据完成一项交易的解释，双方通常是不应该修改合同条件的，而若将签署协议视为开始合作关系，则随着条件的变化，对双方合作关系作某些调整是十分合理的。

7. 经营风险的差异

在国内商务活动中，企业面临的风险主要是因国内政治、经济、社会、技术等因素变化而可能导致的国内市场条件的变化。在涉外商务活动中，企业在继续面临这种风险的同时，还要面对远比这些风险复杂得多的国际经营风险，包括国际政治风险，如战争、国家之间的政治矛盾与外交纠纷、有关国家政局及政策的不稳定等；国际市场变化风险，如原材料市场和产成品市场供求状况的急剧变化；汇率风险，如一国货币的升值或贬值等。国际商务活动中的这些风险一旦成为现实，就会对合作双方的实际利益产生巨大的影响，会对合同的顺利履行构成威胁。因此，谈判者在磋商有关的合同条件时，应对可能存在的风险有足够的认识，并在订立合同条款时，考虑采取某些预防性措施，如订立不可抗力条款、采用某种调整汇率和国际市场价格急剧变化风险的条款等。

8. 谈判地域的差异

在面对面的国际商务谈判中，至少有一方必须在自己相对不熟悉的环境中进行谈判，由此必然会带来一系列的问题，如长途旅行所产生的疲劳、较高的费用、难以便捷地获得自己所需要的资料等。这种差异往往要求谈判者在参与国际谈判时，给予更多的时间投入和进行更充分的准备工作。

二、涉外商务谈判成功的基本要求

以上我们分析了涉外商务谈判与国内商务谈判的异同。从这一分析中，很容易得出这样的结论，即涉外商务谈判与国内商务谈判并不存在质的区别。但是，如果谈判者以对待国内谈判对手、对待国内商务活动同样的逻辑和思维去对待涉外商务谈判对手，去处理国际商务谈判中的问题，显然难以取得国际商务谈判的圆满成功。在国际商务谈判中，除了要把握在前面几章中所阐述的谈判的一般原理和方法外，谈判者还应注意以下几个方面。

1. 要有更充分的准备

涉外商务谈判的复杂性要求谈判者在谈判之前要做更为充分的准备。一是充分地分析和了解潜在的谈判对手，明确对方企业和可能的谈判者个人的状况，分析政府介入（有时是双方政府介入）的可能性，及其介入可能带来的问题。二是研究商务活动的环境，包括国际政治、经济、法律和社会环境等，评估各种潜在的风险及其可能产生的影响，拟定各种防范风险的措施。三是合理安排谈判计划，解决好谈判中可能出现的体力疲劳、难以获得必要的信息等问题。

2. 正确对待文化差异

谈判者对文化差异必须要有足够的敏感性，要尊重对方的文化习惯和风俗。西方社会有一句俗语——在罗马，就要做罗马人（In Rome, be Romans），其意思也就是中国的"入乡随俗"。在涉外商务谈判中，"把自己的脚放在别人的鞋子里"是不够的，谈判者不仅要善于从对方的角度看问题，而且要善于理解对方看问题的思维方式和逻辑。任何一个国际商务活动中的谈判人员都必须认识到，文化是没有优劣之分的，必须尽量避免模式化地看待另一种文化的思维习惯。具有不同文化背景的人，都具有其独特的谈判方式，因此，在跨文化谈判中，应充分尊重对方的文化习惯，并有针对性地采取相应的措施。

（1）日本文化的谈判方式。日本人的谈判方式集中体现为彬彬有礼地讨价还价，不轻易妥协。日本人在国际商务谈判时，几乎毫无退让地坚持原有条件。一次次的谈判，他们始终重复原有主张，在谦恭的外表下隐藏着誓不屈服的决心。日本文化的谈判方式有二：一是善于利用策略、设置埋伏，"打折扣吃小亏、抬高价占大便宜"，这是日本人谈判的典型特征之一。二是保持沉默，有耐心。谈判中，日本人不愿率先表明自己的意图，而是长时间沉默，采用静观事态发展的战术，他们谈判特别有耐心，并相信耐心等待会有效果，所以许多协议都在最后期限才得以签订。

（2）美国文化的谈判方式。美国人谈判方式灵活多样，精于使用策略去谋得利益，头脑灵活，能在不知不觉中将一般性交谈迅速引向实质性商洽，并且善于讨价还价。同时，他们也十分欣赏对方具有如其一样的风格。他们的谈判方式有二：一是珍惜时间，重视最后期限。美国人讲究办事效率，他们认为，最成功的谈判者就是能熟练地把一切事物用最简洁、最令人信服的语言表达出来的人。因此，他们为自己规定的最后期限与开始施行计划之间的距离往往较短。一旦突破期限，谈判则可能破裂。二是积极务实，重视所得利益。美国人在谈判中，始终将实际得到物质利益作为获胜的标志，因此在商务谈判中，能取得巨额利润是其唯一目的。

（3）德国文化的谈判方式。一是准备周密，他们考虑问题周到系统，准备工作充分、仔细，特别对交易的形式、谈判的议题规定得准确、详细。二是讨价还价余地小，缺乏灵活性。谈判中，德国人总是强调自己方案的可行性，不大愿意向对方作必要的让步，有时甚至显得十分固执，毫无讨价还价的余地。三是谈判果断，注重长久关系。他们喜欢明确表示希望达成的交易，准确框定交易方式，详细列出谈判议题，无论对问题的陈述还是报价，都非常清楚、坚决、果断，他们不喜欢做一锤子买卖，而是希望与贸易伙伴建立长久关系，因此严守合同，不轻易毁约。

（4）法国文化的谈判方式。一是立场极为坚定。法国人具有戴高乐的依靠坚定的"不"字以谋取利益的高超本领，谈判中不愿妥协。二是坚持在谈判中使用母语——法语。三是喜欢先为协议勾画出一个轮廓，然后再达成原则协议，最后再确定协议的各个方面。

（5）英国文化的谈判方式。一是准备不充分。英国人同德国人的办事严谨、周密作风相反，准备不细致，给人以松松垮垮的感觉。二是为人和善，友好，好交际，容易相处。三是具有灵活性，擅提建设性意见，对此类意见也能比较积极地接受。

（6）阿拉伯文化的谈判方式。一是谈判节奏缓慢。他们很健谈，但有时第二次、第三次谈判都进入不了实质性的话题，谈判的最终决策也需要很久时间才能作出。二是中下级人员在谈判中起重要作用。在阿拉伯国家，上级人员负责谈判决策，他们多缺乏实际业务经验，而具体谈判靠中下级人员，其意见与建议则会受到上司的高度重视。三是从事代理得心应手。为开辟财路，阿拉伯国家政府坚持让外国公司通过阿拉伯代理商来开展业务，这也在一定程度上为外国公司提供了便利。

（7）北欧文化的谈判方式。一是沉着冷静，处事平稳。北欧人谈判的特点是按部就班、有条不紊地按议程顺序逐一进行。他们既从容又机敏，善于发现和把握达成协议的最佳时机，并能及时作出成交的决定。二是较为保守。谈判中，他们更多地将注意力置于怎样作出让步才能保住正在谈判中的某项合同，而不是着手准备另一个备选方案，以防止作出最大限度的让步也保不住合同的情况。这与他们倾向于把精力用于保护现在拥有的东西这种保守性格有关。三是商务谈判侧重点明显。北欧人生活水平普遍较高，所以对档次高、质量优、式样新奇的奢华消费品兴致盎然，而对一般性消费品则不屑一顾。

（8）拉美文化的谈判方式。一是重视谈判者个人的地位与作用，不喜同女性谈判。个人人格至上使拉美人特别注重对方谈判者本人而非其所隶属的公司，一旦认为对方经验丰富、工作能力强，并且是公司重要人物，他们便会肃然起敬，以后谈判便顺利多了。他们一般瞧不起妇女，不愿与女性谈判，但是如上述

221

令其敬重者则例外。二是谈判节奏缓慢，时间利用率低。拉美人生活悠闲、恬淡，处理事务速度慢。与他们谈判不可试图速战速决，这会令其恼火而更加停滞不前。三是不注重谈判协议的严肃性。人们常说拉美人不讲信用，仅就信贷收回而言，往往他们会延长期限。一位银行家曾说："他们是会付钱的，只是生性懒散，不把如约到期付款当一回事而已。所以，只要耐心催促，是无须担心他们赖账的。"

三、涉外商务谈判口才技巧

与外商谈判是一件相当艰苦的工作，谈判过程是不断组织思路的过程，在统一对外的原则下，还需要掌握各种灵活的谈判技巧，以此测出对方内心的想法与计策，表态要把握分寸、态度要明朗，使自己在谈判中始终占据有利位置。下面介绍一些涉外商务谈判口才技巧：

1. 转劣为优的技巧

摆脱困境，转劣为优，力保利益的方法有三：一是及时坦诚地纠正自己的错误。撤退与冲杀同样是夺取全盘胜利、维护自身既得利益的法宝。二是金蝉脱壳，以第三者身份纠正错误，可挽回立场，避免损失。从主、客观方面寻求"替罪羊"、责任方，以转移焦点。例如用更换主谈手可促成重谈，用光线不好导致错看笔记本中数字，用前任没交代支付方式的惯例等等借口摆脱被动局面。三是借助上级力量推翻个人先前的意见，以解释从而避免损失。一般外商都知道我国对外贸易是统一计划和领导的，故借口上级的旨意也是谈判中扭转劣势的有效手段。

2. 战胜"故意犯错"的技巧

大多数商人在国际贸易中都能遵守商业道德，亦有少数不道德商人以故意犯错为战略，比如佯装报高价以诱惑上钩，错报成交产品的规格，微改价格条款内容，改变包装要求等，以此谋求更大的经济效益。战胜对方故意犯错策略的反间计，最好是做足防备防范措施：一是谈判一个项目要选择并保持两个以上的交易对象展开同一项目的谈判；二是多从不同渠道了解谈判对手的资信和诉讼记录，并予以酌情关注；三是提出标的完成的最后期限及报价，具列详细的违约、索赔条款，争取达成协议，让对方不易反悔；四是警惕条件过于优厚的交易。

3. 应对最后通牒式谈判的技巧

这是一种能有效减少讨价还价麻烦、促进谈判双方尽快达成协议的策略，多应用于对于价格条款和时间的谈判上。作为被通牒一方可选择的应对方法有四：一是作退出谈判之状，大胆设法试探对方通牒的弹性（真意、底价等），迫使对方收回成命，不着痕迹地主动让步；二是改变前面所谈内容，如改变交易的补偿或贸易来料，改变产品品质要求，增减产品订货数量等等，用这个去改变最后通牒，促成新条件下的谈判；三是不断重复我方观点，对对方的通牒置若罔闻，逼对方提出折中；四是先发制人，抢先发出通牒，令对方措手不及。

在涉外谈判实践中，有些外商较为特别，我们除了应用其他场合使用的技巧对付外，仍需要使用诸如上述一类特别的语言技巧。

四、涉外商务谈判的忌讳

同外国人交往时，尊重他们的风俗习惯，注意在不同场合下不同的忌讳语，这有利于我们同外国人的合作顺利进行。

1. 语言忌讳

与希腊人交往，交谈时不能说与猫有关的言语，如养猫、玩猫、爱猫等，因为在他们那里谈这些，会被认为是不吉祥的事情；与伊斯兰教信徒交往，不能谈及关于猪的事，或有关猪的音、词，这有违他们的教义；与沙特人交往不能谈"下象棋"和有关这些的字眼，这会被他们认为是图谋不轨；与法国人交往不能谈论核桃，他们会认为谈这个是不吉祥的，对法国女人不能以香水为礼物，在他们国家送这样的礼物会有过于亲热和怀有"不轨企图"之嫌；与美国人交往，注意不要提"厕所"，他们认为谈话时提及这个字眼不礼貌；与英国人交往，不要称其为英国人，称其为"大不列颠人"的话他们会很高兴，他们不喜欢以皇室之事作为谈笑的话题，也忌谈女人的年龄；欧美人忌谈私人问题，如岁数、婚否、住址等，随便询问这些，会被认为是冒犯他人尊严，对其老年人不可说"您老"等"老"字，爬山、上楼也忌搀扶，他们认为这有失体面；与日本人谈话，不可出现"狐狸"、"獾"的字眼，谈话也不能涉及这两种动物的内容，因为他们特别反感这两种动物；阿拉伯人忌讳谈论妻子、儿女的事，见面不要问候或提及；在拉美国家上街走路，同性朋友不可以拉手搭肩，否则会被视为同性恋者。

2. 数字忌讳

一些东方国家很忌讳"四"这个数字，因为"四"与"死"发音相近，不少国家把"四"视为预兆厄运的数字，如韩国过去的旅馆里没有四楼，门牌没有四号，军队无四军、四师等，有第一、二、三、五海域而无第四海域，甚至家中第四个孩子会被认为不吉利，常受虐待。而一些西方国家则很忌讳"十三"这个数字。他们认为十三不祥，是出于"最后的晚餐"这个典故，耶稣基督与十二门徒共进晚餐，坐第十三位的就是出卖他的犹大。古老的文献显示夏娃、亚当偷吃禁果之日，就是十三号星期五，所以现在西方许多旅馆办公楼没有十三层，有的航空公司没有十三号班机，宴会厅没有十三号座位，若是十三号又碰上星期五就更为不祥，许多人认为，在这种日子不能换衣、用餐、上街、出车、实施新计划，否则会倒霉。所以一般在这一天不举行宴会，不洽谈生意。

【案例回应】

这是商务谈判战术中典型的兵不厌诈策略。在这个商务谈判中，甲公司采用了兵不厌诈战术，让丙公司认为自己无意与他合作遂主动降价。最终以更低的价格达成交易。

丙公司中计，这种没有坚持自身底线的做法在商业谈判中是不可取的。

【实战训练】

在任务6-1"实践训练"的谈判中，不同国家存在着文化差异，为了使谈判顺利进行，请拟定相关解决方案。

任务6-4 谈判口才评估

活动一：自我检测谈判能力

1. 你认为商务谈判（ ）

A. 是一种意志的较量，谈判双方一定有输有赢。

B. 是一种立场的坚持，谁坚持到底，谁就获利最多。

C. 是一种互相妥协的过程，双方各让一步一定会海阔天空。

D. 双方的关系重于利益，只要双方关系友好必然带来理想的谈判结果。

E. 是双方妥协和利益得到实现的过程，以客观标准达成协议可得到双赢结果。

2. 在签订合同前，谈判代表说合作条件很苛刻，按此条件自己无权做主，必须经过上司批准。此时你应该（ ）

A. 说对方谈判代表没有权做主就应该早声明，以免浪费这么多时间。

B. 询问对方上司批准合同的可能性，在最后决策者拍板前要留有让步余地。

C. 提出要见决策者，重新安排谈判。

D. 与对方谈判代表先签订合作意向书，取得初步的谈判成果。

E. 进一步给出让步，以达到对方谈判代表有权做主的条件。

3. 为得到更大的让步，或是为了掌握更多的信息，对方提出一些假设性的需求或问题，目的在于摸清底牌。此时你应该（　　　）

A. 按照对方假设性的需求和问题诚实回答。

B. 对于各种假设性的需求和问题不予理会。

C. 指出对方的需求和问题不真实。

D. 了解对方的真实需求和问题，有针对性地给予同样假设性答复。

E. 窥视对方真正的需求和兴趣，不要给予清晰答案，并可将计就计促成交易。

4. 谈判对方提出几家竞争对手的情况，向你施压，说你的价格太高，要求你给出更多的让步，你应该（　　　）

A. 通过谈判更多地了解竞争状况，坚持原有的合作条件，不要轻易让步。

B. 强调自己的价格是最合理的。

C. 为了争取合作，以对方提出竞争对手最优惠的价格条件成交。

D. 问他们："既然竞争对手的价格如此优惠，你为什么不与他们合作？"

E. 提出竞争事实，说对方提出的竞争对手情况不真实。

5. 当对方提出如果这次谈判你能给予优惠条件，保证下次给你更大的生意，此时你应该（　　　）

A. 按对方的合作要求给予适当的优惠条件。

B. 为了双方的长期合作，得到未来更大的生意，按照对方要求的优惠条件成交。

C. 了解买主的人格，不要以"未来的承诺"牺牲"现在的利益"，可以以其人之道，还治其人之身。

D. 要求对方将下次生意的具体情况进行说明，以确定是否给予对方优惠条件。

E. 坚持原有的合作条件，对对方所提出的下次合作不予理会。

6. 谈判对方有诚意购买你整体方案的产品（服务），但苦于财力不足，不能完整成交。此时你应该（　　　）

A. 要对方购买部分产品（服务），成交多少算多少。

B. 指出如果不能购买整体方案，就以后再谈。

C. 要求对方借钱购买整体方案。

D. 如果有可能，协助贷款或改变整体方案。改变方案时要注意相应条件的调整。

E. 先把整体方案的产品（服务）卖给对方，对方有多少钱先给多少钱，所欠之钱以后再说。

7. 对方在达成协议前，将许多附加条件依次提出，要求得到你更大的让步，你应该（　　　）

A. 强调你已经作出的让步，强调"双赢"，尽快促成交易。

B. 对对方提出的附加条件不予考虑，坚持原有的合作条件。

C. 针锋相对，对对方提出的附加条件提出相应的附加条件。

D. 不与这种"得寸进尺"的谈判对手合作。

E. 运用推销证明的方法，将已有合作伙伴的情况介绍给对方。

8. 在谈判过程中，对方总是改变自己的方案、观点、条件，使谈判无休止地拖延下去。你应该（　　　）

A. 以其人之道，还治其人之身，用同样的方法与对方周旋。

B. 设法弄清楚对方的期限要求，提出己方的最后期限。

C. 节省自己的时间和精力，不与这种对象合作。

D. 采用休会策略，等对方真正有需求时再和对方谈判。

E. 采用"价格陷阱"策略，说明如果现在不成交，以后将会涨价。

9. 在谈判中双方因某一个问题陷入僵局，有可能是过分坚持立场之故。此时你应该（　　　）

A. 跳出僵局，用让步的方法满足对方的条件。

B. 放弃立场，强调双方的共同利益。

C. 坚持立场，要想获得更多的利益就应该坚持原有谈判条件不变。

D. 采用先休会的方法，会后转换思考角度，并提出多种选择等策略以消除僵局。

E. 采用更换谈判人员的方法，重新开始谈判。

10. 除非满足对方的条件，否则对方将转向其他合作伙伴，并与你断绝一切生意往来，此时你应该（　　　）

A. 从立场中脱离出来，强调共同的利益，要求平等机会，不要被威胁吓倒而作出不情愿的让步。

B. 以牙还牙，不合作拉倒，去寻找新的合作伙伴。

C. 给出供选择的多种方案以达到合作的目的。

D. 摆事实，讲道理，同时也给出合作的目的。

E. 通过有影响力的第三者进行调停，赢得合理的条件。

【评分标准】

1. A——2分　　B——3分　　C——7分　　D——6分　　E——10分

2. A——2分　　B——10分　　C——7分　　D——6分　　E——5分

3. A——4分　　B——3分　　C——6分　　D——7分　　E——10分

4. A——10分　B——6分　　C——5分　　D——2分　　E——8分

5. A——4分　　B——2分　　C——10分　D——6分　　E——5分

6. A——6分　　B——2分　　C——6分　　D——10分　E——3分

7. A——10分　B——4分　　C——8分　　D——2分　　E——7分

8. A——4分　　B——10分　C——3分　　D——6分　　E——7分

9. A——4分　　B——6分　　C——2分　　D——10分　E——7分

10. A——10分　B——2分　　C——6分　　D——6分　　E——7分

【结果分析】

如果你的得分在：

95 分以上：谈判专家。

90～95 分：谈判高手。

80～90 分：有一定的谈判能力。

70～80 分：具有一定的潜质。

70 分以下：谈判能力不合格，需要继续努力。

活动二：仿真谈判

　　美国的展示器具制造商泰佛尔公司和台湾的监视器公司于 1982 年签订契约。根据这份合约，泰佛尔公司在最初的 4 年中每年订购 18 000 台监视器，从第五年开始，每年增购 3 000 台，迄第八年止，最低订购量必须达到 30 000 台。产品的单价是每台 9 230 新台币，每个月的汇兑率以上个月的汇率为基础。（谈判该契约时，平均汇兑率是 1 美元折合 41 新台币。）

　　如此契约下，两家公司一直保持着良好的合作关系。但是 4 年后，亦即 1986 年起，泰佛尔公司不再依照约定追加购买数量。台湾方面无法忍受这种态度，于是以市场行销经理的名义通知泰佛尔公司，如若再不设法改善现状的话，他们不得不在美国市场上另辟蹊径，与其他公司合作。因此，泰佛尔公司的董事长决定直接会见台湾代表，并且请他们代订台北的旅馆，会面时间为两天。

　　1. 谈判准备

　　谈判之前首先要确定谈判人员，与对方谈判代表的身份、职务要相当。

　　谈判代表要有良好的综合素质，谈判前应整理好自己的仪容仪表，穿着要整洁、正式、庄重。男士应刮净胡须，穿西服的话则必须打领带。女士穿着不宜太过暴露，不宜穿细高跟鞋，应化淡妆。

布置好谈判会场，选用长方形或椭圆形的谈判桌，门右手座位或对面座位为尊位，应让给客方。

谈判前应对谈判主题、内容、议程作好充分准备，制定好计划、目标及谈判策略。

2. 谈判之初

谈判之初，谈判双方接触的第一印象十分重要，言谈举止要尽可能创造出友好、轻松的谈判气氛。

作自我介绍时要自然大方，不可露傲慢之意。被介绍到的人应起立微笑示意，可以礼貌地说"幸会"、"请多关照"之类的寒暄语。询问对方语言要客气，如问"请教尊姓大名"等。如要交换名片，要双手接递。介绍完毕后可选择双方共同感兴趣的话题进行交谈，此时可稍作寒暄，以沟通感情，创造和睦气氛。

谈判之初的姿态动作也对把握谈判气氛起着重大作用，注视对方时，目光应停留于对方双眼至前额的三角区域正方，这样会使对方感到被关注，觉得你诚恳严肃。手心朝上比朝下好，手势要自然，不宜乱打手势，以免造成轻浮之感。切忌双臂在胸前交叉，那样显得十分傲慢无礼。

谈判之初的重要任务是摸清对方的底细，因此要认真听对方讲话，细心观察对方的举止表情，并适当给予回应，这样既可了解对方意图，又可表现出尊重与礼貌。

3. 谈判之中

这是谈判的实质性阶段，主要是报价、查询、磋商、解决矛盾、处理冷场。

报价——要明确无误，恪守信用，不欺蒙对方。在谈判中报价不得变幻不定，对方一旦接受价格，即不再更改。

查询——事先要准备好有关问题，选择在气氛和谐时提出，态度要开诚布公。切忌气氛比较冷淡或紧张时查询，言辞不可过激或追问不休，以免引起对方反感甚至恼怒，但对原则性问题应当力争不让。对方回答查问时不宜随意打断，答完时要向解答者表示谢意。

磋商——讨价还价事关双方利益，容易因情急而失礼，因此更要注意保持风度，应心平气和，求大同，容许存小异。发言措词应文明礼貌。

解决矛盾——要就事论事，保持耐心、冷静，不可因发生矛盾就怒气冲冲，侮辱对方甚至进行人身攻击。

处理冷场——此时主方要灵活处理，可以暂时转移话题，稍作松弛。如果确实已无话可说，则应当机立断，暂时中止谈判，稍作休息后再重新进行。主方要主动提出话题，不要让冷场持续过长。

4. 谈后签约

签约仪式上，双方参加谈判的全体人员都要出席，共同进入会场，相互致意，握手后一起入座。双方都应设有助签人员，分立在各自代表签约人外侧，其余人排列站立在各自代表身后。

助签人员要协助签字人员打开文本，用手指明签字位置。双方代表各在己方的文本上签字，然后由助签人员互相交换，代表再在对方文本上签字。

签字完毕后，双方应同时起立，交换文本，并相互握手，祝贺合作成功。其他随行人员则应该以热烈的掌声表示喜悦和祝贺。

项目七　推销口才

任务 7-1 推销口才理论

> **知识目标**
> ◇了解推销口才基本原则，掌握推销口才技巧
> ◇学习和掌握好推销辞令的四步骤，较好地进行推销面谈
> **技能目标**
> ◇运用推销语言技巧，较快地引起顾客兴趣，有效地消释顾客异议，激发其购买欲望，最终实现商品成交的目标

【情景导入】

某公司创业之初，为了选拔真正有效能的人才，要求三位应聘者必须经过一道测试：以比赛的方式推销100把奇妙聪明梳，并且把它们卖给一个特定的人群：和尚。

一个星期的期限到了，三人回公司汇报各自销售实践成果，甲先生仅仅卖出一把，乙先生卖出10把，丙先生居然卖出了1 000把。同样的条件，为什么结果会有这么大的差异呢？公司请他们谈谈各自的销售经过。

甲先生说，他跑了三座寺院，受到了和尚无数次的拒绝和驱赶，但仍然不屈不挠，终于感动了一个小和尚，让他买了一把梳子。

乙先生去了一座名山古寺，由于山高风大，前来进香的善男信女的头发都被吹乱了。乙先生找到住持，说："蓬头垢面对佛是不敬的，应在每座香案前放把木梳，供善男信女梳头。"住持认为有理，那庙共有10座香案，于是买下了10把梳子。

丙先生来到一座颇负盛名、香火极旺的深山宝刹，对方丈说："凡来进香者，多有一颗虔诚之心，宝刹应有回赠，保佑平安吉祥，鼓励多行善事。我有一批梳子，您的书法超群，可刻上'积善梳'三字，然后以之作为赠品。"方丈听罢大喜，立刻买下1 000把梳子。

更令人振奋的是，丙先生的"积善梳"一出，一传十，十传百，宝刹的朝

拜者更多，香火更旺了。于是，住持再次向丙先生订货。这样，丙先生不但一次卖出 1 000 把梳子，而且获得长期订货。由于丙先生过人的智慧，公司决定聘请他为市场部经理。

【问题讨论】
请分析是什么原因导致了不同的推销效果？

【理论知识】
在产品极为丰富的时代，过去那种"皇帝女儿不愁嫁"、"酒香不怕巷子深"的坐商观念已落后于时代，继之而起的是深入用户，争夺市场的推销大战。可以说，没有推销就没有市场，没有市场就没有企业的发展。推销的过程，实际上是推销员运用各种推销技术和手段，说服顾客购买其商品或劳务的过程。俗话说："十分生意七分谈。"谈生意主要在一个"谈"字，口头表达一直是推销中最重要的基本技能和手段，因此，推销活动可视为是企业代表——推销员——顾客之间的对话过程。

> 推销人员的嘴，并不是一张开就能变成金钱，它必须有一定的穿透力。这种穿透力不仅源于一定的素质，更多的是日常的积累。

口头语言是人类交流的重要工具，也是推销员开展业务、取得效益的重要媒介。推销是面谈交易，整个推销活动中，从接近顾客到解除疑虑，直到最后成交，都离不开口才。恰到好处的谈话，可以疏通人们之间的感情，消除隔阂和敌意，使推销员获得巨额的订单，取得显著的经济效益；而一句错误的、恼人的话则可能伤害对方，造成对立，使推销员徒劳无功，一无所获。推销工作的性质决定推销员应当是一位精通销售语言的艺术家，是灵活自如地运用口才艺术到达成功彼岸的专家。推销的语言艺术就在于对顾客产生一种"磁性"，使顾客在不知不觉中被吸引，自愿购买推销员所推荐的产品。

一、推销用语的基本原则

语言是推销人员进行产品销售过程中的重要工具。推销用语要讲究技巧，也要讲究艺术。推销过程中，一味讲究技巧而忽视艺术的运用会让顾客感到生硬；过多讲究艺术而不运用技巧，顾客则领略不到推销人员的专业水平。

233

推销过程的大部分时间是推销人员运用语言和顾客进行沟通，用词准确、言谈得体、用语专业是推销用语最基本的要求。用词准确，让顾客对推销员所推销的产品或服务产生信任感；言谈得体，使顾客在接受推销中倍感愉悦；用语专业，体现推销人员的专业水准，促使顾客对推销产品深信不疑，最终作出购买的决定。

1. 用语要以诚为本

中国是礼仪之邦，以诚待人是一种美德。诚信为本，也是现代企业坚守的原则，推销活动的语言运用中也是如此。推销开始阶段，顾客都持消极和防卫态度，这样的心理和态度让顾客在感情上和推销员保持着一定的距离，并采取回避、拒绝的行动。在这种情况下，要求推销人员更应该表现出诚意，通过有亲和力的语言、得体的举止让顾客消除距离感，减轻紧张防卫的心理压力，以实现进一步的沟通。

一位企业家在亚太金融峰会九鼎奖颁奖典礼 VIP 晚宴上讲了他自己经历过的这样一个故事：

电话铃响起，拿起来一听，一个女人找我。

"什么事啊？您是哪位？"我问。

"我是×××保险公司的×××，是您打电话找的我啊。"

我说："没找过您呀！"

她说："你不可能没找过我。你找过我，我是×××啊。"

"我发誓，我向毛主席保证，我从来没找过您。我正忙呢……"

刚把电话揣到兜里，电话又响起，那边传来急促的声音："你一定找过我。你不可能没找过我！我是×××保险公司的×××啊。"

我哭笑不得："我确实没找过你，我再次向毛主席保证……"

事情讲完，这位企业家向在座的 1 200 位金融行业的领导同志们解释："大家别误会，我不是说保险公司推销员给我打电话不对。人家坚信我会买他们公司的保险，人家一听是个老年男子接电话，知难而进死缠烂打并无过错。但是，天地良心啊，老夫真没给那位小姐打过电话呀。"

这里有没有一个推销不诚信的问题呢？这位推销员以别人打过电话为借口想接近客户，这种办法是行不通的，最终会被识破，还会被戴上"不诚信"的帽子。

2. 讲解要耐心细致

有这样一个案例：

> 准顾客："你们售后服务怎么样？"
>
> 推销员："方先生，我很理解您对售后服务的关心。那么，您所指的售后服务是指哪些方面呢？"
>
> 准顾客："是这样，我以前买过类似的产品，但用了一段时间后就开始漏油，后来拿到厂家去修，修好后过了一个月又漏油，再去修，对方说要收5 000元修理费，我跟他们理论，他们不愿意承担这部分的费用，没办法，我只好自认倒霉，不知道你们在这方面是怎么做的？"
>
> 推销员："方先生，您真的很坦诚，除了关心这些，还有其他方面吗？"
>
> 准顾客："没有了，主要就是这个问题。"
>
> 推销员："那好，方先生，我很理解您对这方面的关心，确实也有顾客关心过同样的问题。我们公司的产品采用的是欧洲最新 AAA 级标准的加强型油路设计，这种设计具有极好的密封性，即使在正负温差 50 度或者润滑系统失灵 20 小时的情况下，也不会出现油路损坏的情况，所以漏油的概率极低。当然，任何事情都有万一，如果真的出现了漏油，您也不用担心，我们的售后服务承诺是，从您购买之日起 1 年内免费保修，同时提供 24 小时的免费上门服务。您觉得怎么样？"
>
> 准顾客："那好，我放心了。"

在这个例子中，推销人员详细耐心地给顾客介绍产品，回答顾客的询问，从而赢得了顾客的认同。俗话说："嫌货人才是买货人。"任何一名顾客在选购商品的时候，基本不会没有任何意见就说："好，我买了！"不提意见的顾客反而是没有购买欲望的顾客。有的推销员在顾客说"不"的时候没有心理准备，不知道如何解释，尤其是遇到有些顾客恶意刁难的时候，一些推销人员非但不能抓住成交机会，反而与顾客争辩、反驳，作出极端不冷静的行为。

在销售中，难免会碰到顾客询问或提出各种异议，实际上这是顾客为你提供的一次机会，他想表达的是："我对产品有兴趣了，但是我还是得进一步地了解这个产品更多的功能和价值，才能最后决定。"推销人员应该把握住这样的机会，耐心详细地介绍给顾客，真诚的态度会使顾客降低反对的程度，推销人员才会获得进一步说服的机会。

在说服顾客的过程中，推销人员应注意下面几点：

（1）鼓励顾客提出自己的观点和意见。推销人员通过对意见的分析，可以了解顾客的真实需求，针对问题对症下药，进行适当的答复，这有助于销售的成功。

（2）认真倾听顾客的询问和异议。倾听可以表示出对顾客的尊重和诚意，同时可以从语言中分析顾客的真实想法。

（3）回答问题要准确。如果不准确回应顾客的问题和异议，会引起新的异议，令顾客更加怀疑。准确回答不一定是正确回答，这要求推销人员具备较强的应变能力和口才。

（4）不与顾客发生争吵。争吵会破坏顾客的情绪，导致推销失败。

（5）维护顾客的自尊心。大多数情况下顾客很讲究面子，语言使用上要注意维护顾客的自尊心，更要依靠推销语言保持良好的气氛。

（6）巧用口才，刺激顾客购买的欲望，引导其采取购买行动。

3. 介绍多站在顾客角度

消费者在购买商品使用价值的同时，十分注重其带来的附加价值。一名出色的推销人员要清楚地知道什么是顾客最需要的东西。商品除了满足顾客基本的需求，还有其他的附加功能，而且很多情况下，顾客更注重商品的附加功能。因此推销人员在推销过程中必须注重商品利益对顾客的吸引力。

如在介绍彩电产品的时候，推销人员可以用这样的语言吸引顾客："现在的电视机已经设计成超薄的等离子、液晶等平板的产品，这样的产品除了满足视听的功能和享受外，还可以作为一种豪华的家庭摆设，彰显主人的富贵。"

在推销过程的语言使用中，要从顾客开始接近商品时就能洞察到顾客的主要需求，这有助于推销的开展。例如，一位推销吸尘器的推销人员问走近柜台的顾客："您想减轻您的家务负担吗？您想让家务变得轻松吗?"在提问之前，推销员就通过观察判断出这位顾客是一名经常在家做家务的中年妇女，她到商场来就是想购买方便实用的电器。如果推销员一开始就问顾客是否买吸尘器，很可能马上就被拒绝。

马斯洛需求理论中谈到，当人们基本的生理需求得到满足后，就会产生高层次的需求，即心理上的尊重、自我实现等。因此，顾客在购买商品的同时还注重购买其主观精神上的满足。推销人员在了解顾客需求的基础上，要将商品能给顾客带来的利益尽可能地罗列出来。对顾客了解不多的时候，应边讲边观察顾客的表情变化及言谈举止，从中探求顾客的利益寻求点，了解其真正的购买动机和需求。

一位中年女顾客走进商场想购买冰箱，冰箱现在都流行三门的，因此外形比较大，这位顾客看了几个品牌后都不是特别满意，正准备离开。这时一位经验丰富的推销员走到她面前："太太，这种大的冰箱现在很流行，夏天的时候，您不仅可以冷藏食物、制冷饮，还可以在炎热的夏天为您每一位家人准备好冷的毛巾，甚至您还可以将您先生的家居服放进里面数小时，等他回家后拿给他使用，让他度过一个凉爽的夏天。相信您和您的家人会为此感到高兴的。"经过推销人员深入贴切的介绍，这位女士欣然购买了冰箱。

在这个案例中，推销人员语言真诚，推销内容符合消费者的需求，所以能够成功地将商品推销出去。

4. 适当使用专业术语

许多销售人员的初衷是想利用专业语言的表达以体现专业水准进而推销产品给消费者，可结果经常适得其反。过多地使用老百姓不经常接触、不很了解的用语，非但达不到推销目的，反而还会弄巧成拙。例如：

有一名顾客问："这款产品有什么特别的地方？"

A推销员介绍："本款电视机是最新推出的主打产品，技术含量很高，有串色抑制技术、斜线补偿处理技术、清晰还原技术、屏幕灰度等级提升技术、高清数字归一技术、环绕立体声系统、互动导航系统……"

大多数的顾客对技术含量比较高的产品都不是行家，如果一名顾客接受的是推销员这样的介绍，估计马上就会生厌走掉。因为这样的讲解太深奥，一般消费者很难完全明白其中的意思。在生活中，消费者时常会听到推销人员用这样过于专业的用语向顾客推销产品，往往是顾客开始的时候饶有兴致地听，以为可以了解到最新的动态和科技发展的情况，但是越听越糊涂——听不明白了！最后，留给推销人员的只有一个结果：消费者被你的专业术语吓跑了！

最佳的方法是介绍到核心部分的时候可以向顾客适当地、合理地使用专业术语，不宜过多，点到即止。不应该一味地用专业名词给顾客"上课"。顾客购买商品和接受服务，最终是想了解商品或服务能给其生活带来的好处。请看下面推销员专业而又通俗的产品介绍。

一名顾客在家电商场选购冰箱，他对流行的拥有纳米技术的冰箱很感兴趣，但不了解具体什么是纳米家电，较普通家电有什么优势，于是他走到某品牌冰箱专柜前请教推销人员。

推销人员耐心地给他讲解："纳米其实是一个度量单位，一纳米是十亿分之一米，纳米技术是研究物质在0.1纳米至100纳米的技术。目前这个技术主要用于家电领域的抗菌、抑菌等方面。"

可见，案例中的这位推销人员恰如其分地使用了专业术语，并对其销售产生了很大的推动作用。总之，专业术语不能滥用、乱用，要恰到好处地使用。

5. 轻松幽默地洽谈

推销人员和顾客交流的时候不能太过呆板，否则会令人厌恶。推销人员在销售的过程中，虽不能改变周围的环境，但是可以运用恰当的言语、灵活的技巧改变紧张的气氛，创造舒适愉快的氛围。恰当地运用幽默，可以令双方轻松、舒畅欢笑，还可以消除彼此的隔阂。因此，推销人员平时可以进行一些资料的收集工作，将风趣幽默的材料收集起来，以便在推销中将幽默的言语和推销的过程联系在一起，达到有趣生动的效果。请看：

买家："老板，什么手机最耐用？"
卖家："只有相对耐用的，没有绝对耐用的。"
买家："为什么？"
卖家："你没见过谁家有祖传的手机吧？哈哈！"

在销售中，有时候会出现出人意料的突发事件，使人尴尬不已。这时候就可以运用幽默的口才随机应变、化险为夷。

某推销员向一大群顾客推销不易碎的碗，她先是向顾客进行产品介绍，接着就进入示范环节：把一只扔在地上，本来碗是不易碎的，摔到地上仍然保持完好可以证明质量好，经久耐用。可是，她碰巧碰上了一只质量不合格的碗，猛地一摔——碎了。这样的情况令推销员始料未及，顾客目瞪口呆。面对这样的局面，该推销员灵机一动，压住自己心里的慌张，用幽默的语气笑着说："你们看，像这样的碗我们是不会出售给消费者的。"大家一听都笑了，气氛变得活跃起来。推销员于是马上扔了几个质量好的碗，都没有摔碎。此举一下子博得了顾客的信任，几箱碗马上就销售出去了。对于那个失误，顾客则误认为是事先设计好的。

职场实用口才

这个事例中，推销人员能够随机应变，用机智的语言化解了一场危机，为自己赢得了主动，达到了成功宣传产品的目的。

二、推销口才的基本技巧

1. 掌握交谈的节奏

在推销中，一定要掌握好与顾客交谈的节奏。在商品推销过程中，根据交谈对象的不同特点，比如年龄特点、职业特点等，变换与之谈话的节奏和速度，在推销过程中才能掌握主动权，这样往往能收到很好的推销效果和成交成果。如和一位年龄较大的顾客交谈时，就应该把谈话速度放慢些、节奏缓和些；而与年轻人或中年人交谈时，说话的节奏、速度就可以快点。

2. 巧妙地应答问题

交易现场有谈也有试，推销是双方试探、商谈和成交的过程，期间经常会出现一些意外的小问题扰乱推销工作。例如，在推销汽车时，顾客听了介绍后，提出要先开来试试。但试后说有这样那样的毛病，不过整体的感觉还不错。此时你就要镇定，不要乱了方寸，首先得判断出他对车的整体印象还不错，不满意的只是一些细节问题，接着要懂得解决好这些小问题。

3. 恰当地虚张声势

在推销过程中，有时恰当地给顾客制造一点悬念，让顾客有点紧迫感，产生一种现在是购买的最佳时机的感觉，能够促使他立刻成交。运用这种方法要注意不能过分，否则会弄巧成拙。例如，某推销员正在推销甲、乙两座房子，他想卖出甲房子，因此他在和顾客交谈时说："您看这两座房子怎样？现在甲房子已经在前两天被人看中了，那人要我替他留着，因此，您还是看看乙房子吧，其实它也不错。"顾客当然两座房子都要看，而推销员的话也在顾客心中留下了深刻的印象，产生了一种"甲房子已经被人看中，肯定甲房子比乙房子好，而自己晚到一步，可能错误佳物"的遗憾。到这里，推销员已经很圆满地设下了一个"圈套"，也可以说是出色地完成了整个推销工作的一半。过了几天，推销员兴高采烈地找到顾客，说："您现在可以买甲房子了，您真是幸运，以前定甲房子的顾客由于银根紧，只好先不买房子了，于是我就把这所房子留给您。"听到这里。顾客自然会很高兴自己有机会买到甲房子，现在自己想要的东西送上门了，眼下不买，更待何时？因此，买卖甲房子的交易很快达成了。在这个例子中，推销员稳稳地掌握住顾客的心理，利用人的逆反心理把顾客的注意力吸引到甲房子上，先给他一个遗憾，刺激他对甲房子产生更强的占有欲，最后很轻松就让顾客高高兴兴地买下了甲房子。

4. 巧避沉默的尴尬

推销时，如果双方因话题中断而陷入了沉默的状态，那将是很尴尬的事，对推销工作也很不利。因此，在不容易继续下去、快要陷入僵局时，必须赶快采取措施，把谈话引到大家有共同语言的方面去，这样双方才能够谈得和谐。

5. 适时地中断谈话

在推销过程中，特殊情况下中断谈话也可以收到好的推销效果。一般来说，在与顾客交谈时，最好不要轻易中断谈话使双方尴尬。但在某些特殊情况下，也可能产生相反的效果，即有利于推销工作。顾客一般认为，推销员只是在推销产品时才热情地与顾客谈话，根据这种心理，在与一位新顾客谈交易时，如果一位老顾客过来了，这时就可以在征得新顾客同意后去与老顾客攀谈，新顾客见他对以前的顾客还是那么热情，就会觉得这位推销员肯定不错，不是那种只在推销商品时才"认人"的推销员，从而对推销员产生好感。

6. 以试探促使成交

试探性成交是指在推销中提出一些特别的、试探性的问题，顾客如果乐意回答这些问题，就表明他们已经对推销的产品产生了兴趣，有可能准备向前跨进一步。试探性的推销口才技巧有三：一是二择一答案试探法。例如销售人员问："先生，哪一天送货对您最合适，是 1 号还是 15 号？"如果他说："我需要 1 号送到我店里。"这就说明他实际上已经买下货品了，可以进行往下的一系列细节手续了。二是用错误的结论试探。例如，一名推销员到一个家庭中推销某种家具，当推销员介绍和展示产品时，妻子对丈夫说："亲爱的，你的妈妈 10 号要来。如果我们今天看中了，就应该在 10 号以前买下来。"稍过一会儿，推销员微笑着对他的妻子说："我能看出来您像是喜欢这个样式，您母亲 5 号要到这儿来了，是吗？"这位妻子说："不，是 10 号来。"推销员说："那么说，七八号给您送货最合适了？"她如果真想买，就会马上答应，于是推销员便可以说："让我把这地址记下来吧。"三是"和谐"效应试探法。例如，顾客问："这台设备有遥控器装置吗？"推销员反问顾客："您想要一台有遥控装置的设备吗？"如果顾客说"是"，推销员就成功了一大半。

三、推销口才语言技巧

在推销活动中，推销人员要在不同场合面对不同类型的顾客，如何在销售中展示自己、诱导顾客，面对不同的顾客该如何介绍，推销禁忌语和专业术语又有哪些。这些都是推销人员应该学习和掌握的。

（一）推销前段的口才技巧

1. 接近顾客的口才

推销能否取得成功，关键在于顾客能否接受推销员的为人和推销风格。大多数顾客在与推销员见面的短短几秒钟时间里就能对其作出评价，而这也是决定推销人员能否顺利推销并取得成功的关键。有经验的推销人员在与客户首次见面时，就会想尽办法给客人留下真诚、专业、可信赖的印象。

（1）以推销口才获得面谈的机会。

如果顾客能够答应与推销人员面谈，那说明顾客对你是比较信任的，对你所推销的产品是比较感兴趣的。我们可以借鉴以下的语言技巧去获得面谈的机会。

①如果客户说："我现在没有时间！"那么推销员可以说："我理解。我也总是觉得时间不够用。不过只要三分钟，请您相信，我要说的是个对您非常重要的议题……"

②如果客户说："我现在没空！"那么推销员可以说："先生，美国富豪洛克菲勒说过：'每个月花一天时间在钱上好好盘算，要比整整30天都工作来得重要！'我们只要花25分钟的时间！麻烦您定个日子，选个您方便的时间！我星期三和星期四都会在贵公司附近，所以可以在星期三上午或者星期四下午来拜访您一下！"

③如果客户说："我没兴趣。"那么推销员可以说："我完全理解，对一个谈不上相信或者手上没有什么资料的事情，您当然不可能立刻产生兴趣，有疑虑有问题是十分正常的，让我为您解说一下吧，星期几合适呢？"

④如果客户说："我没兴趣参加！"那么推销员可以说："我非常理解，要您对不晓得有什么好处的东西感兴趣实在是强人所难。正因为如此，我才想向您亲自报告或说明。星期三或者星期四过来看您，行吗？"

⑤如果客户说："抱歉，我没有钱！"那么推销员就可以说："我知道只有您才最了解自己的财务状况。不过，现在对将来做个全盘规划，对将来才会最有利！我可以在星期三或者星期四过来拜访您吗？"或者说："我了解，要什么有什么的人毕竟不多，正因为如此，我们现在需要选择一种方法，用最少的资金创造最大的利润，这不是对未来的最大保障吗？在这方面，我愿意贡献一己之力，可不可以下星期三或这周末来拜见您呢？"

⑥如果客户说："目前我们还无法确定业务发展会如何。"那么推销员可以说："先生，我们销售都会担心这项业务日后的发展，您先参考一下，看看我们的供货方案优点在哪里，是不是可行。我星期三，还是星期四过来比较好？"

以上的方法不是任何时候、任何地点都有效的，它只是为你指引一个大致的方向。大家在日后利用这些方法时要灵活处理，针对不同的客户而采用不同的策略。

（2）如何接近顾客。

推销员与准顾客交谈之前，有一个接近顾客的过程。接近顾客的境况好坏，几乎可以决定这一次访问的成败，换言之，好的开场就是推销员成功的一半。推销高手常用以下几种接近顾客的方法。

第一，真诚地赞美。每个人都喜欢听到好话，客户也不例外。因此，赞美就成为接近顾客的好方法。赞美顾客必须要找出别人可能忽略的特点，而让准顾客知道你的话是真诚的。赞美比阿谀奉承难，它要先经过思索，不但要有诚意，而且要选定既定的目标。例如：

"王总，您这房子设计得真别致。"

"陈经理，我听精美公司的张总说，跟您做生意最痛快不过了。他夸您是一位守信用的人。"

"恭喜您啊，梁总，我刚在报纸上看到您的消息，祝贺您当选十大杰出青年企业家。"

第二，向顾客求教。推销员利用向顾客请教问题的方法来引起顾客注意。有些人好为人师，喜欢指导、教育别人，或乐于显示自己。推销员有意找一些不懂的问题，或假装不懂地向顾客请教。一般顾客是不会拒绝虚心讨教的推销员的。如：

"龚老师，在计算机方面您可是专家。这是我公司研制的新型计算机，请您指导，在设计方面还存在什么问题？"

受到这番抬举，对方就会接过计算机资料信手翻翻，一旦其被计算机先进的技术性能所吸引，推销便可能大功告成。

第三，谈钱。做生意是为了赢得利润。大多数人都对钱不反感，省钱和赚钱的方法很容易引起客户的兴趣。如：

"邱经理，我是来告诉您能为贵公司节省一半电费的方法。"

"张经理，我们的机器比您目前的机器速度快、耗电少、更精确，能大大地降低您的生产成本。"

"王总，您愿意每年在毛巾生产上节约5万元吗？"

第四，提出问题。推销员直接向顾客提出问题，利用所提的问题来引起顾客的注意和兴趣。如：

"张厂长，您认为影响贵厂产品质量的主要因素是什么？"

产品质量自然是厂长最关心的问题之一，推销员这么一问，无疑将引导对方逐步进入面谈。在运用这一技巧时应注意，推销员所提的问题，应是对方最关心的问题，提问必须明确具体，言语不可不清不楚、模棱两可，否则很难引起顾客的注意。

第五，向顾客提供信息。推销员向顾客提供一些对顾客有帮助的信息，如市场行情、新技术、新产品知识等，会引起顾客的注意。这要求推销员能站在顾客的立场上，为顾客着想。因此，推销员平时应尽量多阅读书籍报刊，掌握市场动态，充实自己的知识，把自己训练成为自己这一行业的专家。顾客或许对推销员应付了事，可是对专家则是非常尊重的。如你对顾客说："我在某刊物上看到一项新的技术发明，觉得对贵厂很有用。"推销员为顾客提供了信息，又兼顾了顾客利益，自然而然地获得了顾客的尊敬与好感。

第六，提及有影响的第三人。告诉顾客，是×××要你来找他的。这是一种迂回战术，因为每个人都有"不看僧面看佛面"的心理，所以，大多数人对熟人介绍来的推销员都很客气。如：

"何先生，您的好友张安平先生要我来找您，他认为您可能对我们的印刷机械感兴趣，因为这些产品为他的公司带来了很多好处与方便。"

"唐经理，您好！您的班主任介绍我过来找您。她告诉我您是一个值得深交的朋友。"

（二）推销中开好头的口才

俗话说"小曲好唱口难开"。对推销员来说，"开好口"就是为了向着胜利迈开一大步。如果见了顾客，毫不考虑对方当时的心情，一开口就向对方说："请买……"就显得太不礼貌了；而用"我来是为了……"，"我只是想知道……"，"很抱歉，打扰您了……"等这样毫无意义的词语、拖泥带水的开头，也是会令顾客生厌的。人们到餐厅用餐，酒店服务生会先端出开胃茶与瓜子等，虽然你并未点，但服务生却主动送来，这是因为距上菜尚有一段时间，餐馆为免使顾客空腹等待，影响用餐情绪，故先送上一点东西让顾客品尝。尽管不知是什么时候由谁提出来的，但这的确是非常有创意的方法，推销也应注重这种"餐前预热"，即开个好头。

推销说好第一句话，其重要性不亚于有吸引力的宣传广告。顾客在听第一句话时比听第二句及以下的话时认真得多。说完第一句话后，许多顾客，不管是有意还是无意，就会马上决定是尽快地把推销员打发出去还是继续谈下去。对于某些推销方式，如走街串户的上门推销、电话推销等，往往开头一两句话就能决定推销员是否有可能把产品推销出去。

根据中国"常胜"推销员多年的经验，就我国国情而言，开口说话最好从寒暄开始。在人际关系中，寒暄占有相当重要的地位，寒暄的方法是否得当，往往会成为与对方关系变好或变坏的一个关键。推销员要善于寒暄，有利于创造自己的推销业绩。

1. 寒暄接近的原则

在向顾客推销商品之前，首先面临的是如何与顾客打招呼的问题。寒暄接近的方法是否得当，往往成为与顾客关系发生转变的一个关键。推销员要与顾客打招呼时更加自然、得体和有效，必须掌握其中寒暄接近的原则，即以下五点：

①热情、主动；

②准确、得体；

③机智灵活；

④投顾客所好；

⑤不要让对方说"不"。

2. 寒暄的方式

良好的开端，依赖于经过精心策划的良好的方法。选择好接近的切入点，往往效果极佳。寒暄接近顾客的主要方法有以下几种：

（1）问候式，例如：

"您是赵经理吧？您好！您好！"

"听口音，您是山东人吧？"

"哦，您也喜欢书法？"

通过询问，了解对方的身份、性格、籍贯和爱好等等，心理学上叫"语言握手"，是探索对方的第一步。掌握了这些就有了判断的标准，下一步说什么就胸有成竹了。比如，喜欢书法可以谈谈书法之道，是山东人可谈谈山东的风土人情。老练的推销员能从对方的衣着、字画，甚至玻璃板下压的东西判断出对方的身份、知识水平、性格爱好等，并依此提出巧妙的问题，获得顾客的好感，从而使谈话步步深入。

（2）夸赞式，例如：

"啊，真是气派，大公司就是不一样！"

"屋子收拾得这么漂亮！夫人一定很能干。"

真心诚意地夸赞对方，一定会收到良好的效果。

有位推销员到一家饭店去推销调味品，一进饭店，他就向经理打招呼："真高兴，又见到了您！"这位经理立刻精神振奋，并把他引至上座。在用餐之间，他赞扬了这家饭店的质量，并说自己从来未吃得这么开心，以后还要带朋友前来品尝。用餐之后，他向经理建议试用一下他们公司经营的几种调味品，经理欣然应允。事实上，他是第一次来这家饭店，然而热情、夸赞式的寒暄却为他带来了一个新的顾客。

但在夸赞式的寒暄中，赞扬不可过分。令人肉麻的吹捧，不仅会降低自己的人格品位，也会令对方反感，拉大双方之间的心理距离。如对方的房间很凌乱，你还说"屋子干净，夫人能干"，对方不仅会感到难堪，甚至会误认为你在挖苦他。

（3）描述式，例如：

"你们店生意真忙呀！"

"一家人都在这儿，真热闹！"

像这样用友好的语言描述对方正在进行的工作或全家的团聚，也是一种能使人感到亲近的寒暄方式。感情距离一缩短，对话便能顺利展开。

（4）言他式，例如：

"今天的天气真好！"

"这是一幅黄山风景画吧？"

双方见面，谈论彼此都不厌恶的事，也是一种寒暄方式。乍看这种寒暄方式对推销似乎没有什么作用，其实不然。例如，一位穿着典雅的女士在首饰店柜台前看了很久，A售货员问："小姐，您要什么？""随便看看。"女士的回答明显缺乏热情。此时如果和顾客找不到共同语言，让顾客开口，进而促生买卖的气氛，就可能白白放掉一笔生意。于是在一旁细心观察的B售货员走上前来说："小姐，您这种斜纹套裙是在市中心大商场买的吗？""当然不是，这是从国外带回来的。"女士回答时颇为得意。B售货员说："是啊，我还从来没见过这么别致漂亮的套裙呢。说真的，您穿上真吸引人。""您过奖了。"女士有些不好意思了。"只是……对了，您可能已想到了，要是配上一条美丽的项链，效果会更好。"B售货员终于转向了主题。"是的，我也这么想，只是项链贵重，我怕选得不合适……""没关系，来，我来为您参谋一下……"B售货员就这样从言他式寒暄开始，引发顾客说话，消除了顾客购物的警戒心理，从而促使这位女士买下了一串漂亮的项链。

有礼貌的寒暄是建立良好的人际关系时不可缺少的因素，同时要注意开口说话不可冗长，应能尽快地进入推销的主题，这才是好的开场。

四、面谈介绍阶段的口才技巧

推销员在成功地接近顾客后，其言词不能过多地放在礼节、家常及拉关系上，而应将话题适时转移到商品上来，进入面谈介绍阶段。在该阶段，推销员应运用推销的各种方式、方法和手段，及时地向顾客介绍商品特点、公司情况，让顾客的注意力快速转移到商品身上。这是推销过程的一个举足轻重的关键性环节，成败往往在此一举。

推销面谈的目的在于沟通推销信息，诱发顾客的购买动机，激发顾客的购买欲望，说服顾客采取购买行动。为此，推销人员需要完成以下任务：

第一，向顾客传递推销信息。

第二，设法保持顾客的注意力和兴趣。

第三，激发顾客的需求，诱发顾客的购买动机。

第四，解答顾客提出的问题，取得顾客的信任。

（一）面谈介绍的原则

推销不仅是推销商品，更是推销自己，增加回头客，开发潜在的顾客群。这就决定了谈话要遵循以下几个原则：

1. 要有针对性

针对性是指推销人员针对推销环境、推销对象及推销产品，运用一定的推销面谈方式、策略和技巧，促使推销对象采取购买行动以达到自己的推销目的。因此，推销人员应该做到五点：

（1）针对顾客顾客的需求，推销产品的使用价值。

没有需求，就没有购买。这里先讲一个事例：

有一种在我国内地声名狼藉的台湾伞，以其质量低劣闻名。这种伞，有时用不到两回便不是折骨就是断线。很多消费者以其这种"特色"，给它起了一个绰号——"短命伞"。

可是，这种"短命伞"在美国却十分畅销。原来，美国人出门虽多开轿车，但近年来因交通堵塞，人们短途办事的话宁可坐地铁、巴士或步行。于是，雨伞的需求在美国又渐渐抬头。一旦碰到雨天或雪天，许多人会专门花两三美元买上一把用几回就丢掉的伞。因这种伞价钱低廉，需求使用周期短，反而不在乎它是否坚固耐用。

台湾伞商根据美国市场的特点和美国消费者的需要，不在雨伞的坚固、质地上下工夫，只取其最迫切的需要，在流行色、花样及价格上做文章。

他们考虑到，美国人穿着风格热情奔放，他们需要素色伞衬托衣服，而不致让雨伞喧宾夺主，因此，绿色、黄色、橙色等花色不受欢迎，黑色、深蓝色、咖啡色等素色深受喜爱。

他们又考虑到，美国人的收入普遍较高，一把伞2～3美元，对美国人来说不算什么。他们看中的是方便、便宜，以及"用过即弃"的便利，因而，"质量低劣"正是这种伞的"优势"。

由于判断准确、决策正确，台湾伞很快就打进了美国市场。

这真是一个有趣的现象。说到台湾伞，中国人和美国人之所以有两种截然不同的判断，是因为中国人需要的伞，是坚固耐用、花色漂亮的，不符合这种需要的伞，人们自然不会喜欢它；而美国人则恰恰相反，所以台湾伞获得了美国人的青睐。

从台湾伞在中国内地和美国两个市场的不同命运中，推销人员可以悟到这样一些道理：

第一，顾客是有需要的。推销产品，一定要把顾客的需要放在首位。能满足顾客需要的产品，就是好东西，这是现代产品观。

第二，顾客的需要，是有层次的。不同的顾客，因其年龄、受教育情况、家庭习惯等因素的影响，有不同的需求。一种产品，在甲地可能不受欢迎，但到了乙地则可能供不应求。

推销人员就是要借助各种渠道，去了解不同地区、不同文化背景、不同消费层次的顾客的不同需要及相同需要。以此为出发点去开展推销活动，否则，就容易行入"盲人骑瞎马，夜半临深池"的弯路，在激烈竞争中败下阵来。

（2）针对产品的特点，推销产品的优势。

因生产者和经营者不同，同类产品之间存在着差异，各有特色。顾客在这些特色中进行比较、选择。推销人员在推销时，应强调其产品的差别优势和特色，以吸引、诱导顾客购买。推销产品的优势差别不能仅限于产品本身，还应考虑顾客对差异的认识和理解。

对于试销商品，介绍时要抓住一个"新"字，其中包括它的新特点、新功能，以及所体现新的审美观和价值观。例如，对试销的某品牌防水运动表，一位推销员是这样介绍的："这是×××牌运动防水手表，曾在水下 100 米深处试验不渗水；整天工作、休息、运动都可以戴着；计时准确，有利于紧张的生活节奏；还有预拨闹钟、小时信号、12/24 小时变换等多种功能。"这种诚恳而朴实的介绍，突出强调了×××牌手表的防水性能和耐用性能，同时辅助介绍其他各种新功能，体现了这种防水运动手表的新价值。

对于畅销商品，要认识到其之所以畅销，是因为其质量、功能、价值已广为人知。因此对商品本身不需要详细介绍，而应着重介绍其畅销的行情和原因，使顾客不但感到畅销合情合理，而且产生一种"如不从速购买，可能很快脱销"的心理，从而争相购买或提前多买。

对于滞销商品除考虑到其供过于求、款式偏旧、质量稍次、性能较劣等原因，介绍商品时应突出其价格低廉的特点或某方面的实用价值，并主要面向那些年龄层偏高和寻求低廉商品的顾客。可以同时恰当地对照说明其滞销的某些原因和可取的优点。比如对老年人介绍说："这种羊毛衣是老字号名牌产品，纯毛，保暖性强，经久耐穿，款式大方。就是不够新潮，所以赶时髦的年轻人看不上它！"老年人自然求之不得了。

总之，介绍商品不要包罗万象，面面俱到，要将其优点、重点突出并反复提及，并且介绍的口吻和方式要针对顾客特点。

（3）针对顾客的个性心理，推销产品给顾客带来的利益。

顾客的个性心理是指顾客带有倾向性的、本质的、比较稳定的心理活动特点的总和。顾客的个性心理各异，同类产品各有长短，推销人员必须针对不同个性心理的顾客，强调产品能给顾客带来的综合利益。

一位电子产品推销员在推销产品时，与顾客进行了这样一番对话：

推销员："您孩子快上中学了吧?"

顾客愣了一下："对呀。"

推销员："中学是最需要开发智力的时候，我这儿有一些游戏软盘，对提高您孩子的智力一定有益。"

顾客："我们不需要什么游戏软盘，都快上中学了，谁还让他玩这些破玩意。"

推销员："我的这个游戏卡是专门为中学生设计的，它是数学、英语结合在一块儿的智力游戏，绝不是一般的游戏卡。"

顾客开始犹豫。

推销员接着说："现在是一个知识爆炸的时代，不再像我们以前那样一味从书本上学知识了。现代的知识是要通过现代的方式学的。您不要以为游戏卡是害孩子的，游戏卡现在已经成了孩子重要的学习工具。"

接着，推销员从包里取出一张磁卡递给顾客说："这就是新式的游戏卡。来，咱们试着操作一下。"

果然，顾客被吸引住了。

推销员趁热打铁："现在的孩子真幸福，一生下来就处在一个良好的环境中，家长们为了孩子的全面发展，往往在所不惜。我去过的好几家都买了这种游戏卡，家长们都很高兴能有这样有助于孩子的产品，还希望以后有更多的系列产品呢。"

顾客已明显地动了购买之心。

推销员："这种游戏卡是给孩子的最佳礼物！孩子一定会高兴的！"

结果，顾客心甘情愿地购买了几张游戏软盘。

在这里，推销员巧妙地利用了天下父母"望子成龙，望女成凤"的心理需要，一步一步，循循善诱：先是特别强调所推销的游戏卡的新颖之处，以转变顾客对游戏卡存在的偏见；然后再利用顾客的从众心理，用"好几家都买了这种游戏卡"来进一步激发顾客的购买欲望，使其产生了购买这种商品的感情冲动，促使顾客采取了购买行动。

（4）针对不同顾客的性格、心理进行推销。

在介绍商品时做到知人善语，区别对待。比如对待老成持重、一问三思的沉稳型顾客，介绍时应力求周全稳重，稳扎稳打，讲话时可以慢一点，并留有余地；对待自以为是、夸夸其谈的独尊型顾客，介绍商品时不妨先心平气和地洗耳恭听其评论，稍加应和，进而因势利导地做出更正与补充；对待性情急躁、褒贬分明的率直型顾客，介绍商品时应保持平静愉快的心境，避其锋芒，以柔制刚；而对待患得患失、优柔寡断的犹豫型顾客，介绍商品时应察言观色，及时准确地捕捉其"要害"之处，晓之以理、晓之以利，激发其购买冲动，并步步为营，扩大战果，以达成交易。

2. 要有鼓动性

推销语要遵循的第二个原则是，推销言语要有鼓动性。鼓动性是指推销人员在推销面谈中用自己的信心、热情和知识去激发顾客的购买情绪，促使顾客采取购买行动。推销面谈的成功与否关键在于推销人员能否有效地说服和鼓动顾客。

推销人员应做以下几个方面的努力：

（1）以自己的信心和热情去鼓舞和感染顾客。

（2）以自己丰富的知识去说服顾客。一般来说，推销人员的知识面越宽，推销经验越丰富，说服顾客的能力就越强。

（3）以鼓动性的语言去打动顾客。鼓动性的语言带有强烈的情感色彩，对顾客具有更大的感染性和鼓动力，也就更易打动顾客的心。

3. 要有双方参与性

参与性是指推销人员应设法引导顾客积极参与推销面谈。顾客参与面谈的程度对其购买决策有着直接的影响。顾客的积极参与可促进推销的双向沟通，增强面谈的说服力。推销人员应努力做到：

（1）鼓励顾客参与。一方面表现为推销人员应尽量和顾客打成一片，创造良好的推销氛围，提高面谈的效率。另一方面表现为推销人员应尽量让顾客亲自操作推销产品，这样既有助于顾客了解产品，又能诱发顾客的购买动机。

（2）认真听取顾客的意见。这是尊重顾客的要求，有利于取得顾客的信任。同时还可以得知顾客的反馈信息，以利于把面谈引向深入。

（3）掌握面谈的主动性。推销人员既要坚持顾客的参与性，又要注意掌握面谈的主动性，以保证推销面谈不致因顾客的参与而改变方向。如：

> 顾客："你这种型号的机器看上去像个方盒子。"
> 推销员："你看到的是我们的一般产品，先生。请到这边来，我想听听您
> 对我们这种新出的屏障式切断机的意见。"
> 顾客："我认为这才是新的式样。"

五、消除异议的口才技巧

异议是指顾客对推销品、推销人员及推销方式和交易条件发出的怀疑、抱怨、否定或反对意见。在推销过程中，顾客有异议是一般情况下都会出现的问题，只有成功地处理有关异议，才能有效地促成交易。

有经验的推销员，都把顾客异议当做达成交易的起点，认为顾客有异议是其对推销产品产生兴趣的标志，顾客是在争取有利的交易条件。如果顾客对推销品看都不愿意看一眼，何来异议？所以推销员应抓住顾客异议这一契机，热情欢迎其提出异议，并创造良好的气氛，让其一吐为快。从心理学讲，叫做"排除不满"或"感情净化"；从企业生产来讲，异议指出的问题，有利于提高产品质量；从推销学来讲，有助于改进营销组合与推销工作。推销员这时如能耐心地进行说服，有策略地使顾客转变对商品的认识，及时地给顾客以较为满意的答复，就可以促使交易达成。

有些推销员面对顾客异议心理准备不足，尤其是当一些顾客有意刁难、恶意反驳时，不能心平气和地耐心说明，而是针锋相对地愤怒驳斥，即使辩驳得胜，也会永远地失去了这些顾客。"顾客就是上帝"、"顾客永远是对的"，这是推销时的一个原则或一种姿态，而不要当做一个判断来理解，因为谁都不可能一贯正确。推销员不仅要做到小事马虎，大事清楚，还应做到从大处着眼，从小事着手。富有创造性精神的推销员，都将顾客异议看做是挑战，是自己施展才华的大好机会。

为使商品推销成功，推销人员必须具备丰富娴熟的处理异议的口才技巧，能够根据顾客提出的不同异议，采取相应有效的方法与措施。

1. 需求异议

这是顾客自称不需要某种推销的一种异议。它往往是在推销员向顾客介绍产品之后，顾客首先提出的一种异议："这商品对我没用"、"我的存货很多，不进了"、"我们不需要"等等。顾客之所以拒绝，也许他确实不需要，也许他不愿

意直接回答你的问题而编造了借口，也许他存在这需要但他本身并没认识到。

当顾客确实不需要时，要将重点放在离开的口才上，而不要滔滔不绝地进行"强卖"，也不要显出一副颓丧落魄的样子，对方不但不会同情反而会反感，并再也不想见你，所以即使心里不高兴，表面上仍要镇定自若，保持和蔼可亲的神态，礼貌地告辞，走时可说"打扰您，不好意思"、"即使不买，我仍祝您好运"等一类话。这样一来，你那不气馁、有理有节的形象会给对方留下一个良好的印象，为下次"继续访问"做好铺垫。

当顾客的需求异议是虚假的或有需求而没认识到时，处理关键是让顾客相信这商品正是他自己需要的，他能从购买中受益，先让他动心，再向他推销产品。

例如，一位中年妇女说："这种时装太时髦了，我这年纪怎么穿得出去？不要！不要！"售货员答到："这种衣服颜色鲜艳，款式新颖，年轻人买的很多。不过，人到中年更需要打扮，这件衣服您穿上很合适。事实上有不少您这个年纪的人买，穿上起码年轻10岁。"于是顾客高兴地购买了。又如，一家商场经理对销售员说："我们从来不卖按摩器，这产品不好卖！"对这断然拒绝，推销员说："我们在你市几家小商店试销走势都很好，你们是否试销一下？如果销路好，就继续销；如果不好，就终止，您看如何？你们可以预付50%的款，销完再付50%；若滞销，退货还款。"几经协商，经理按推销员的条件订购了一批产品。

2. 产品异议

这是顾客对产品的质量、样式、设计、款式、规格等提出的异议。这类异议，带有一定的主观色彩，其根源在于顾客的认识水平、广告宣传、购买习惯及各种社会成见等因素。处理这种异议的关键是推销员必须首先对产品有充分的认识，然后再根据不同的顾客采用不同的办法去消除其异议。

例如，顾客说："你们的电池爆炸了，我们不买。"推销员答："您误会了，不是电池爆炸，而是他们的电池盒设计不合理，温度升高后，电池盒涨破了。这个问题已解决，某某管理局还为此发了文件，我拿给您看。"一位家庭妇女欲买厨房用品用具，提出异议："这种盘子太轻了。"推销员回答："轻，正适合您使用。这种盘子就是根据女子力气小的特点设计的，所以现在十分畅销。"这种利用顾客异议反守为攻的方法，直接引证顾客自己说的话，又提供有关信息，以事实和证据服人，自然很有说服力。这不仅有利于保持良好的推销气氛，往往还可以顺水推舟，促使成交。

3. 货源异议

这是指顾客对推销品来源于哪家企业和哪个推销员而产生的不同看法，如"没听说过你们这家企业"，"很抱歉，这种商品我们和某某厂有固定的供应关系"。货源异议乍看不可克服，令人难堪，但这又说明顾客对产品是需要的，推销机会是存在的。这时推销员可以询问顾客目前用的产品品牌和供应厂商。如所用产品与推销品类似，则可侧重介绍推销品的优点；如两种产品不同，则货源异议并不成立，成功希望更大，推销员可着重说明两种产品的不同点，详细向顾客分析推销品会给他带来何种新利益。

例如，顾客说："我从来没听说过你们公司和你们的产品，我们只和知名企业打交道。"推销员说："是啊，但您是否知道，我们公司今年已占了本地市场销售额的40%呢？"然后又用简洁的语言向顾客介绍企业的国际生产水平、引以为豪的成绩、公司的发展前景等，尽量解除顾客的疑虑和不安全感，同时特别强调所推销的产品会给顾客带来的利益。当他向顾客证明了自己所提供的产品比其他企业提供的同类产品更物美价廉时，他就击败了竞争对手，获得了交易成功。

4. 价格异议

这是一种最常见的异议。"这货价格太高了"，"要价太高了，别人的比你的便宜"，诸如此类的议论，都是顾客受自身的购买习惯、购买经验、认识水平及外界因素影响而产生的一种自认价格过高的异议。你如果无法处理这类异议，推销十有八九不会成功。实际推销中，当顾客提出价格异议时，往往表明其已有购买推销品的意愿，这时就看推销员如何向顾客证明价格并不高，或价高但物有所值，或将价高作为有利条件利用起来促成顾客购买。

例如，顾客说："这别墅要价太高了，别处的都比这儿便宜。"推销员说："先生，买了这套别墅，除了屋内居住舒适外，您还能欣赏到充满春色的湖景，那里盛产鲈鱼。您还可以终生使用那个高尔夫球场，同时可以随心所欲地在宁静的天然小径上散步或骑车。在那儿您能悠闲自在地生活，远离城市的烟雾、噪音和拥挤，这将使您延年益寿，更重要的是会令您生活愉快！这种别墅最能表明人的身份，只有高收入、高品位的人才会买。"推销员的说明，首先给顾客以实事求是的印象，增强了顾客对推销员的信任感；其次通过提示和分析推销品的优点，使顾客感到物有所值，从而心理平衡。因此顾客终于没有再在价格上争执，购买了这套别墅。

5. 服务异议

服务异议是顾客对企业或推销员提供的服务不满意而拒购商品的异议。从营销学的产品整体概念分析，服务是产品的附加部分，但服务竞争已成为现代企业推销的一种重要手段，在产品质量一样的情况下就要看谁的服务更好，优质的服务能够增强顾客购买商品的决心，树立企业及产品的信誉。所以现在许多家用电器厂都在全国各地设立特约安装、维修点，并在商品说明书中详告顾客维修地址与电话。

对待顾客的服务异议，推销员应诚恳接受并耐心解释，以树立企业良好的形象。一次，一位经营通用机械的跨国公司推销员向农民推销一种先进的农业机械，一个农民说："你们公司在我们国家只有很少的几个经销维修点，而且离我们农场很远，今后机械零件损坏怎么办？"推销员回答："本公司不提供机械服务，但我们在进行了严格测试的基础上，为每台机械配足了使用寿命所需的配件，一旦机械出现问题时，你们可以自己换零件和维修，这样既省钱又不会误农时。"

当服务出现问题而顾客向你抱怨说"下次再也不订你们的货了，上次送货竟晚了一个多月"时，你应该首先向顾客道歉，然后问清情况，能解释就解释一下，但不要强调理由。听听顾客的牢骚，让其消消气，并表示愿意向公司汇报，将会在今后改进。这种方式有利于拉住老客户，维持良好的供求关系。

6. 购买时间异议

这是指顾客有意拖延购买时间的异议。推销员费了许多口舌，顾客也表示对产品满意，就在推销员满心欢喜地等顾客购物时，顾客忽然说："过两天再说吧，我回去再考虑考虑。"或者说："我们还要研究一下，过几天再给你回话。"一般说来，当顾客提出购买时间异议时，往往表明他愿意购买这种商品，只是想推迟购买时间。购买时间异议的根源比较复杂，例如，顾客尚未作出购买决策、顾客资金周转困难、顾客存货过多等。而"借故推托"的时间异议常多于"正当真实"的时间异议。对时间异议，推销员切不可忽视，现代市场营销环境瞬息万变，俗话说："夜长梦多。"顾客拖延越久，则导致不利推销的变化越大。一时的疏忽大意，往往招致意想不到的后果。

碰到时间异议，要分析一下原因，是顾客对产品缺乏信心，是生性优柔寡断，还是一时资金周转困难。对于前两种情况，可以再向他重申产品对他的益处，并告诉他："放心吧，很多人都买过，商品质量如有问题，可以拿来退货。"如果顾客资金周转不利，确实得等待，你可以试着与对方签订合同，先把货物交给买主，然后再约定收款时间。"激流勇进"，会使你有不一样的收获。

如果顾客说："现在才5月份，到销售旺季我起码得压两个月的库存，过一段时间再说吧。"推销员可以回答："是得压两个月的库存，但你可以享受季节打折扣，而且可以提前开市，算起来您进这批货还是挺合算的。"

以上各种异议都十分容易导致僵局，所以碰到任何异议，推销员都应力避僵局的出现，因为一旦僵局形成，再去补救则非常困难，可能要多花几倍的力气。实际推销中，推销员要随机应变，灵活使用各种方法和技巧，能破除障碍则破之，否则干脆聪明地绕行，重新回到有共同语言的话题上去。当你越过异议这一鸿沟时，成功就近在咫尺了。

六、商品成交阶段的口才技巧

成交是推销过程的一个重要环节，是验证推销成功与失败的分界线。成交环节是每一位推销员最渴望到达的，因此在推销障碍排除后，一旦时机成熟，就要立即提出成交，不能延宕迟误，以免坐失良机。

一般说来，购买前夕，也是顾客警惕之时，他会再次反复权衡利弊，以形成是否购买的决断。所以推销员仍应谨慎从事，并巧妙地运用推销语言艺术，牢牢把握成交的主动权。

国外推销家和国内许多优秀的推销员，通过对成交进程进行大量的研究，发现了成交活动的基本规律，总结出了一些行之有效的成交语言技巧与方法，具体如下：

1. 请求成交法

这是推销员直截了当地向顾客提出购买推销品的方法。一般说来，经过一番面谈消释异议后，当双方对主要问题的看法趋于一致时，推销员就应抓住时机，及时直接请求成交，便可有效地达成交易。如果此时仍旁敲侧击，就可能延误或失去成交的最好时机。

一般情况下，主要问题基本明确时，就要及时提出成交要求。例如，"张经理，您刚才提出的问题都解决了，这次您想购买多少？"又如，"林厂长，谈了半天，您很忙，我也该告辞了，您要求什么时间交货？"顾客已愿购买，只是迟迟不做决定，为节省时间，推销员应施加成交压力，直接要求成交。

请求成交法可以促使顾客立即作出购买反应，达成交易，提高推销工作效率。它体现了现代推销精神：灵活机动，主动进取。但必须看准时机，否则，盲目要求成交，则可能失去成交控制权，造成被动局面。

2. 假定成交法

这是假定顾客已接受推销建议而要求顾客购买的一种成交方法。假定成交法不主动谈及是否购买的话题，减轻顾客作出购买决策的心理压力，以"暗度陈仓"的方式自然过渡到成交的实质性活动上。

例如，推销员在洽谈到一定的火候时说："王科长，我什么时候给您送货？"如果王科长不反对，生意便做成了。

又如，酒吧的招待对顾客说："先生，请这边坐。您要点什么？咖啡，牛奶，还是汽水？"在这种情况下，招待就是假定顾客一定会要饮料，然后向其提供服务项目，直接假定成交。

"这些花儿我给您包扎好。"售货员看准时机，假定顾客已决定购买，对方一点头，交易就完成了。

假定成交法的主要优点是可减轻顾客的成交压力，用暗示成交，将顾客的成交意向直接转化为成交行动，而且它还是选择成交法、小点成交法的基础。

3. 选择成交法

这是推销员向顾客提供一些购买决策选择方案，并要求其在此范围迅速作出成交决策的方法。这是假定成交法的应用和发展，在假定成交的基础上向顾客提供成交决策选择方案。实际推销中，此法用途广泛，具有明显的成交效果。

例如，"王处长，先要 10 吨还是 20 吨？""李厂长，您要大包装的还是小包装的？""先生，现在送货还是明天送货？"

选择成交法，似乎把成交的主动权交给了顾客，而实际上是把成交的选择权交给了顾客。不是买或不买，而是将选择限定在成交范围之内，如不同的数量、颜色、样式等，顾客选来择去，结果都是成交。

这种方法，既可减轻顾客成交心理压力，又可转移顾客注意力，让顾客觉得是自己作出购买决策的，同时使其难以全部拒绝成交选择方案。

4. 小点成交法

小点成交法，又可称为避重就轻成交法或次要问题成交法。这是推销员通过次要问题的解决，逐步过渡到达成交易的成交方法。一般情况下，顾客对于重大的成交问题，往往比较慎重、敏感，缺乏购买信心，不会轻易作出明确的决策，甚至故意拖延成交时间，迟迟不表态。而在较小的问题上，顾客常常比较果断，容易作出明确的决策。小点成交法正是利用顾客这一成交心理活动规律，避免直接提示重大的和敏感的成交问题，而是先强调较小的、顾客不太敏感的问题。先小点成交，再大点成交；先就成交活动的具体条件、内容达成协议，再就成交活动本身与顾客达成协议，最后达成交易。

例如，推销洽谈中顾客提出资金紧张，推销员见机而言："这个问题不大，对于你们这家历来讲信誉的企业，可以让你们分期付款。怎么样？明天就发货吧？"

又如前面提到过一个案例，某推销员到一个家庭推销家具，当介绍、展示了家具的图片后，妻子对丈夫说："我妈 10 号要来，如果我们看中了，就应在 10 号前买下来。"许多推销员会忽视这句话，但这位有经验的推销员则记在了心中。稍过一会儿，推销员微笑着对那妻子说："我能看出您喜欢这个式样的家具。您妈妈 5 号要到这儿来，是吗？"她说："不，是 10 号来。""那么说，七八号给您送货最合适了？""是的。""让我把这日子记下来。"推销员刷刷地写在订单上，又说："咱们瞧瞧，您喜欢用古铜色的家具来配您的胡桃木色的壁纸，是吗？"她说："不，我喜欢黑檀色的。"推销员边答道："好，我把这记下来。"边将此信息填到了订单上。这位推销员没有直接提示重大的成交问题，而是先提出送货日期、家具颜色之类的问题，先促成小点成交。推销员每出一个错，顾客就纠正一次，推销员便把纠正的答案记下来，顾客接受了小点成交，最后也就购买了家具。

5. 从众成交法

这是利用顾客的从众心理，促使其立即购买商品的方法。从众心理和行为是一种普遍的社会心理现象。顾客在购买商品时，不仅要考虑自己的需要，受自己的购买动机支配，还要顾及社会规范，服从于某种社会压力，以多数人的行为作为自己行为的参照。从众成交法正是利用人们的这种社会心理，创造一种争相购买的热闹气氛，从而促进成交的。

由于人人都有不同程度的从众心理，推销员就可利用一部分顾客的购买行动去吸引另一部分顾客，在无形中给顾客施加一定的社会心理压力，以促成交易。从推销心理学理论看，顾客之间的相互影响和相互的说服力，要大于推销员的说服力。

例如，"这是今年最流行的款式，您要一件多大号的？""这种新式取暖器非常受欢迎，顾客买的很多。"这类语言都是在利用顾客的从众心理推销商品。

6. 机会成交法

这是直接向顾客提示最后成交机会而促使顾客立即购买的一种方法。"机不可失，时不再来"，能否抓住有利机会和及时利用机会，关系到人们的利益得失，谁也不愿失去对自己有利的机会，在最后机会到来时，人们往往相当果断。当推销员向顾客提供最后的有利机会时，可以使顾客当机立断，迅速购买。

例如，某商店告示："我店即将搬迁，全部商品降价20%，到本周日为止，欲购从速。"这就是用直接提示最后成交机会，施加一定的机会成交心理压力，结合优惠条件，促使顾客立即购买的推销方式。

又如前面提到的一个案例，某推销员正在推销甲、乙两座房子，他想卖出甲房子，因此在与顾客交谈时说："您看这两座房子怎么样？现在甲房子已在两天前被人看中了，那人要我替他留着，因此您还是看看乙房子吧，其实它也不错。"顾客当然两座房子都要看，而推销员的话也在顾客心中留下了深刻的印象，产生了一种"甲房子被人看中，肯定比乙房好，而自己晚到一步，可能错失佳物"的遗憾。到这里，推销员已很圆满地设下了一个圈套，也可以说出色地完成了整个推销工作的一半，就等顾客来钻这个圈套。过了几天，推销员兴高采烈地找到这位顾客，说："您现在可以买甲房子了。您真是幸运！以前订甲房子的先生，由于银根紧，只好先不买房了。于是我就把这房子留给了您。"听到这里，顾客当然很高兴自己能有机会买到甲房子，现在自己想要的东西送上门了，眼下不买，更待何时？因此，买卖甲房子的交易很快达成了。

除以上几种成交方法外，还有优惠成交法、异议成交法等。各种方法可以交替、配合使用。推销员应根据推销的具体环境，灵活变通地运用各种成交语言技巧与方法，及时有效地促成交易，创造辉煌的推销业绩。

七、收回货款的语言技巧

销售与收款可以视为一辆车的前后轮，缺一不可。从严格意义上说，销售就是将商品转化为货币。因此，没有收回货款的推销是没有完成的推销，收不回货款的推销是失败的推销。在现代推销活动中，赊销预付是一种正常现象，是一种商业信用，所以，收回货款也自然成为推销员的一项重要工作任务。

推销员在收款日要早早拜访。顾客对支付货款大多盘算着找机会拖一拖，所以此日你若姗姗来迟，很可能顾客会说："等了很久，以为你不来了，刚才有一笔很急的业务排上来，先付了。"所以付款日一定要登门拜访，而且一定要趁早去。

收款时要信心十足地走进门去。一般说来，为收款登门拜访，不需要闲聊，稍事寒暄就可以坦率地说明今天的目的是收款，拖泥带水反倒会让对方设立防线。

收款时可以根据不同的情况灵活采用以下类型言词：

（1）直表来意收款。

例如："您好！张经理。前天我们在电话里约好今天结算羊毛衫的货款。"

开头时应理直气壮，直表来意，让对方明白是他欠你的，而不是你欠他的。如果对方没有让你多费口舌就支付了货款，那么在其付过款，心中还未感落寞之前就立刻说："与您这样爽快的人打交道真是非常愉快！以后在生意上我们会尽量照顾您这种老客户。谢谢！"然后马上告辞。为显示专程前往该处拜访，临走不可说"还要到另一客户那儿去"之类的话。

（2）试探权力收款。

如果对方以人事为推托，说自己不负责或无权管这事，这时就应分清他所言是真是假。可以通过他的眼神、表情及其他人对他的态度加以辨别，也可以试探地说："您就别谦虚了！谁不知道，在这儿什么事都是您说了算！"如果他笑而不答，那他定是关键人物；如果他确实无权管付款，他也不愿被你纠缠，会告诉你谁是关键人物。

（3）赞美对方收款。

见到关键人物时，如果你能博得他的认可，就会比较容易收回货款。因为支付款项的权力在他手里，他认为能办成的事就能办成，所以事先不妨赞美几句："这件事，只有您能解决，别人想管也管不了啊。""这还不是您一句话的事儿！"如果领导爱面子，不妨这样来刺激他："我们卖货给一些小公司，货款都能按期入账，人家听我说收不回您这大型企业的款，都不相信！"

（4）给台阶下收款。

推销员收款时，常会听到这样的回答："不是我们不给钱，实在是资金短缺，没钱可给。我们也想按时付款，但真的是心有余而力不足呀！"这话听起来似乎合情合理，要是再催有些说不过去。其实不然，面对一口咬定"没钱"的顾客时，做好打攻坚战的准备，就有希望取得突破性的进展。例如，对方若是个通情达理并富于同情心的人，你可以说："谁不知道您这企业的名气啊！在全省也是数得着的大户，我要是对别人说你们没钱付货款，谁会相信？其实我知道，您这一阵子主要是太忙……"这样就压倒了对方没钱的借口，而且给了对方一个台阶下，顾客这时就有可能识趣地和你达成一致。

（5）小让步收款。

如果对方坚持说自己没钱，你就肯定地说自己更没钱，不收回这笔钱企业都无法维持正常生产。你可以说："其实我也知道您很困难，但我比您还要难呀！现在生意难做，我厂上个月好不容易签订了一个合同，到现在还没把原材料款备齐呢。今天我到您这儿来，厂长、科长都等着。咱们就相互体谅点儿，您这次先支付给我90%怎么样？"

如果对方仍说没钱，你可再做一个小的让步："那就这样吧，我也不给您添更多的麻烦了，您就支付给我80%，让我回去应应急，行不行？"因为你已连做了两次让步，对方便不好意思一直嚷没钱，你就有可能有得而归。

（6）分析利弊收款。

有时候推销员也可以通过剖析对方的产销情况，暗示自己清楚对方"没钱"只是个借口。向对方说明及时结清货款，对客户的信誉及企业形象是至关重要的事情；货款的收支，有利于双方进一步合作，发展更多更广的贸易关系，对顾客来说也是利益所在；拖欠货款只会危及企业的长远发展，对有心大展宏图的企业来说得不偿失。只要你说得在理，点中了顾客的要害，就会大大有助于你的收款工作。

（7）优惠待遇收款。

当普通的说理催促都不起作用时，可采用优惠待遇鼓励先付款、现金付款。例如，告诉对方及时结清货款可以给予九五折的优惠等。还可选择有关人员，通过奖励办法促其帮助收款或协助收款。这种办法可以使推销员分出身来，以他人作为自己的代表到顾客处去催讨货款，这样无疑增加了催收款的次数。尤其是选择顾客的朋友、同乡等去进行"感情沟通"式的收款，效果往往更明显。

（8）诉诸法律收款。

当以上诸法都不能奏效时，可警告顾客将诉诸法律收款。有些顾客顾虑到自己将上法庭，为避免扩大不利的影响，则会尽量付清货款。而对无视警告顽固拒不付款者，则诉诸法律收款。

总而言之，推销员收款要注意时机，应在顾客账面有款时收款；要按商定日期上门，不给对方留有借口；赊销商品要明确回款日期，拖欠也要商定具体期限，不给对方留有余地。而且收款时态度、言词的强弱与货款回收的金额成正比。态度言词较弱，就可能无法有效地收回货款；但过分高压的态度言词又会影响双方今后的合作，所以态度言词的强弱度必须把握好。为"防患于未然"，推销前对顾客进行信用调查也是保证及时如数收回货款的重要措施。

【案例回应】

把木梳卖给和尚，听起来真有些匪夷所思，但使用不同的思维引领下的不同的营销方式，却有不同的结果。甲先生是一位执著型推销人员，有吃苦耐劳、锲而不舍、真诚感人的优点。虽然他只卖了一把梳子，但从完成任务本身来说是很严谨的。乙先生具有善于观察事物和推理判断的能力，能够大胆设想、因势利导，所以乙的成绩比甲好。丙的做法则是通过对目标人群的分析研究，大胆创意，有效策划，开发了一种新的市场需求。丙的做法给我们最大的启发却是一个很简单的商业道理——双赢。让别人赚到钱，自己才会赚钱。这正是经济学法则中永恒的真理。

【实战训练】

假如你在推销自己时出现下面情况，请设计你的应变之言。

（1）用人单位希望聘用男性，而你是女性，或与此相反（实际此职位并不受性别限制）。

（2）企业招聘营销人员，招聘者要求应聘者回答这样一个问题：一天你正在山下徘徊，半山腰的公路上行驶着一辆汽车，突然，车内人对着山下大喊一声，此时你会怎么办？为什么？

（3）你认为对企业而言，员工、老板，谁是真正的上帝？

（4）招聘方问你以下三个问题：

①如果聘用你，你对我们有什么要求？

②本企业对所招聘员工不承担转户口和企业所处城市上户口义务，你是否愿意受聘？

③本企业不负责解决住房问题，员工只能自己租购住房，且其他生活问题大都需自行解决，你对此能接受吗？

任务7-2　推销口才评估

活动一：自我评估

一、请你在三分钟内，从 A、B、C、D 四个答案中选择一个。

1. 假如您的客户询问您有关产品的问题，您不知道如何回答，您将(　　)

A. 以您认为对的答案，用好像了解的样子来回答。

B. 承认您缺乏这方面的知识，然后去找正确答案。

C. 答应将问题转呈给业务经理。

D. 给他一个听来很好的答案。

2. 当客户正在谈论，而且他所说的很明显是错误的，您应该(　　)

A. 打断他的话，并予以纠正。

B. 聆听然后纠正话题。

C. 聆听并指出错误之处。

D. 利用反问以使他自己发觉错误。

3. 假如您屡遭顾客回绝，觉得有点泄气时，您应该(　　)

A. 请一天假不去想公事。

B. 强迫您自己更卖力去做。

C. 尽量减少拜访。

D. 请示业务经理和您一道去。

4. 当您拜访经常吃闭门羹的客户时，您应(　　)

A. 不必经常去拜访。

B. 根本不去拜访他。

C. 经常去拜访并试图去改善。

D. 请示业务经理换人试试。

5. 对方说"您的价格太贵了"时，您应该(　　)

A. 同意他的说法，然后改变话题。

B. 先感谢他的看法，然后指出一分钱一分货。

C. 不管客户的说法。

D. 强有力地辩解。

6. 当您回答客户的相反意见之后，您应该（　　　）

A. 保持沉默并等待客户开口。

B. 变换主题，并继续销售。

C. 继续举证，以支持您的观点。

D. 试行订约。

7. 当您进入客户的办公室时，正好他在阅读，他告诉您他将一边阅读，一边听您的话，那么您应该（　　　）

A. 开始您的销售说明。

B. 向他说您可以等他阅读完了再开始。

C. 请求合适的时间再访。

D. 请求对方全神贯注地聆听。

8. 您正用电话去约一位客户以安排拜访时间，总机小姐把您的电话转给他的秘书小姐，秘书问您有什么事，您应该（　　　）

A. 告诉她您希望和她的上司商谈。

B. 告诉她这是私事。

C. 向她解释您的拜访将带给她的上司莫大的好处。

D. 告诉她您希望同她的上司谈论您的商品。

9. 面对一个激进型的客户，您应该（　　　）

A. 表现客气。

B. 表现出过分的客气。

C. 证明他错了。

D. 拍他马屁。

10. 对付一位悲观的客户，您应该（　　　）

A. 说些乐观的事。

B. 对他的悲观思想一笑了之。

C. 向他解释他的悲观思想是错误的。

D. 引述事实并指出您的论点是完美的。

11. 在展示印刷的视觉辅助工具时，您应该（　　　）

A. 在他阅读时，解释销售重点。

B. 先销售视觉辅助工具，然后再按重点念给他听。

C. 把辅助工具留下来，待查验之后让他自己阅读。

D. 希望他把这些印刷物张贴起来。

12. 客户告诉您，他正在考虑竞争者的产品，他征求您对竞争者的产品意见，您应该（　　）

A. 指出竞争者产品的不足。

B. 称赞竞争者产品的特征。

C. 表示知道他人的产品，然后继续销售您自己的产品。

D. 开个玩笑以引开他的注意。

13. 当客户有购买的征兆，如问"什么时候可以送货"时，您应该（　　）

A. 说明送货时间，然后继续介绍您的产品特点。

B. 告诉他送货时期，并请求签订单。

C. 告诉他送货时期，并试做销售提成。

D. 告诉他送货时间并等候客户的下一步骤。

14. 当客户有怨言时，您应该（　　）

A. 打断他的话，并指责其错误之处。

B. 注意聆听，虽然您认为自己公司错了，但有责任予以否认。

C. 同意他的说法，并将错误归咎于您的业务经理。

D. 注意聆听，判断怨言是否正确，适时答应立予纠正。

15. 假如客户要求打折，您应该（　　）

A. 答应回去后向业务经理要求。

B. 告诉他没有任何折扣了。

C. 解释贵公司的折扣情况，然后热心地推介产品的特点。

D. 不予理会。

16. 当零售店向您说："这种产品销售不好"时，您应该（　　）

A. 告诉他其他零售店销售成功的实例。

B. 告诉他产品没有照应该的陈列方法陈列。

C. 很有技巧地建议他销售商品的方法。

D. 向他询问销路不好的原因，必要时将货取回。

17. 在获得订单后，您应该（　　）

A. 高兴地多谢他后才离开。

B. 略就他的嗜好进行交谈。

C. 谢谢他，并恭喜他做了决定，简明扼要地再强调产品的特征。

D. 请他到附近去喝一杯。

18. 在开始做销售说明，您应该（　　）

A. 试图去发觉对方的嗜好，并交换意见。

B. 谈谈气候。

C. 谈论今早的新闻。

D. 尽快地谈些您拜访他的理由，并说明他可获得的好处。

19. 在下列的情况中，哪一种是销售员充分利用时间的做法（　　　）

A. 将客户资料更新。

B. 当他和客户面对面的时候。

C. 在销售会议学习更好的销售方法。

D. 和销售同事谈论。

20. 当您的客户被第三者打岔时，您应该（　　　）

A. 继续销售，不予理会。

B. 停止销售并等候有利时间。

C. 建议他在其他时间再来拜访。

D. 请客户去喝一杯咖啡。

【评分标准】

1. A2 B5 C3 D1　　2. A1 B3 C5 D2　　3. A1 B5 C1 D3　　4. A1 B1 C5 D3

5. A1 B5 C3 D2　　6. A2 B1 C2 D5　　7. A1 B5 C3 D2　　8. A1 B1 C5 D2

9. A5 B1 C1 D1　　10. A3 B2 C1 D5　　11. A1 B5 C1 D1　　12. A1 B3 C5 D1

13. A1 B3 C5 D1　　14. A1 B2 C1 D5　　15. A2 B3 C5 D1　　16. A1 B1 C5 D2

17. A3 B1 C5 D1　　18. A3 B1 C1 D5　　19. A3 B5 C2 D1　　20. A1 B2 C5 D3

【结果分析】

如果得分为100分，您是专业的销售员；如果分数在90～99分，你是很优秀的销售员；分数在80～89分，您是良好的销售员；分数在70～79分，您是一般的销售员；分数在60～69分，您是有待训练的销售员；分数在分59分以下，您需要自问："我选择了销售这个行业是对的吗？"

二、以下各题，你只需回答"是"或"否"。请以你的第一反应作答。

1. 你是否一向准时赴约？是（　　　），否（　　　）

2. 和配偶或朋友相比，你是否更易和同事沟通？是（　　　），否（　　　）

3. 是否觉得周六早晨比周日傍晚容易放松？是（　　　），否（　　　）

4. 无所事事时，是否感觉比忙着工作时自在？是（　　　），否（　　　）

5. 安排业余活动时，是否向来都很谨慎？是（　　　），否（　　　）

6. 当你处在等待状态时，是否常常感觉懊恼？是（　　），否（　　）

7. 你多数娱乐活动是否都和同事一同进行？是（　　），否（　　）

8. 你的配偶或朋友是否认为你随和、易相处？是（　　），否（　　）

9. 是否有某位同事让你感觉很积极进取？是（　　），否（　　）

10. 运动时是否常想改进技巧，多取得突破？是（　　），否（　　）

11. 处于压力之下，你是否仍要仔细弄清每件事的真相才能作出决定？
是（　　），否（　　）

12. 旅行之前，你做好了行程表的每一个步骤，而当计划必须改变时，会不会感觉不自在？是（　　），否（　　）

13. 你是否喜欢在酒会上与人闲谈？是（　　），否（　　）

14. 你是否喜欢闷头工作以躲避处理人际关系？是（　　），否（　　）

15. 你交的朋友是不是多半属于同一行业？是（　　），否（　　）

16. 当你生病时，你是否会将工作带到病床上？是（　　），否（　　）

17. 平时的阅读物是否多半和工作相关？是（　　），否（　　）

18. 你是否要比同事花更多的时间在工作上？是（　　），否（　　）

19. 你在社交场合是不是三句话不离本行？是（　　），否（　　）

20. 你是不是在休息日也会焦躁不安？是（　　），否（　　）

活动二：

以班级为单位，举办一次模拟的"毕业生就业双向选择洽谈会"。
要求：
（1）向一家用人单位推销自己。
（2）设计一份在本次洽谈会中的自我推销方案，在下次课堂上，由老师主持，学生对方案进行口头交流、评价。

项目八　导游口才

任务 8-1　导游口才理论

知识目标

　　◇理解导游语言的特点

　　◇掌握导游语言的原则

技能目标

　　◇能根据导游语言的特点和原则写导游词

【情景导入】

导游："大家请看这座九龙壁的左数第三条白龙，它的腹部的颜色与众不同。原来这座九龙壁是由 270 块琉璃砖组成的，当时其中的一块不慎摔坏，又来不及制作，于是就用一块木料涂上漆镶入壁内，一直到今天才原形毕露。"

【问题讨论】

1. 上述导游语言有什么特点？

2. "原形毕露"在这里有什么效果？

【理论知识】

导游语言是导游工作的重要载体。导游员话说得好，即能熟练地运用导游语言，不仅能够表情达意，还能让游客感到愉悦，从而产生美感，最终被认可为一种"语言艺术"。因此，导游的口才表达是导游员从业的第一武器，是他们职业化水准的第一标志。人们用这样的话来称赞导游的口才："看景不如听景，江山美不美，全靠导游一张嘴。"导游语言艺术就是导游对语言的提炼和优化，是融技能、观念、灵感、审美于一体的再创造活动。导游员通过语言与游客沟通、交流，满足游客求知、求解、求乐、审美等旅游需求。

一、导游语言的特点

导游语言是在长期的社会实践中逐渐形成的有职业特点的行业语言，是导游员与游客交流思想、指导游览、讲解阐述、传播文化时使用的具有丰富表达力、生动形象的口头语言。导游员工作的对象是不同年龄、不同文化背景、不同知识水平、不同兴趣爱好、不同审美情趣的旅游者，其工作的重点就在于和不同的人进行交流、沟通。正确、得体、优美的语言是做好这一工作的关键。导游服务工作的特点决定了导游语言的特征。准确地了解、把握导游语言的特征，是每位导游员理解并掌握导游语言艺术的前提。

1. 特殊的针对性

导游语言对象的特殊性是由导游员服务对象的特殊性所决定的。导游员服务的对象是变化的、不固定的。导游员每次所接待的旅游者是不同的，不同的旅游群体之间有着很大的差异。不仅每次接待的旅游者差异大，就是同一次接待的旅游者之间也有着很大的个体差异。这些差异落实到导游员的服务工作上就是导游服务对象的特殊性，作为工作的具体载体的导游语言，自然也就有了对象的特殊性。导游直接影响着旅游者的心理活动和旅游感受，因此导游人员必须意识到导游语言对象的特殊性，由其差异和特点来调整自己的语言，以满足旅游者的需求。旅游者来自不同地方，国家、民族、宗教、习惯、职业、年龄、文化程度和知识水平各有不同，导游员导游时使用语言要因人而异。导游应区别不同的旅游者使用恰当的语言，要注意针对性。

针对性在导游词中表现为丰富的知识性。好的导游词不仅能使游客得到美的享受，激发游客的兴趣，而且能够给游客传递丰富的知识，这就是导游词的知识性。这种知识性，是指与被游览客体有关的种种信息。被游览对象是很多的，自然的、人文的，其范围相当宽泛，可以说有多少被游览客体，也就有多少与它们有关的知识信息，涵括从神话到现实、从历史到眼前、从现在到将来、从自然到社会、从文学艺术到宗教建筑各类知识信息。导游人员对沿途各景点的名胜古迹、历史文化、民情风俗必须非常熟悉，在整个导游的过程中贯穿种种知识的介绍。有一些专项的旅游，更需要较深的专业知识，如"佛教导游"、"唐诗之旅导游"等。

> 在济南趵突泉公园有一块玲珑剔透的假山石。导游人员是这样开始讲解的："我们大家一定都知道中国园林选择假山石的标准吧？"等游客们议论了一会儿以后她继续道："对，这就是透、瘦、漏、皱。"然后她又详细介绍了它们丰富的内涵。

有关中国园林选择假山石标准的知识信息就是这样在游客的好奇心被激发起来之后，在轻松的气氛中被巧妙地传递了过去。

2. 口语化的特征

导游服务几乎是在游览的过程中完成的，与游客的交流主要是以说和听的形式来实现。因此导游语言具有口语化的特征，强调口语的通俗自然、灵活多变，追求雅俗皆宜的感染力和说服力。

> 某导游员在向旅游者解释"天府"一词的出处由来时说："天府一词见于周礼，其云：'天府者，掌祖庙之守藏，与其禁令。凡国之玉镇、大宝藏焉，若有大祭大丧，则出而陈之，既事而藏之。'"

听了上述关于"天府"的介绍，很多旅游者不但不能明白导游员在说什么，而且有的会认为导游员在故意卖弄，对导游员产生不好的印象。要注意导游语言的口语化特征，上面对"天府"一词的解释可以这样说：

> "天府"一词最早出现于《周礼》一书，本是一种官名，是专门保管国家珍宝、库藏的一种官吏，后来用来比喻自然条件优越、形势险固、物产富饶的地方。

口语化可以增强导游词的趣味性，使游客感到轻松、愉快，容易陶醉。导游语言的灵活变化主要表现在两方面：①根据游客的具体背景灵活应变；②根据环境中的具体情况灵活发挥，即需根据游客的具体背景、要求，反应灵活地编排并调整导游辞。游客有种种具体背景，比如特定的民族、国籍、社会地位、年龄、行业、受教育情况、兴趣爱好等，导游人员要根据这些具体因素，选择并使用游客最容易理解、接受的语言表达方式，灵活安排讲解特定的导游内容，或平铺直叙，或跌宕起伏，或大力渲染，或一带而过，或委婉避讳，或直接显明……从而引起游客的共鸣，以求和游客达到最大限度的沟通。不同民族和国籍的人对颜色的心理偏向很不相同。例如，中国人喜欢红色，泰国人忌红色，日本人忌黄色，比利时人忌蓝色，巴西人忌绿色，欧美等国的人忌黑色。所以，导游词中颜色词的运用以及对颜色的渲染，要因游客的文化心理背景而异。再如，文化背景不同的游客对一些具体事物，如花鸟虫鱼、飞禽走兽，以及文物古玩、园林建筑，甚至坟墓式样等等，也都有着不同的文化心理倾向，导游词就要充分考虑到游客的文化心理倾向加以灵活调整，以使表达收到最佳效果。

此外，还要根据具体环境中的具体情况进行灵活发挥，特别是要善于借一些突发性的消极的情况来随机应变。例如，旅行车在一段坑坑洼洼的道路上行驶，游客中有人抱怨。这时导游员说："请大家稍微放松一下，我们的汽车正在给大家做身体按摩，按摩时间大约为 10 分钟，不另收费。"引得游客哄然大笑。这位导游以巧妙的语言借题发挥，化解了不利因素，赢得了主动。再如，由于气候原因，客人改乘第二天从上海飞往西安的飞机，游客们都很扫兴。这时导游对游客说："这下可好了，我们可以利用这个机会去苏州一次，这样在您的旅程上又增加了一个城市，在您的记忆和相册上还可以留下'东方威尼斯'的倩影。"结果深得游客的称赞。

3. 导游语言的美学特征

导游语言在大多数的情况下是向旅游者介绍旅游地的自然风光或人文景观，但它不仅仅是向旅游者介绍景观的基本情况，更重要的是导游语言本身具有"美"的独特内涵。优秀的导游员可以用优美、得体、起伏有致的富有音乐感的导游语言向游客传达一种"美"的信息，并借用语言这种媒介充分调动、感染旅游者的情绪，使旅游者深刻领悟自然或人文旅游景观的美，使旅游者产生美的旅游感受，拥有美的旅游经历。因此，导游语言的美学特征也是每一个导游员所不能忽视的。

富于美感的导游语言具有能使旅游者从中得到美的陶冶和享受的特质。导游语言的美感特征表现在描绘性语言的藻丽美、叙述性语言的流畅美、质疑方式的得体美、缩距技巧的熨帖美、点化技巧的升华美等多个方面。生动形象是导游语言美的魅力所在，是导游语言艺术性和趣味性的具体体现。语言的生动性不仅要考虑导游的内容，更要考虑导游的表达方式，并要与自己的神态表情、手势动作以及声调和谐一致。语言要生动流畅，不仅要求导游员讲话音调正确优美、节奏适中、语法无误、用词恰当，还要求导游员思维清晰、所言明确、前后连贯、整体和谐，给旅游者美的享受。

一个香港旅行团一到杭州就遇上绵绵阴雨，因此游客的情绪十分低落。

导游员说："天公真是太作美了。一听说远道而来的客人要游览西湖，就连忙下起淅淅细雨。大家还记得苏东坡的那首诗吗？'水光潋滟晴方好，山色空蒙雨亦奇。若把西湖比西子，淡妆浓抹总相宜'，今天我们有幸能亲自感受一下雨中西湖的诗情画意，真是天赐良机啊！"

这种机智的表达，一下子把游客从糟糕的天气带到充满诗情画意的诗的意境中，游客的情绪顿时高涨起来。

导游员要灵活使用导游语言，使特定景点的讲解适应不同旅游者的文化修养和审美情趣，满足他们不同层次的审美要求。例如，对专家、学者和"中国通"，导游员在讲解时要注意语言的品位，要谨慎、规范；对初访者，导游员要热情洋溢；对年老体弱的游客，讲解时力求简洁从容；对青年，导游讲解应活泼流畅；对文化水平低的旅游者，导游语言要力求通俗化。这就要求导游员在较高的语言修养的基础上灵活地安排讲解内容，使其深浅恰当，并能灵活地运用语言，使其雅俗相宜，努力使每个旅游者都获得美的享受。此外，导游词要与旅游者目光所及的景象融为一体，要使旅游者的注意力集中于导游讲解之中，这是衡量导游讲解成功与否的标准之一。

二、导游语言的形式

就导游人员运用的口语而言，可以将其划分为正式口语与非正式口语。二者之间既有共性，同时也各自存在着一定的个性。一般来讲，导游人员有必要在运用口语之时，掌握它的三个原则要求：一是通俗活泼；二是机动灵活；三是简明扼要。

此外，还可以从形式上把导游口语划分为独白式与对话式两种。独白式是导游员讲、游客听的语言信息传递方式。当导游人员需要向游客传递大量的有关景点的信息或者向游客致欢迎辞或欢送辞时，往往采用独白的口语形式。独白式的口语具有以下特点：目的明显，对象明确，表述翔实。对话式体现了导游与游客之间的互动性，为众多游客所喜爱。对话式的口语具有以下特点：依赖环境，反馈及时。

三、导游语言的原则

1. 准确性

所谓准确性，首先要求导游的语言音质清亮明洁，无含糊生硬的成分。"含糊其辞"无论在何种交际场合都会使人感到不快。尤其是在旅游审美活动中，这种语言表达形式不仅不美，而且会导致信息接受上的困难，乃至误解。"一伪灭千真"，如果导游员信口开河、杜撰史实、张冠李戴，旅游者一旦发现受到了导游员的蒙蔽，必定产生极大的反感，会怀疑所有导游讲解的真实性，甚至会否定一切。所以要求导游员在宣传、讲解与回答旅游者的问题时必须正确无误。而且，导游语言的科学性越强，越能吸引游客的注意，越能满足他们的求知欲，导游员也会受到他们更多的尊重。

与此同时，导游员在讲解时还应该注意词语得当，组合相宜。通常"初出茅庐"的导游人员不习惯用婉语，喜欢过分夸大地用词，试图取得先声夺人的效果。殊不知这种无视游客自身评判能力的夸张手法，有时在效果上会适得其反。例如，一位导游在陪团去一家风味餐厅时，在行车途中把这家餐厅捧得很高，还得意地用了一连串虚浮夸张的形容词来描述，结果使游客的期望值过高，实际就餐后感到很是失望。可见把话说绝是不明智、不可取的。

2. 音乐性

这主要是指语调的抑扬顿挫、语言的畅通、语句的长短、语速的快慢，简单来说是指语言行为中的节奏感。一般来讲，语调的抑扬顿挫是由于字音的高低所致，但另一方面也关联着情绪的起伏变化。喜者激昂，悲者低沉，这对语调有着直接的影响。

语言的通畅反映在语句衔接自然，连贯而无间断的表达上。自然流畅无阻滞，能使人产生一种行云流水与舒适欢欣的感觉。

语句的长短也是形成语言节奏美的要素之一。在导游的讲解中，句式不要过于复杂，而要简短明快、变化多样。

语速要根据交际的具体情况来控制。在一般场合或情绪正常的情况下，多用中速表达；在庄重场合或情绪比较冷静时，一般用慢速；而在情绪大起大落的情况下，语速就要求快一些。导游要根据不同的场合适当调整自己的语言速度，让游客听起来不觉得吃力，并产生舒适感。

3. 生动性

导游在描述自然和人文景观时，怎样才能把游客导入诗情画意之中并产生共鸣呢？这里就要强调讲解过程中所用语言的鲜明性和生动性。如果讲解达到了绘声绘色，那么游客就会通过联想或想象等心理功能再现事物的形与神，进而感知和理解事物的内在审美价值，所以有人说"看景不如听景"。语言的生动性要求导游人员在掌握丰富的景观知识和语言词汇的基础上，注意修辞，学会恰当地运用对比、夸张、借代、比喻、映衬、比拟等手法，使语言艺术化、口语化、形象化，能够通过适当的修辞技巧创造出生动的语言画面，达到主客之间互相理解并产生共鸣的效果。例如介绍大熊猫的生活习性时，可以进行如下讲解：

> 大熊猫生性顽皮，喜欢爬树、打滚、饮水。爬树是为了躲避敌害，在树上享受阳光。为了满足自己的嗜饮习性，它的家园大都选在有清泉流水的地方，便于随时畅饮。天寒冰封，熊猫就用前掌击碎冰层饮水。干旱季节，它会下到很深的山谷寻找清净的水源，反复痛饮直到喝得腹胀肚圆，行走困难，才恋恋不舍蹒跚而去。有时干脆卧躺溪边，形如醉汉，当地人称"熊猫醉水"。

在这段导游词中，导游巧妙运用拟人、比喻等修辞手法，大熊猫顽皮可爱、憨态可掬的形象跃然而出，从而达到生动的效果。

4. 风趣性

导游语言的风趣性主要表现在其幽默诙谐的言谈风格上。它通过比喻、夸张、象征、寓意、双关、谐音、谐意等多种手法，运用机智、凝练、风趣的语言，对现实生活中的各种矛盾以及不合理现象进行或含蓄或率直的揭露与批评。

在导游活动中，语言的风趣性还有一种独特形式的幽默，那就是轻松地开玩笑或善意地逗乐。就效果而言，风趣幽默的语言可以活跃气氛。导游对诙谐语言的灵活运用，对活跃团队气氛、充实导游活动具有相当明显的作用。尤其是在长途旅行中，这种做法更能显示出消除疲劳、振奋精神的效果，使游客在轻松的欢声笑语中度过快乐的时光。

5. 情意性

导游员在旅游者进入审美观照状态的前后，往往需要对景观进行介绍，这种介绍不是抽象的、程式化的，而是形象生动、富有感情色彩的。因而，导游的语言要有情感性，要通过自身的眼神、手势、面部表情展现出来。语言的情感性表现为导游要随景而动，喜游乐导，动之以情，以情感打动旅游者。导游语言切忌是简单直陈的、抽象的或程式化的，而应该是形象生动、富有情感色彩的。在导游过程中，要想唤起游客的共鸣，就得在讲解中"动之以情，晓之以理"，也就是说要情真意切。敬语和谦语有助于传达友谊和感情，但应注意尊重对方的风俗习惯和语言习惯，也要适合自己的身份；东西方的成语、谚语、名人名言往往能起到画龙点睛的作用，还可提高导游讲解的品位，使导游员的谈吐显得高雅，令游客产生好感，但所引之词要正确、完整、恰到好处，附庸风雅的言词只会引来耻笑。

语言的情感性不光是指有声的感叹语所传导的情绪信号，而且包括无声语言的直观性情感表现，如眼睛、手势与面部的表情等等。这是因为人的喜怒哀乐、七情六欲往往可以从眼神、手势的力度与面部线条的变化中显露出来。

四、导游口才运用技巧

（一）导游置疑的口才技巧

置疑技巧就是使用技巧疑问句提出质疑并进行讲解的一种技巧。所谓技巧疑问句，就是指能够在特定导游辞中营造气氛，使讲解内容及讲解要点得到突出强调、使表达讲解生动别致且情趣盎然的疑问句。例如：

> 问题：川菜最突出的特色是什么？
>
> 回答：这就是厨师们善于掌握调味学中的辩证法，做到口味浓淡有致，"该浓则浓该淡则淡，浓中有淡，淡中带浓，浓而不腻，淡而不薄，变化无穷"。比如，同样是"豆腐"，既可以做成味浓味厚的麻辣豆腐，也可以做成清爽可口的口蘑豆腐，甚至做出上百种不同制作方法和口味的豆腐菜系。"锅巴"本是烧饭时的"剩余物资"，但厨师把它炸得油酥金黄，制成"锅巴肉片"、"锅巴海参"等，随着上菜时"沙沙"的响声，食客们耳目一新，享用这道菜时，简直是一种艺术享受。通过精心制作的"樟茶鸭子"、"鱼香龙虾"、"天府牛筋"、"坛子肉"、"东坡肘子"等名菜，"肥而不腻，脆而不生，香而不闷，酥而不散"，品尝这样的美食，会引发人们对生活哲理的遐思。川菜的色鲜味美，不但中国的南、北方人都能接受，而且为世界各国的众多食客所接受。有的外国朋友在享用川菜佳肴时，连说是难得的美味，他们不是在吃菜，而是在"吃"悠久的中国文化。（张斯炳等《成都》）

在介绍景点的时候，也可以经常使用这种技巧，在一问一答中，既给游客留下了充足的想象空间，又让导游员进行了生动的讲解，起到了情景交融的作用。

（二）导游道歉的口才技巧

1. 微笑道歉

俗话说："伸手不打笑脸人。"即使面对刻薄的挑剔者，甚至出言不逊、咄咄逼人者，只要你微笑冷静，就能稳控局面，缓减对方的刺激，化解对方的攻势。在道歉的语言艺术中，微笑是通过不出声的笑传递歉意的一种"载体"。在道歉时，运用微笑语并不是奴颜婢膝，而是对他人一种和善、友好的真诚表示。

一位日语导游员初次接团，由于紧张，把日语"津京间乘火车往返"，翻译成"津京间乘汽车往返"，这时，日方领队及时向她指正，她才察觉译错了，于是对日方领队莞尔一笑，抱歉之意尽在不言之中，很快得到了日方领队的谅解。

2. 迂回道歉

所谓迂回，是指在思维或表达方式上绕圈子的性质或状态。在导游工作中，导游员难免会因一些小事得罪旅行团队中的某些客人，而导游员出于某种原因又不便公开道歉，这时就可采用迂回致歉的方法。比如，导游员对甲女士关照过多，却忽略了乙女士，引起了乙女士的不悦，察觉之后，便要"特别"关照乙女士，如下车时扶她一把，提醒她一句，都能使她明白你的体态语言中所含有的歉意，从而达到与她冰释前嫌的目的。

3. 自责道歉

自责是指因个人缺点或错误而内疚，进而谴责自己。它既可以化戾气为祥和，又会使人真诚相待。道歉的语言艺术并不仅仅是讲几句动人的道歉语，还必须勇于自责，使对方感到你的道歉是诚心诚意的。

一个外国的旅行团在中国的游览过程中，一位游客的行李在通过铁路托运后少了一件，这位客人指责陪同的导游员说："你们旅行社偷了我的行李。"导游员听了大吃一惊。这位客人的指责显然是无根据的，但这位导游员并没有针尖对麦芒地与他摆事实讲道理。她理解这位客人的心情，并不计较他气头上的话，于是以自责的口吻说："您的行李不慎遗失了，不管怎么样，这是发生在中国的一件不光彩的事。我作为陪同心里十分不安，不过我们马上就会尽力去寻找的。"

尽管这位客人行李的遗失是一次偶然事故，但这位导游员勇于自责，大而言之是"发生在中国的一件不光彩的事"，小而言之是"我作为陪同，心里十分不安"。这种自责的道歉方式，体现了对客人的歉意和帮助客人解决问题的诚心。

（三）导游拒绝的口才技巧

1. 微笑不语

俗话说，"上山擒虎易，开口求人难"，当客人向你提出某种请求时，往往有种惴惴不安的心理，你想拒绝却无法说明原因，也不便向对方多说什么道理，但又不能不让对方"下台"。说"行"不好，说"不行"又会使对方产生紧张不安的心理。这时，微笑不语便是最佳选择。它既能缓和紧张的情绪，使对方不至于难堪，又能免去言语不周而导致的麻烦，取得"此地无声胜有声"之效。如，有一位举止轻浮的男游客在公开场合向女导游员发出"今晚请你跳舞"的邀请，她想拒绝，但又怕对方失面子，只好微微一笑，面带歉意地摇头，那位客人见此"信号"，也只好作罢。这就是典型的"微笑不语"拒绝法。

2. 妙言回绝，先是后非

这种技巧具体表现为，导游在必须就客人的某个问题表示拒绝时，先肯定对方动机或表达自己与对方一致的主观愿望，然后再以你无可奈何的客观理由为借口予以回绝。例如，一个旅游团在离境时，领队代表全团非要送陪同的导游员一大笔酬谢费，这位导游员谢绝说："您和大家的一片好意我心领了，但这钱我不能收，我所做的一切都是应该的，不用酬谢。"又如在故宫博物院，一批美国客人纷纷向导游员提出摄像拍照的请求，导游员诚恳地说："从感情上，我愿意帮助大家，但按规定，我实在无能为力。"这种先"是"后"非"的拒绝法可以缓解对方的紧张感，使对方感到你的拒绝与他们的意愿并不是完全对立的，在心理上容易接受导游的拒绝。

3. 婉言谢绝

这种技巧具体表现为，导游以委婉的、模糊的语言予以拒绝。例如，一个旅行团正按预定的日程观光游览，途中有几位客人要求增加几个观光点，但因时间关系不可能满足他们。这位导游员说："这个意见很重要，如果有时间，我们将尽量予以安排。"这位导游员没有给予明确答复，只是用模糊语言暗示了拒绝之意。又如，一位美国客人表示要给陪同他们的导游员介绍国外一个既能施展才干又能赚钱的职位，这位导游员谢绝说："谢谢您的一片好心。我扎在中国的根太深了，一下拔不出来啊。"这位导游员没有直截了当地表明是同意还是不同意，而是用"谢谢您的一片好心"表示了否定的意思，随后又作了委婉拒绝的补充。

（四）导游幽默的口才技巧

1. 移花接木

移花接木，就是把某种场合中显得十分自然的词语移至另一种迥然不同的场合中，使之与新环境构成超过人正常设想和合理预想的种种矛盾，从而产生幽默效果。

一位导游员在带游客参观四川丰都"鬼城"时解说道：

亡魂进入鬼国幽都必须持有"护照"，国籍、身份不明的亡魂是不准入境的。不过，这"护照"是阳间的叫法，在阴间则叫"路引"，以保证在黄泉路上畅通无阻……

2. 语义交叉

语义交叉，就是用巧妙的比喻、比拟等手法使表面意义和其所暗示的带有一定双关性的内在意义构成交叉，使人在领悟真正含义后发出会心的微笑。例如：

（1）……明天你们就要回国了，在离别之前，我将带各位去上海外滩拍个纪念照，和上海亲吻一下，不知各位意下如何？

（2）我们海南岛对客人历来十分热情，即使现在是冬季，也可以热得大家汗流浃背，穿不住西装外套。……

3. 正题歪解

正题歪解，就是以一种轻松、调侃的态度，对一个问题故意进行主观臆断或歪曲的解释，达到幽默诙谐的效果。例如：

在导游界没有多少人皮肤是白皙靓丽的，在一次旅游即将结束时，一群学艺术的俊男俏女围着一位皮肤黝黑的女导游，说："真不明白，旅游刚开始时，我们一直瞧不起你，并且与你作梗，你不但没有不高兴，而且更加热情地为我们服务，这到底是什么原因？"我们这位女导游回答得很精彩："父母给了你们一表人才是永远值得自豪的，这次旅游的圆满成功，主要靠'美加净'！""怎么讲？"游客们都睁大了眼睛。"你们长得美，加上我的心灵很纯净，这不是'美加净'吗？""哈哈哈哈……"游客们都笑了起来，并报以热烈的掌声和赞叹声。

4. 一语双关

一语双关，就是利用词语的谐音和多义性，有意使话语构成双重意义，使字面含义和实际含义不谐调，以达到风趣幽默之效。

一位导游员在陪同一批台湾客人去工艺品商店购物途中，风趣地对客人们说："那里有许多古代美人的画。如果哪位先生看中了'西施'、'杨贵妃'或'林黛玉'，就大胆地说，不要不好意思，她们都会毫不犹豫地'嫁'给你。不过，已经有夫人的可要谨慎一点哟！"

5. 借题发挥

借题发挥，就是指为了活跃气氛、增加情趣，故意借题发挥把本来一本正经的话说成俏皮话。

> 一位导游员在提醒即将离境的日本游客勿忘物品时说："请大家不要忘记所携带的行李物品，如果忘了的话，我得拎着送到日本去，不需感谢，只向你报销交通费就行了。交通费是够贵的啊！"

6. 自我解嘲

自我解嘲，是指在遇到无奈的情况时，以乐观的态度进行自我解嘲，使人获得精神上的满足。

> 旅行车在一段坑坑洼洼的道路上行驶，游客中有人抱怨。这时，导游员说："请大家稍微放松一下，我们的汽车正在给大家做身体按摩运动，按摩时间大约为 10 分钟，不另收费。"

7. 颠倒语句

颠倒语句，是针对游客熟悉的某句格言、口号、定理或概念，用词序颠倒的反常手法，创造出耐人寻味的幽默意味。

> 一个旅行团要去参观长城，但因大雪封山，公路不通，不便按原行程乘汽车前往。为了使游客们能如愿以偿地游览长城，导游员决定乘火车到八达岭。征得游客同意后，他说："有句名言说：'不到长城非好汉'，好汉非得到长城。今天，我一定要让大家当'好汉'。"

【案例回应】

本任务"情景导入"的案例中，导游采用别解法巧妙地临时赋予某些词语（成语）以本来并不具有的意义，体现了导游语言的针对性，同时也增加了表达的生动性和趣味性。这里临时赋予"原形毕露"以新义，由于有"本来面目完全暴露"的贬义本义作映衬，就使表达既精巧新颖，又幽默诙谐。

【实战训练】
选择你熟悉的一处家乡风景，写好导游词，配好图片，进行模拟导游讲解。

任务 8-2　导游口才评估

活动一：导游词写作

假设你是一名导游，以你熟悉的家乡景致为依据，针对游客的身份——分别是小学生、老年人、教师，各写一段欢迎辞。

活动二：导游模拟

5 人为 1 组，一名导游员，游客若干。自选景点，设计导游情节内容，模拟导游讲解。

项目九　管理口才

任务9-1 管理口才理论

知识目标

　　◇理解管理口才的特征

　　◇掌握表扬、批评、命令、交谈口才的技巧

技能目标

　　◇能根据不同对象、不同事件灵活运用管理口才

【情景导入】

　　一位妻子拖着疲惫的脚步下班回家，眉头紧皱，丈夫知道她肯定是遇到了不顺心的事，于是试图帮她消消气。

情景对话一

　　妻子：累死我了，一下午谈了三批客户，最后那个女的，挑三拣四，不懂装懂，烦死人了。

　　丈夫：别理她，跟那种人生气不值得。（给妻子出主意）

　　妻子：那哪儿行啊！顾客是上帝，是我的衣食父母！（觉得丈夫不理解她，烦躁）

　　丈夫：那就换个活儿干呗，干吗非得卖房子呀？（接着出主意）

　　妻子：你说得倒容易，现在找份工作多难啊！甭管怎么样，每个月我还能拿回家三千块钱。都像你的活儿，是轻松，可是每个月那几百块钱够谁花呀？眼看涛涛就要上大学了，每年的学费就万把元吧！（觉得丈夫不理解，还说风凉话，开始抱怨）

　　丈夫：嘿，你这个人怎么不识好歹？人家想帮帮你，怎么冲我来啦？（也动气了）

　　妻子：帮我？你要是有本事，像隔壁小萍丈夫那样，每月挣个四五千，就真的帮我了。（接着抱怨）

丈夫：看着别人好，和他过去！不就是那几个臭钱嘛！有什么了不起！（急了，开始恶言相向）

情景对话二

妻子：累死我了，一下午谈了三批客户，最后那个女的，挑三拣四，不懂装懂，烦死人了。

丈夫：大热天的，再遇上个不懂事的顾客是够呛。快坐下喝口水吧。（把她平日爱喝的冰镇酸梅汤递过去）

妻子：唉，挣这么几个钱不容易，为了涛涛今年上大学，我还得咬牙干下去。（感受到了丈夫的理解与关切，继续宣泄心里的烦恼）

丈夫：是啊，你真是不容易，这些年，家里主要靠你挣钱撑着。（表达对妻子的感激，主动把自己放在一个较低的位置上）

妻子：话不能这么说，涛涛的功课、人品，没有你出力，哪能有今天的模样？唉，我们都不容易。（气全消了，把丈夫抬回他应有的位置上）

【理论知识】

西方管理学界有句名言："管理即管人。"管理学家劳伦斯·阿普利也曾给管理下过这样的定义："管理就是通过他人把事情办妥。"可以说，管理在很大程度上是一种处理人际关系的艺术，而沟通在处理人际关系的过程中起着十分重要的作用。

良好的口才是管理人员应当具备的基本素质之一。古酋长或氏族领导人的选举标准依照"听其言，观其行，然后知其人"，"听其言"是首要门径。现代管理人员的竞选中，演讲是一种非常重要的手段。从管理学的发展看，管理口才也越来越受到学者的重视。从管理学产生以来，发展至今，已经形成一种共识：管理者的首要任务是协调人与人之间的关系，而这种关系的协调主要靠口头和书面的沟通。据研究，管理工作70%的时间用于沟通，而其中听、说又占75%。作为领导者，讲话要具有权威性，应注意措辞和方式；作为管理者，要对下属进行授权，下达任务并施行监督、控制。这一切都离不了良好的口语表达，体现在管理中，便是管理口才的运用。

管理口才按交谈目的划分，可分为表扬口才、批评口才、命令口才、交谈口才、公开发言的口才。

一、表扬口才

市场经济下的现代社会，人们总以为要使员工尽心尽力地为公司服务，金钱奖励是最有效的方法。但用表扬来激励员工，往往会收到意想不到的效果。心理学家杰斯莱尔说："赞扬就像温暖人们心灵的阳光，我们的成长离不开它。但是绝大多数人都太轻易地对别人吹去寒风似的批评意见，而不情愿给同伴一点阳光般温暖的赞扬。"表扬是管理者用得最多而又得到对方认同的激励方法。在管理中，表扬是对人的成绩的肯定和受人尊重的需要的满足，恰当的表扬最能鼓舞士气。

1. 表扬的基本原则

表扬的基本原则有六：

（1）只表扬应当表扬的事。表扬的效果在于使受表扬的行为得到强化。如果表扬的是错误的行为，那么受强化的也是错误的行为。例如：

> 一天，渔夫看见船舷边有条蛇咬着一只青蛙，渔夫很为青蛙难过，他就靠近蛇，轻轻地将青蛙从蛇的口中救了出来。但他又为这条饥饿的蛇难过，于是取出一瓶酒，向蛇嘴里倒了几滴，蛇愉快地游走了，青蛙也显得很幸福。渔夫正为自己做了好事而高兴，可没多久，那条蛇又回来了，嘴里咬着两只青蛙。

（2）表扬应具体。表扬他人最好是就事论事，哪件事做得好，什么地方值得赞扬，说得具体，见微知著，才能使受夸奖者高兴，从而引起感情的共鸣。表扬越具体，被表扬者的被重视感越强，效果越好；表扬越抽象、越通用，越让人感到受到的表扬是随意且并非发自真心的。而要做到对下属进行具体的表扬，就需要领导者认真观察、悉心留意下属的优点，真心实意地去发掘下属的优点。比如"小张，很能干"，"小李，真不错"，"小马，很好"这些表扬用语，都属于抽象式、通用式的表扬。而如说："张主任，工作能力很强，主要表现在三个方面：首先是创新精神强，常常能想出一些别人想不到的好主意。第二是笔头功夫好。第三是落实能力强，特别善于把领导的思路，变成各种具体的行为。"这样的表扬就属于具体的表扬，表扬的内容指向了具体的行为。

（3）表扬应对事不对人。比较以下两组：

①小李，你真是个天才！

小李，你比其他人强多了。

②小张，你今天这份报告比上次的好多了。

小张，你这个关于员工管理的建议很好。

（4）表扬应及时。员工某项工作做得好，老板应及时夸奖，如果拖延数日，时过境迁，迟到的褒奖已经失去了原有的味道，再也不会令人兴奋与激动，甚至会走向反面。

（5）表扬应公开。私下的表扬可能会被下属认为是别有用心的拉拢。

（6）不要又表扬又批评。作为上司，一般的夸奖似乎很像工作总结，先表扬，然后是"但是"、"当然"一类的转折词。这样的辩证、全面，很可能使原有的夸奖失去作用。应当将表扬、批评分开，不要混为一谈，事后寻找合适的机会再批评可能效果更佳。

2. 表扬的口才技巧

表扬有一些小技巧。

（1）讲明表扬的原因。如："老王，你今天上午的事处理得很恰当。我之所以认为你处理得很恰当，是因为你极具耐心地接受顾客的投诉，并能委婉地解释、调查顾客意见以及及时采取补救措施。"像这样将表扬的原因分析透彻，比只说第一句效果更佳。

（2）说清下属为工作所做的努力。管理人员如能进一步说明下属为工作所花费的精力和心血，更能打动下属的心。例如："小张，你这份报告写得很好，所包含的内容全面，而且角度很新，看得出你费了不少心血。据说你昨晚加班到凌晨两点，真是辛苦你了。"

（3）恰当运用对比。运用对比可使表扬更有说服力。比如说："小王，你的书法比以前进步很多。"

3. 表扬的团队效应

在团队合作中，表扬是增进团体协作效率的法宝，尤其是对于团队领导者，更要乐于表扬、善于表扬。

（1）把每一次表扬当做一次学习的过程，把他人的优点作为自己效仿的榜样，别人也就会很乐意帮助你。同时，在实践中学会更自然地表达自己的好意。

（2）对别人的意见不要立即表示赞同，给自己一定时间，表明自己确实对其意见认真地考量过，表现出自己的谨慎和细致，然后给别人进一步发表意见的机会，让他们说服你，这样你的赞同就会显得更有价值。

（3）在任何场合，对任何人，都要用适当的方法加以褒奖，可以将其看做是对未来的一项投资。哪怕是别的部门的领导，甚至是自己所厌恶的人，也应该对他们的长处加以赞扬，这样最终会带来回报。

（4）说好听的话，常问候，用关心、敬重的口吻，可以起同样的作用。

总之，在部门或者团队中，只有职务上的差异，人格都是平等的。在员工及下属面前，管理者只是一个领头带班而已，没什么了不起的荣耀或得意之处。帮助下属，其实是帮助自己，因为员工们的积极性发挥得愈好，工作就会完成得愈出色，也能让上司获得更多的尊重。需要注意的是，虚伪的赞美会使对方感觉是嘲讽或别有用心的奉承。

二、批评口才

批评是对行为的否定性回馈和负强化，目的是使该行为不再发生。批评要注意避免两种倾向：一是对不满意的事都进行批评；二为充当"好好先生"，一味纵容。在管理中，适当的批评不仅能消除下属害怕批评的心理，而且还能获得下属的敬爱，关键在于要学会批评的原则和技巧。

1. 批评的基本原则

（1）尽量减少批评。批评在很多时候只会引起下属的敌视，而过多的批评会使下属变得总是犹豫不决，遇到意外事故就会手足无措。美国有两位博士做过一个实验：要求五十位男女在一定的时间内将一篇短文翻译成简单的符号。实验中，他们偶尔给予无足轻重的批评，结果使实验对象的翻译速度平均降低8%，而给以严厉的批评后，竟有50%以上的实验对象发生错误。所以，作为管理者，当自己正满腔怒火地要批评下属时，应想一想，有没有更好的办法使他知错而又不伤及他的自尊。

（2）尽量避免公开的批评。不能不管不问，但也应尽量避免公开。公开的批评，对下属的自尊是毁灭性的打击。如一位经理在视察车间时，对车间生产的产品质量很不满意，他当即向车间主任吼道："看看你让下属制造什么？你知道公司是不会接受这种劣质产品的，这是三流的产品。如果你继续如此，你就别想再做下去了！"

（3）批评应"对事不对人"。应针对在特定时间、空间下的特定行为，而不针对个人本身，否则便是人身攻击。对比下两种批评方式：

"你真蠢。我早就知道你干不了大事。笨蛋，这点小事都做不好。"

"你今天上午对顾客的态度不对。你今天这份报告的措辞不当，如……今后应当注意。"

（4）选择恰当的时机。批评的时机将影响批评的效果。要注意三个方面：一是要掌握分寸（心平气和，客观分析）；二是要及时（事隔过久容易淡忘，效果不佳）；三是注意下属心境（平和或主动地听取意见，冷静处理）。

（5）作建设性批评。即不仅指出错误的行为，而且说出正确的做法和今后发展的方向。这样做一方面显示对业务的精通，一方面也使受批评者心服口服，进一步认识自己的错误。例如："小王，你刚才对那位顾客的态度不好。顾客是我们的上帝，无论她怎样挑剔，你都应该尽可能地满足她的要求，并且态度始终要友善可亲。"

（6）莫反复批评一件事。反复地就一次错误进行批评易使批评走向偏激，同时也使下属产生逆反心理，并且感到无所适从。

（7）批评要求精求简。批评的话语要力求简洁，防止喋喋不休地列举对方的过错。如果多次的批评仍然没有解决问题，那就应该考虑其他的原因或方式了。

（8）避免露骨的攻击。"真没见过你这样的糊涂虫！""你不想干可以到别的地方去！"这类话语不属于批评语。这样的说法只会刺伤对方的心，激起对方的反感。而"你没有必要沮丧"之类的话则能使被批评者感到对他的尊重。"如果你认为我说得有道理，你就听听吧。""我希望你不要让我失望。"这类话也可以使下属感到上司的温情。

另外，在提意见或批评别人时，用其他"优秀分子"来"相互比较"是最忌讳不过的事。

2. 批评的口才技巧

常言道："良药苦口，忠言逆耳。"对于旁人的忠言或劝告，一般人总是感觉难以接受。如何才能找到一种正确的批评方法，使所言属忠言而不逆耳，从而避免被批评者的不愉快情绪呢？从管理学的角度讲，批评既是一种方法，更是一种艺术，批评应力求使其口服心服。

（1）先自我批评。有经验的领导在未开口批评之前，都会先检查一下自己所持的态度是积极还是消极。如有敌意，存心找下属麻烦，这种私有情绪在言语中必然会反映出来。带着情绪常常无好话，既理不清，也讲不明，尤其容易冲动甚至失去理智。像对峙已久的上司和下属，在情绪中作出情绪性、冲动性的"决定"，这很容易让事情不可挽回，令人后悔。因为这种情绪有极强的传染力，一旦对方感觉这一点，立刻会激起同样的情绪，会马上抛开领导的批评内容，计较起其态度。这种互为影响的情绪会把批评带入僵局。承认自己的过失是沟通的消融剂，可解冻、改善与转化沟通的僵局。

（2）选择适当的场合和时机。沟通要选择有利的时机，采取适宜的方式。首先需要沟通前的心理准备，这也是一种情绪管理。大部分人在感觉有面子的时候很讲理，没面子的时候就不讲理。当部下尽了最大努力而事情最终没有办好的时候，最好不要提出批评，这是不合时宜的。相反，如果此时能说几句"辛苦你了！""你已尽了最大努力！""这事的确比较难办！"之类的安慰话，然后再与部下一起分析失败的原因，部下就可能欣然接受你的忠告了。

批评作为一种微妙的沟通，其效果不仅取决于信息内涵，还要受环境条件的制约。影响沟通的环境因素很多，如组织氛围、沟通双方的关系、社会风气等。在不同情况下要采取不同的沟通方式，要抓住最有利的沟通时机。时机不成熟不能仓促行事；贻误时机又会使某些信息失去意义。管理者应对环境和事态变化保持敏感。所以，选择在什么场合提出忠告也是很重要的。原则上讲，批评时最好一对一，避开他人耳目；而且不宜当着他人的面训斥下属。因为这样做，对方会感觉当众出丑而屈辱感倍增，从而为维护自尊心而产生强烈的抵触情绪。

（3）"糖衣"式批评。管理者在批评之前，先给对方一些安慰。例如，下属处理事务的动机良好而效果不佳，不妨先肯定其良好的愿望，然后再分析错误的原因，这样就容易让人接受了。

（4）内行（建议）式批评。忠告也好，批评也好，都要明确其目的是为了帮助和指导人，使其按正确的方向发展。如果不能起到这个作用，批评的目的就没有达到。管理工作中，大多数上司在批评时，往往把重点放在指责下属"错"的地方，却不能善意地指明"对"的应该怎么做。这样的批评实际上成了废话，在下属看来，更多感受到的是个人的不满意。因此，最好的批评应该是探讨式的，即以朋友的姿态，用专业而有信服力的语言站在对方的角度分析错误的原因，寻找正确的做法。

（5）暗示式批评。采用声东击西的办法，让别人慢慢察觉自己的过失。这与模糊式批评有异曲同工之妙。这种批评既照顾了别人面子，又指出了问题所在，并且在表述上有较大的回旋余地。这样就可以避免直接点名批评的一些负面效应。

另外，可以借用第三者的"口吻"来表述自己的批评意见。因为在一般人的观念里，总认为"第三者"所说的话较具客观性，较为公正。而采用名言、俗话或楷模来作为正确做法的榜样，暗示下属的错误，则可以使其自觉改正并真切感受到上司的大度与关爱。

3. 建设性批评

建设性批评是科学、公正、完整意义上的批评。邓小平同志是建设性批评的倡导者。他说，共产党员的批评，"应该是建设性的批评，应该提出积极性的改进意见"或"积极的建议"。建设性批评应包括发现或承认错误、客观地分析造成错误的原因以及改正错误的具体办法和有效途径。

一般人多不愿正面批评别人以免发生摩擦，但如果发生错误后没有当场纠正，慢慢累积到非常严重的程度时才开口，往往容易变成破坏性的批评。批评者语带威胁或言语刻薄，被批评者因而心生反感，批评者又觉得受辱而被激怒，造成恶性循环。因此，及时而公正的批评是非常必要的。

建设性批评强调对方的功劳及可改善之处，而不是借问题批评对方个性上的缺陷甚至进行人身攻击，可防止对方采取防卫性姿态，避免其听不进忠告。

（1）建设性批评时应具体说明问题之所在。称赞对方时也要具体说明，批评也一样，否则对方也不容易从中得到经验和教训。

（2）提出解决方案。批评时应针对问题提出对方出现问题的症结所在，或未曾想到的方向及相应的措施。让被批评者主动去思考自己的问题。

（3）当面晤谈。批评要注意场合，尽量采用与当事人私下面谈的方式。在公开场合批评，较容易令对方不自在或产生受辱的感觉。私下晤谈的效果较佳，一方面能使对方了解所犯的错误，另一方面也能提供对方说明或澄清的机会。

（4）体谅别人。批评时应有同理心，考虑别人听到批评后的感觉。如果以打压或贬损等方式来批评别人，不但不容易被接受，反而会引起怨恨、自我防卫与反弹现象。

三、命令口才

所谓命令，是指管理人员为完成任务而将组织目标交给下属，带有违令受罚的强制性。下命令是管理人员在日常管理中的一项经常性活动，但从心理学角度说，没有一个人愿意接受居高临下的命令。所以，管理人员的命令口才至关重要。

1. 命令的方式

命令的方式一般有四。

（1）命令式（要求式）。类似"我命令……"，"我要求你们……"，"你们必须……"等要求式命令会让人感觉缺少亲切感、平等感。一般适用于部队或纪律特别懒散的人群。

（2）请求式。体现对下属的尊重。"你们能否……"，"请你们……好不好?"等。除紧急情况外，一般均可用请求式命令。

（3）协商式。先表明组织目标，然后展开讨论，引导下属从上级或组织的角度思考问题，找出最佳方案。倘若运用得当，可极大地调动下属的积极性和主观能动性。这适用于熟悉业务且责任心很强的下属。常用"你认为该怎么办?""你认为有无必要?""你意下如何?"等语言。

（4）激将法。俗话说"请将不如激将"，《三国演义》中，诸葛亮巧用黄忠智取汉中就是用了激将法。

2. 命令的口才技巧

若要使被命令者心甘情愿地接受命令，则需要在命令语言上讲求技巧。

（1）选择恰当的人选和方法。管理人员应根据下属的性格、素质、地位、职权等选择恰当的受令人，并根据不同的情况确定下命令的方式。

（2）指定执行和完成任务的时间。

（3）讲清下达命令的理由和期望达到的效果。可以增加工作的透明度，使下属认识到任务的重要性，从而积极地执行任务。

（4）关心命令的执行方式。命令者顾自详细说明的话，容易使受令者机械照办。如果对命令不加说明，则被命令者可能会采用无效或低效的方法。所以，最好是同下属商量，然后确定执行办法。

（5）根据执行中的反馈信息及时调整策略，使之得到有效控制。

四、交谈口才

此处的交谈是指管理人员为满足某种特定需要同下属进行个别的交谈。通过交谈，管理人员可以及时了解部门工作的进行情况，也可以向下属传递有关信息，同时也可以用于对下属的考核、调查和训导等。

（一）交谈的基本原则

交谈的基本原则有四。

（1）有特定目的。在谈话前确定谈话要达到的目的，否则容易给人讲话啰唆、不得要领的感觉。

（2）以对方的角度看问题。"任何成功的秘诀，就是以他人的观点来衡量问题。"交谈即谈心，要引起共鸣，就必须从下属的角度思考问题，并及时调整自己的谈话。

（3）有充分的准备。要尽可能多地获取信息，就必须做充分的准备，包括了解对方的背景资料、研究交谈的主题以及确定各部分内容的时间安排等。尤其是对主题要有深入的了解，这样才能问得恰当、说得有理。

（4）注意对方的反馈信息。反馈指下属对管理人员的谈话作出的反应，包括表情、话语和动作。管理人员应针对反馈信息及时调整交谈内容和方式。

（二）交谈的口才技巧

1. 平等对待，用心聆听

大家都知道，员工面对上司，有各种各样的心理状态：试探、戒备、恐惧、对立、轻视、佩服、懊丧、激动、喜悦等等。有的人在自己的上司面前从不敢

"妄言"，在同级别的干部面前也不多说话，可是在自己的下级或班组面前讲话时，则侃侃而谈，甚至总是摆出一副能者的架势。这类干部往往在员工心目中印象不好。因此，作为上级，讲话应该避免自鸣得意或采取命令、训斥、使役下级的口吻，而要放下架子，以平易近人的姿态寻求沟通。这样，下级才会向你敞开心扉。谈话是双边活动，只有感情上得到贯通，才谈得上信息的交流。

平等的态度，除说话本身的内容外，还能通过语气、语调、表情、动作等体现出来。所以，不要以为交谈时的姿态动作是小节，纯属个人的习惯，不会影响上下级的谈话。实际上，这往往关系到下级是否敢向你接近。此外，上级同下级谈话时，要重视开场白的作用。不妨与下级先扯几句家常，以便拉近感情，消除拘束感。上级同下级说话时，不宜作否定的表态，比如这样的怒斥："你们这是怎么搞的？""有你们这样做工作的吗？"

在必须发表评论时，应掌握分寸。点个头，摇个头都会被人看作是上级的"指示"而贯彻下去，所以，轻易的表态或过于绝对的评价都容易失误。

例如一位下级汇报某改革试验的情况，作为领导，只宜提一些问题，或作一些一般性的鼓励："这种试验很好，可以多请一些人发表意见。""你们将来有了结果，希望及时告诉我们。"这种评论不涉及具体问题，且留有余地。

如上级认为下级的汇报中有什么不妥，表达更要谨慎，尽可能采用劝告或建议性的措词："这个问题能不能有别的看法，例如……"，"不过，这是我个人的意见，你们可以参考。""建议你们看看最近到的一份材料，看看有什么启发？"这些话，起了一种启发作用，主动权仍在下级手中，对方容易接受。这样，下级才会敞开心扉，畅所欲言。

领导者的沟通艺术常常被理解成充满激情的演讲。实际上，领导者沟通艺术的核心在于真正地倾听和细心地提问。因为谈话是双向的，只有沟通上的贯通，才谈得上信息的交流。有效的沟通由沟通、倾听和反馈三部分组成。好的领导者应该具备"作为一个听者所拥有的非凡技能"和一针见血地提出问题的能力。而聆听更能体会下属的心境，并了解工作中的情况，为准确分析反馈信息、调整管理方式提供客观的依据。

2. 换位思考，以心换心

站在他人的立场上分析问题，能给他人一种为他着想的感觉，这种投其所好的技巧常常能发挥出较强的说服力。要做到这一点，"知己知彼"十分重要，唯先知彼，而后方能从对方立场上考虑问题。这就需要领导深入到不同阶层、不同群体中去调研，了解、掌握群众的心理动态，关心他们的切身利益，熟悉和体验他们的工作和生活习俗。要有针对性地解决思想问题，并把解决思想问题同解决实际问题结合起来。这样领导的讲话群众才乐意听。

3. 笼络感情法

明知提出对下属不利的条件，下属听了会不高兴，还得试着去把他"俘虏"过来，这是领导工作中常遇到的难题。处理这种难题的方法，很重要的一条就是笼络感情。

遇到上述难题，则应在开始谈话之际特别重视开场白的作用。不妨与下属扯几句家常，感情上接近了，自然容易使其消除拘束感。然后，再设法进一步将对方引向"客气"的处境上去。比如这样说："当然，我明知会挨骂，还是要说……"，"冒着你会不愉快的危险……"等等。类似的话，让对方不仅不好意思抱怨，反而觉得上司也挺为难的，这样就容易把对方"俘虏"过来了。即使面对的下属孤高自傲，先强调其能力，满足其自尊，也会比较易于"俘虏"他。因为无论什么人，总希望获得别人的信赖和尊敬。

4. 暗示

暗示，是处理人际关系的一种特殊方式，指的是暗示者出于一定的目的，采用一定的方法，含蓄、巧妙地向对方发出某种信息，以此来影响对方的心理，使其不自觉地接受一定的意见、信念，而改变其行动。所以，在管理工作中，并不是每句话都要直说的，有时候以暗示代直言，更能产生"心照不宣"的效果。

【案例回应】

接话方式不同，效果截然不同。

情景一中，丈夫出主意后，妻子觉得丈夫不理解她。丈夫接着出主意，妻子还认为丈夫是说风凉话，这样一来丈夫也动气了，当妻子接着抱怨时，二人就肝火直生，大动干戈。

情景二中，丈夫一开始就理解妻子的处境并且关心地递上一杯水，妻子感到了丈夫的理解与关切，便继续宣泄心里的烦恼，接着丈夫表达对妻子的感激，主动把自己放在一个较低的位置。这样一来，妻子气全消了，主动把丈夫抬回他应有的位置上。

【实战训练】

有位上司，要让一位下属到偏远地方就职。他先把下属要去的那个地方营业状况说得一团糟，然后以无限信任的语气说："如果长此下去，那个营业处非关门不可，幸而现在有你，只要你一到那边，必能使之起死回生，使业务蒸蒸日上。"

如何评价这位上司的谈话？如果你是这位上司，你将说些什么？同学间互相模拟。

任务 9-2　管理口才评估

活动一：沟通技能自我测试

1. 我能根据不同对象的特点提供合适的建议或指导。
2. 当我劝告他人时，更注重帮助他们反思他们自身存在的问题。
3. 当我给他人提供反馈意见，甚至是逆耳的意见时，能坚持诚实的态度。
4. 当我与他人讨论问题时，始终能就事论事，而非针对个人。
5. 当我批评他人或指出他人的不足时，能以客观的标准和预先期望为基础。
6. 当我纠正某人的行为后，我们的关系常能得到加强。
7. 在我与他人沟通时，我会激发出对方的自我价值和自尊意识。
8. 即使我不赞同，我也能对他人的观点表现出发自内心的兴趣。
9. 我不会对权利比我小或拥有信息比我少的人表现出高人一等的姿态。
10. 在与自己有不同观点的人讨论时，我将努力找出双方的某些共同点。
11. 我的反馈是明确而直接指向问题关键的，避免泛泛而谈或含糊不清。
12. 我能以平等的方式与对方沟通，避免在交谈中让对方感到被动。
13. 我以"我认为"而不是"他们认为"的方式表示对自己观点的负责。
14. 讨论问题时，我通常更关注自己对问题的理解，而不是直接提建议。
15. 我会有意识地与同事和朋友进行定期或不定期的私人会谈。

【评价标准】
非常不同意/不符合：1 分
不同意/不符合：2 分
比较不同意/不符合：3 分
比较同意/符合：4 分
同意/符合：5 分
非常同意/符合：6 分

【结果分析】
80～90 分：你具有优秀的沟通技能。

70～79分：你略高于平均水平，有些地方尚需要提高。

70分以下：你需要严格地训练你的沟通能力

活动二：情景训练

请两位同学来模拟人力资源部经理与两位员工的离职约见，这两名员工中，一位是公司希望离开的，另一位是公司希望留用的。

职场实用口才

参考文献

1. 邵守义、高振远：《演讲学教程》，北京：高等教育出版社，1993年。
2. 李元授、邹昆山：《演讲学》，武汉：华中科技大学出版社，2003年。
3. 郭千水：《实用口语训练教程》，北京：清华大学出版社，2004年。
4. 陈翰武：《演讲与口才》，武汉：武汉大学出版社，2005年。
5. 《演讲与口才》历年期刊。
6. 《交际与口才》历年期刊。
7. 李正堂、蒋海心：《语言的魅力——演讲训练指导》，北京：海潮出版社，2002年。
8. 王宇红：《朗读技巧》，北京：中国广播出版社，2002年。
9. 李元授：《交际学丛书》，武汉：华中理工大学出版社，1997年。
10. 李元授：《人际交往精粹丛书》，武汉：华中理工大学出版社，1997年。
11. 谢伯端：《实用演讲与口才教程》，武汉：华中科技大学出版社，2006年。
12. 张严明：《演讲与口才艺术教程》，郑州：郑州大学出版社，2006年。
13. 刘建祥：《演讲与口才应用知识大全》，长沙：湖南人民出版社，2006年。
14. 张弘、林吕：《演讲与口才》，成都：电子科技大学出版社，2007年。
15. 颜永平：《演讲艺术与实践》，北京：海潮出版社，2002年。
16. 尹立新：《演讲与口才》，北京：中国商业出版社，2003年。
17. 王黎云：《演讲与口才》，杭州：浙江大学出版社，2004年。
18. 李元授、李军华：《演讲与口才》，武汉：华中科技大学出版社，2004年。
19. 曾湘宜：《演讲与口才》，北京：北京工业大学出版社，2006年。
20. 钱奇佳：《演讲与口才》，合肥：安徽大学出版社，2006年。
21. 杨国良：《大学生演讲与口才》，南京：江苏教育出版社，2005年。
22. 何书宏：《演讲与口才知识全集》，北京：北京工业大学出版社，2005年。

23. 阎秀萍、周晓：《演讲与口才》，北京：中国物资出版社，2004 年。

24. 程时用、向才亮、郝勇：《演讲与口才》，北京：北京师范大学出版社，2010 年。